Nürnberg
in alten und neuen
Reisebeschreibungen

Droste Bibliothek
der Städte und Landschaften

Nürnberg
in alten und neuen Reisebeschreibungen

Ausgewählt von
Barbara Fürst

Droste

Bildnachweis:
Bild 1–7: Germanisches Nationalmuseum, Nürnberg
Bild 8–12: zeitgen. Quellen
Bild 13: Strache, Wolf »Ich kam aus den zerbombten Städten«, Droste Verlag
Bild 14: Archiv RP
Bild 15: Keystone
Bild 16–17: Hauptamt für Hochbauwesen, Nürnberg
Bild 18: Bildstelle Stadt Nürnberg

CIP-Titelaufnahme der Deutschen Bibliothek
Nürnberg in alten und neuen Reisebeschreibungen / ausgew. von Barbara Fürst. – Düsseldorf: Droste, 1990
(Droste-Bibliothek der Städte und Landschaften)
ISBN 3-7700-0888-x
NE: Fürst, Barbara [Hrsg.]

Schutzumschlagentwurf: Helmut Schwanen
Umschlagabbildungen: G. + R. Sommer, Alte Grafik, Eisenharz
Gesamtherstellung: Clausen & Bosse, Leck
ISBN 3-7700-0888-x

Inhalt

Vorwort

»Fast in der Mitte Deutschlands«, so beschreibt 1458 Aeneas Silvius, der spätere Papst Pius II., die geografische Lage Nürnbergs. Heute, nach Öffnung der deutsch-deutschen Grenze, ist die Stadt an der Pegnitz wieder in die Mitte Deutschlands gerückt und noch mehr als zuvor begehrtes Reiseziel. Tausende von DDR-Bürgern besuchten Nürnberg seit November letzten Jahres. Insgesamt zählte die Noris im Jahr 1989 ca. fünf Millionen Tagesbesucher und rückte in der Beliebtheitsskala deutscher Großstädte auf den siebenten Platz.

Auch in längst vergangenen Zeiten war sie Anziehungspunkt für viele Gäste: Politiker, Kaufleute, Künstler, Geisteswissenschaftler, Bildungs- und auch Vergnügungsreisende. Schon seit Beginn des 15. Jahrhunderts schrieben diese berühmten wie auch unbekannten Besucher ihre Erlebnisse und Eindrücke nieder. Im Mittelalter, als sich die freie Reichsstadt auf ihrem kulturellen und wirtschaftlichen Höhepunkt befand, waren es besonders ausländische Reisende, die ihre Schönheit rühmten und sich für ihre prächtigen Bauwerke begeisterten. 1438 verglich der spanische Ritter Pero Tafur die Stadt mit dem kastilischen Toledo, der französische Jurist Jaques Esprinchard sah Nürnberg 1597 als eine der vornehmsten und herrlichsten Städte Deutschlands. Die gleiche Begeisterung empfanden auch Reisende des 17. Jahrhunderts, wie der welterfahrene Balthasar de Monconys, der Gesandte der Königin Christine von Schweden, der Italiener Galeazzo Gualdo Priorato und Edward Brown, Mitglied der königlich medizinischen Gesellschaft in London. In die Reisebeschreibungen des nächsten Jahrhunderts mischten sich auch kritische Stimmen: Baron Carl Ludwig von Pöllnitz amüsierte sich über die »Komplimentemacherei der Nürnberger Bürger« und der Berliner Rationalist Christoph Friedrich Nicolai spotte darüber, daß einer der größten

Schätze der Stadt, der Englische Gruß von Veit Stoß, hoch oben im Gewölbe der Lorenzkirche von einem Sack verborgen war, während Johann Kaspar Riesbeck Nürnberg als eine traurige Stadt bezeichnete, die immer mehr zerfällt.

Eine besondere Vorliebe für die Noris entwickelten die Dichter der Romantik. Für Wilhelm Heinrich Wackenroder, Joseph Freiherr von Eichendorff, Per Daniel Atterbom u. a. wurde sie zum Symbol des deutschen Mittelalters.

Etwa ab 1850 nimmt der technische Fortschritt, wie die Eisenbahn zwischen Nürnberg und Fürth, eine wichtige Rolle in den Reisenotizen ein. Das mittelalterliche Stadtbild beeindruckt aber auch noch die Reisenden unseres Jahrhunderts. Unter ihnen die Dichter Hermann Hesse und Werner Bergengruen, die die Noris 1930 besuchten, während Rolf Schneider, Horst Krüger und Wolfgang Koeppen, Autoren unserer Tage, sich über die Grenzen der Altstadt hinaus auch mit der modernen Großstadt Nürnberg auseinandersetzten, die aus den Trümmern des Zweiten Weltkrieges entstanden ist.

Diese Reisebeschreibungen aus mehr als fünf Jahrhunderten zeigen ein facettenreiches Bild einer traditionsreichen Stadt, die ihre Eigenheiten bis heute bewahrt hat.

Barbara Fürst

Pero Tafur
Nürnberg wie Toledo 1438

Der gebildete junge Ritter Tafur aus Sevilla mit engen Beziehungen zum kastilischen Hof in Toledo, kam nach einer Pilgerfahrt ins Heilige Land im Herbst 1438 über den St. Gotthard nach Nürnberg, wo gerade ein Reichstag stattfand.

...Und ich reiste weiter nach der Stadt Nürnberg. Dort fand ich viele Leute und Gesandte des Papstes: sowohl den Kardinal von Santa Cruz als auch viele andere Prälaten, sowie den, der heute der Kardinal von Sankt Sixtus ist, der aber damals Bruder Johannes von Torquemada hieß; von seiten des Konzils: Kardinal Darle und viele andere Prälaten, auch den Meister Juan de Segovia, Doktor der Theologie; und von seiten des Kaisers: Kaspar Schlick, der sein Vizekanzler war, und andere Männer und große Gelehrte. Hier mußte ich mich aufhalten, bis sie ihren Reichstag beendet hatten und abreisten; denn ich wollte in Gesellschaft des Kaspar Schlick reisen, der sich nach Böhmen zum Kaiser begab, und ohne ihn hätte ich nicht ohne große Lebensgefahr weiterreisen können, und diese Kastilier, die dort waren, sprachen mit ihm, daß er mir eine Empfehlung mitgäbe, und er willigte gern ein.

Und es war in seinem Gefolge der Sohn eines (deutschen) Grafen, den ich in Kastilien traf, als wir mit den Mauren an der Grenze bei Jaén Krieg führten; er war der Herr über Cambil; nach Spanien war er gekommen auf der Flucht vor seinem Vater, weil dieser ihn zum Bischof machen wollte, denn er hatte einen älteren Bruder, aber als er nach Deutschland zurückkehrte, waren inzwischen sein

Vater und sein Bruder gestorben, und er erbte den Besitz mit 20 000 Dukaten Rente. Dieser Mann hieß Herr von Patendorf; in diesem Ritter fand ich einen sehr guten Begleiter, sowohl unterwegs wie auch am Hof des Kaisers.

Dieses Nürnberg ist eine von den großen und reichen Städten, die es in Deutschland gibt; ist eine sehr alte Stadt, in der Art von Toledo angelegt, ebenso im Tal gelegen und ebenso groß die Stadt; es wohnen in ihr viele Handwerker, besonders für jede Arbeit in Bronze und hier stellt man die Panzerhemden her, die man Nürnbergisch nennt. Hier befindet sich eine Kirche in der Kaiser Karl der Große die Reliquien niederlegte, welche er von Übersee mitgebracht hatte, als er Jerusalem eroberte; ich ging hin zusammen mit den Kardinälen, um mir diese Reliquien anzusehen, und man zeigte uns viele, unter anderem zeigte man uns eine Lanze mit einem Eisen so lang wie eine Elle, und man sagte, es sei die, welche unserem Heiland in die Seite gestoßen worden sei; ich sagte, daß ich sie in Konstantinopel gesehen hatte, und ich glaube, wenn die großen Herren nicht dagewesen wären, wäre ich bei den Deutschen in Gefahr geraten, weil ich so etwas gesagt hatte.

Diese Stadt ist sehr reich, und weil sie mitten auf dem Kontinent liegt, hat sie viele Handelsverbindungen.

Nachdem die Tätigkeit der Gesandten beendet war, zerstreuten sie sich und jeder kehrte in sein Land zurück; und ich reiste mit den Deutschen, bis ich am Eingang Böhmens in die Stadt Eger kam, Kaiser Sigismund nämlich hatte diesem Kaspar Schlick die Gerechtsame dieser Stadt verliehen, und dort hatte er seine Frau; ...

Aeneas Sylvius
Die Stadt der Noriker 1448/1458

Aeneas Sylvius, rede- und schriftgewandter Humanist, Kirchenpolitiker und späterer Papst, kam über Siena und Basel nach Rom. 1448 und 1458 schildert er in seinem geographischen Werk »Aeneas Siulvius in Europam« seine Eindrücke von seinen Reisen nach Nürnberg.

Nürnberg, das wir als Berg der Noriker deuten können, ist eine berühmte, bedeutende Stadt, zwischen Bayern und Franken, an einem Flusse gelegen, welchen die Einwohner Pegnitz nennen; dieser strömt von den Bergen Böhmens herab. Die Stadt ist stark bevölkert, hat heilige und profane Bauten, die in majestätischer Pracht emporstreben. Durch starke Mauern, tiefe Gräben, zahlreiche und hohe Türme ist sie vortrefflich befestigt; aber sie liegt auf unfruchtbarem und sandigem Boden. Aus diesem Grunde zählen die Bürger meistens auch zu den Handwerkern und Kaufleuten, die, mit Flandern und Venedig Handel treibend, das gesamte Deutschland mit Waren versorgen. Wie denn das Sprichwort heißt: »Ohne Nürnberger keine Messen.« Da sich infolgedessen der Reichtum vergrößert hat, haben die Bürger, welche außerhalb der Stadtmauern nichts besaßen, allmählich Ländereien, Wiesen, Wälder und Dörfer aufgekauft, Landsitze gebaut, Fischteiche gegraben, Wildparke angelegt und ein Leben in der Weise des Adels zu führen begonnen und so den Neid ihrer Nachbarn erregt. Denn die Bürger zählen bei den Deutschen, mögen sie auch noch so reich und von alter Herkunft sein, zu dem Volke.

Die Stadt der Noriker, die heute Nürnberg heißt, eine

reiche und stark bevölkerte Stadt, war in den Händen Friedrichs und seines Bruders (Konrad). Lothar schloß sie mit einem großen Heere ein, verwüstete das Gebiet rings herum mit Feuer und Schwert, und da er sie im Sturm nicht nehmen konnte, zog er die Belagerungskette völlig

1 Gesamtansicht von Nürnberg nach einem Holzschnitt von Michael Wolgemut von 1437.

dicht in der Absicht, die Einwohner durch Hunger zur Übergabe zu zwingen... Sobald dies die Brüder Friedrich und Konrad erfahren hatten, boten sie sofort Kriegsvolk auf, ermunterten zugleich durch Schreiben die Nürnberger und eilten, während Lothar gänzlich ohne Besorgnis war, daß jene den belagerten Bürgern Entsatz bringen

könnten, in Eilmärschen vor die Stadt; und nachdem sie sich durch Zeichen mit den Nürnbergern verständigt hatten, brachen sie von der einen, jene von der anderen Seite in wildem Ungestüm in das Lager der Feinde ein. In kurzer Zeit hatten sie dasselbe gänzlich zerstört und verfolgten nun den fliehenden Kaiser bis Würzburg...

Von Nürnberg ist es zweifelhaft, ob es zu Franken oder Bayern gehört. Der Name selbst weist darauf hin, daß die Stadt zu Bayern gehöre. Nürnberg nämlich bedeutet mons Noricus. Deswegen ist klar, das es ein Staat der Noriker gewesen ist. Auf die Noriker aber folgten die Bayern. Und jetzt heißt der Teil des bayerischen Landes, der zwischen Donau und Nürnberg liegt, Noricum. Dennoch liegt der Staat im Kirchenbezirk Bamberg, der zu Franken gehört.

Die Nürnberger selbst wollen weder als Bayern noch als Franken angesehen werden, sondern gewissermaßen als eine dritte Art.

Diese vornehme Stadt ist mit großartigen Bauwerken, öffentlichen und privaten, geschmückt. Sie wird von dem Pegnitzfluß durchflossen und liegt in unfruchtbarer, sandiger Gegend. Deshalb muß die Bevölkerung fleißig arbeiten.

Alle nämlich sind entweder Handwerker oder Kaufleute. Von da kommt ihr großer Reichtum. Groß ist ihr Ruhm in Deutschland. Eine sehr geeignete Residenz der Kaiser. Die freie Stadt liegt fast in der Mitte Deutschlands...

Jakob Heller
Singschule der Meistersinger um 1500

Der Frankfurter Kaufmann Jakob Heller hielt sich zur Pfingstzeit in Nürnberg auf. Zusammen mit Peter Vischer aus der bekannten Nürnberger Erzgießerfamilie ging er in die Katharinenkirche, zur Singschule der Meistersinger.

Es war Pfingstzeit. Eines Morgens ging ich in der Stube meiner Herberge auf und ab und wartete auf mein Frühstück. Ich sah durch das Fenster und erblickte ein Seil, das von St. Sebald nach dem Rathaus gezogen war und woran ein gemaltes Schild hing. Eben wollte ich zum Schenkwirt hinuntergehen und mir Bescheid holen, als Peter Vischer der Jüngere in mein Zimmer trat. Er begrüßte mich und meldete mir, daß heute (dem Kaiser zu Ehren) eine Festschule gehalten würde, durch das Schild würden alle, die daran teilnehmen wollten, eingeladen. Viel erzählte er mir von den Meistersingern und ihrer hohen Kunst, dann verabschiedete er sich und versprach mir, um eine Stunde zurückzukehren, da er erst andere Tracht anlegen müßte. Er hielt Wort und wir gingen nach der Katharinenkirche. Um das Fehlgehen hatte es keine Not, da man nur dem Zuge der Menschen zu folgen brauchte, die alle nach der Festschule strömten. Am Eingange des kleinen Kirchleins hielt der Kirchner zu einem Trinkgelde die Mütze auf. Dies geschah darum, daß nicht alles Gesindel sich hinzudrängte und ehrliche Leute um die Erbauung brächte. Die Kirche war im Innern schön aufgeputzt und vom Chor, den der Kaiser einnehmen sollte, hing eine kostbare Purpurdecke herab.

Gar feierlich nahm sich der Verein der edlen Meistersinger aus, so umher auf den Bänken saßen, teils langbärtige Greise, die aber noch alle rüstig erschienen, teils glatte Jünglinge, die aber alle so still und ernst waren, als wenn sie zu den sieben Weisen Griechenlands gehörten. Alle prangten in Seidengewändern grün, blau und schwarz mit zierlich gefalteten Spitzenkragen. Unter ihnen befand sich auch Hans Sachs und sein Lehrer Nunnenbeck. Größere Ruhe herrschte nicht beim Hochamte. Neben der Kanzel, befand sich der Singstuhl; nur kleiner war er, sonst wie eine Kanzel, und heute mit einem bunten Teppich geschmückt. Vorne im Chor sah man ein niedriges Gerüst aufgeschlagen, worauf ein Tisch und ein Pult stand. Dies war das Gemerke; denn hier hatten diejenigen einen Platz, die die Fehler anmerken mußten, welche die Sänger begingen. Diese Leute hießen Merker und ihrer waren es drei. Obgleich das Gemerk mit schwarzen Vorhängen umzogen war, so konnte ich doch von meinem Sitze aus alles beobachten, was hier vorging, und ich sah an der einen Seite des Gerüstes die goldene Kette mit vielen Schaustücken hangen, die der Davidsgewinner hieß, und den Kranz, der aus seidenen Blumen bestand. Jetzt rasselte es vor dem Eingange und der Kaiser Maximilian mit dem ganzen Gefolge erschien und zeigte sich gar gnädig, indem er milde vom Chor herniedersah. Aber er verweilte nicht lange; denn ihm schien die holdselige Singkunst nicht sonderlich zu behagen. Als der Kaiser sich zeigte, so geriet alles in lebhafte Bewegung. Ein greiser Meister betrat den Singstuhl und vom Gemerke erscholl das Wort: Fanget an! Es war Konrad Nachtigall, ein Schlosser, der so sehnsüchtig und klagend sang, daß er seinen Namen wohl mit Recht führte. Vom himmlischen Jerusalem und von der Gründung des neuen sagte er viel Schönes in gar künstlichen Reimen und Redensarten. Auf dem Gemerke sah ich, wie einer der Meister in der Bibel nachlas, der andere an den Fingern die Silben abzählte und der dritte aufschrieb, was diese beiden ihm von Zeit zu Zeit zuflüsterten. Aber auch die Meister unten waren aufmerksam und in stiller Tätigkeit. Alle trieben mit den Fingern ein närrisches Spiel um genau die Versmaße wahrzunehmen. An ihrem Kopfschütteln erkannte ich, daß der Sprecher hie und da ein Versehen begangen. Nach dem Meister Nachtigall kam die Reihe an einen Jüngling, Fritz Kothner, einen Glockengießer. Der hatte die Schöpfungsgeschichte zum Gegenstand seines Gedichtes gewählt. Aber hier hieß es nicht: Und Gott sahe, daß es gut war. Denn der Arme war verlegen, es wollte nicht gehen und ein Merker hieß ihm den Singestuhl zu verlassen. »Der Meister hat versungen«, raunte mir Vischer zu. In der Hageblüt-Weise ließ sich jetzt vom Singestuhl herab Leonhard Nunnenbeck vernehmen, ein ehrwürdiger Greis in schwarzem Gewande. Sein Kopf war glatt wie meine innere Hand und nur das Kinn schmückte ein schneeweißer Bart. Alles bewunderte ihn, wie er, gemäß der Offenbarung Johannis, den Herrn beschrieb, an dessen Stuhl der Löwe, der Stier, der Adler und der Engel ihm Preis und Ehre und Dank gaben. Als Nunnenbeck endigte, da waren alle voller Entzücken und namentlich leuchtete aus Hans Sachsens Gesicht hell die Freude. Da trat als der vierte und letzte Sänger wieder ein Jüngling auf, Michael Behaim, auch zur Weberzunft gehörig. Nie war er früher in einer Festschule aufgetreten, da er nicht anders als mit Ruhm den Singestuhl besteigen wollte. Was er sagte, war so recht nach meinem Sinn. Sonder Zweifel hätte er den ersten Preis errungen, wenn nicht Nunnenbeck vorher gesungen. Als Behaim sein Gedicht vorgetragen hatte, verließen die Merker ihren Sitz; der erste trat zu Nunnenbeck und mit einem langen Glückwunsch hing er ihm den Davidsgewinner um und der zweite Merker zierte Behaims Haupt mit dem Kranze, der ihm ganz wohl stand. Diese Gaben waren aber nicht Geschenke, sondern nur Auszeichnungen für die Feier des Tages. Das Fest in der Kirche war beendigt und alle drängten sich jetzt mit aufrichtiger Teilnahme zu den Begabten um ihnen freudig die Hände zu drücken. Auch ich konnte mir nicht das Vergnügen versagen meinen Dank dem wackeren Behaim laut darzubringen. In der Nähe stand Hans Sachs, der mich freundlich anredete. Ich bedauerte, daß mir nicht das Glück geworden wäre ihn zu hören. »Liebster Herr Heller, kommt mit in die Schenke und es soll Euch ein Genüge werden«, erwiderte er und ging mit mir Arm in Arm aus der allmählich leer gewordenen Kirche.

Es war Brauch, daß die Meistersinger, insonderheit die jüngeren, sich nach der Festschule in eine nahegelegene Schenke begaben. Wie in der Kirche heiliger Ernst, so herrschte hier frohe Ungebundenheit. Hier wurde der Wein getrunken, den der eine zur Buße, wie der Meister Kothner, der andere zur Ehre hergeben mußte, wie Meister Behaim, weil er zum ersten Male begabt war. Fünf Maße Wein gab es heute zum Nachschmause. Die Meistersinger, etwa sechzehn an der Zahl, gingen über die Gasse paarweis hintereinander von der Kirche bis zur Schenke. Der bekränzte Behaim eröffnete den Zug. Er hatte die Verpflichtung hier für die Aufrechthaltung der Ordnung zu sorgen, und wenn die Meister ein Gesellschaftslied anstimmten, so verwaltete er das Geschäft eines Merkers. Die geputzten Gäste stachen sonderbar genug von der Schenke ab, die von außen und innen gleich beräuchert und verfallen aussah. Nichts mehr als Tisch und Bänke gab es in dem langen Zimmer. So weit es nur der Raum gestattete, war Tisch an Tisch in einer Reihe nebeneinander gestellt und zu beiden Seiten setzten sich die Sänger. Obenan befand sich Behaim. Sein Thron war ein Lehnstuhl und ein hölzerner Hammer sein Zepter. Ich saß neben Hans Sachs. Als ich von den Nachbarn gedrängt, hart an ihn rückte, merkte ich, daß seine Ärmel mit Fischbeinstäben gesteift waren, und dies gab mir Veranlassung die sonderbare Tracht recht genau anzusehen. Die Jacke war von meergrünem Zeuge mit mehreren Schlitzen auf der Brust, durch die das Hemde vorschimmerte, dessen faltiger Kragen den Hals scheibenförmig umschloß. Die Ärmel waren von schwarzem Atlas, in den zackige Einschnitte in bestimmten Linien künstlich eingehakt waren, so daß überall das helle Unterzeug hindurchblickte. Ein Weinfäßchen ward auf die Tafel mitten hingesetzt und einer der Meister hatte die Mühe des Zapfens, indem ihm unaufhörlich die leeren Becher gereicht wurden. Als mancherlei besprochen und belacht war, klopfte Behaim mit dem Hammer und fragte alsdann die Versammelten, ob sie nicht ein Kampfgespräch versuchen wollten. Niemand wandte etwas dawider ein. Er fragte wieder, wer singen wolle, und drei Meister hoben die Hände auf; es waren Behaim selbst, Hans Sachs und Peter Vischer. Hans Sachs sollte eine Streitfrage aufwerfen und wohl meinethalb, da ich ihm erzählt hatte, wie ich soviel mich in den Werkstätten der Künstler umhergetan und mich an ihren Werken ergötzt, wählte er einen dahingehenden Gegenstand...

Antonio Beatis
Eine Beschreibung Nürnbergs aus dem Jahre 1517

Antonio Beatis unternahm 1517 mit Kardinal Luigi d'Aragona als dessen Sekretär eine Reise durch Deutschland an den Hof von Kaiser Karl V. Am 29. Mai trafen sie von Weißenburg kommend in Nürnberg ein.

Nürnberg liegt in einer Ebene, ein kleiner Teil auf Hügeln. Die Stadt ist ausgezeichnet durch ihre Kirchen, Straßen, Häuser, Plätze und den Reichtum an Waren, besonders an Metallarbeiten. Wenn auch ein großer Strom fehlt, so fließt doch ein Wasser mitten hindurch, das viele Mühlen treibt, in denen vermittelst Wasserräder eine unzählige Menge von groben und feinen Metalldrähten hergestellt werden...

Auch sonst gibt es in der Stadt viele Brunnen, die jedoch nicht so schön sind wie dieser. Die Stadt, deren Straßen mit großen und starken Ketten abgesperrt werden können, beherbergt eine große Menge von Kaufleuten aller Nationen und von ehrbaren Leuten. Sie besitzt eine wunderbare Artillerie. Dieselbe ist zwar nicht so zahlreich wie die von Trient oder Innsbruck, aber gleichwohl fehlt es nicht an großen und kleinen Geschützen, Gewehren, unzähligen Armbrüsten und an Vorrat an allem Nötigen, wie an Pferden zum Fortführen der Geschütze, an Steinen und Kugeln.

Ein langes und großes Lagerhaus enthält nur Kohlen, damit im Falle einer Belagerung wegen Mangel an Brennmaterial die Eisenarbeiten nicht eingestellt zu werden brauchen. Die Gemeinde besitzt ferner 18 Magazine, angefüllt mit Nahrungsmitteln, wie Hafer und Roggen. Eines dieser Magazine hat der Kardinal besichtigt, da die übrigen Magazine, wie die Bürger sagten, ebenso wohl ausgestattet sind, so kann man wohl sagen, die Stadt sei mit Vorräten überreich versehen. Es ward dort auch mehr als hundert Jahre alter Roggen gezeigt, den auch der Kardinal von Este sah, als er zu Ende des Pontifikats Julius' II. glücklichsten Angedenkens in Nürnberg weilte...

Geht man zum Stadttor hinaus und folgt etwa 100 Schritte weit dem Laufe des Flusses, so gelangt man zu einer vom Wasser bespülten Anlage, einer Anpflanzung von fünf Reihen von Bäumen, die man in Deutschland Linden nennt. Dieselben sind sehr groß; ihr Laub gleicht demjenigen der Maulbeerbäume, sie geben angenehmsten Schatten, bekommen weiße Blüten, die stark duften, tragen aber keine Früchte. Unter den Linden befindet sich eine Wiese samt einigen kleinen Beeten von heiterstem Grün, sowie vier Brunnen, alles wohl eingeteilt, so daß der Anblick so angenehm und genußreich ist, daß, mit Verlaub zu sagen, ich mir nichts Schöneres denken kann. Die genannten Bäume, welche in Deutschland und Flandern überall, besonders an öffentlichen Plätzen, stehen, damit man unter denselben Schatten genieße, sind in Italien gänzlich unbekannt. Dasselbe gilt auch von einem anderen Baum, der Lärche genannt wird und im Laub eine gewisse Aehnlichkeit mit der Tanne hat; doch ist er bei weitem lieblicher anzuschauen und das Laub zarter. Die Lärche wächst in den Wäldern an den Bergabhängen in großer Menge...

In besagter Stadt bestellte der Kardinal Uhren sowie Arbeiten von Eisen und Messing für eine beträchtliche Summe von Dukaten.

Man zeigt in Nürnberg die Krone Karls des Großen, des Sohnes Pipins, die ganz von Gold und mit vielen überaus kostbaren Edelsteinen besetzt ist, und sein Schwert mit einem Ueberzug aus rotem Samt, sowie das Schwert des hl. Mauritius, das dem Heiligen von einem Engel gegeben worden sein soll. Obgleich sich unzählige Waffenschmiede in der Stadt befinden, wußte doch noch niemand anzugeben, aus welchem Metall dieses Schwert gemacht sei. Man sagt, daß in Nürnberg auch der Reichsapfel Karls des Großen mit seinem Kreuz, ein Dorn von der Krone Christi und die Spitze der Lanze, womit die Seite des Erlösers durchbohrt wurde, aufbewahrt werden. Man versicherte uns, man habe die Spitze mit der heiligen Lanze verglichen, die in St. Peter zu Rom im Altar bei dem Grabe Innozenz' VIII. aufbewahrt wird, und gefunden, daß dort die besagte Spitze fehle. Die vorgenannte Stadt gehört zur Diözese Bamberg und ist eine freie Stadt. Es wird dort ein ausgedehnter Handel getrieben mit Fellen von weißen Füchsen und Luchsen, mit Hermelin und Zobel, die von Rußland und dem nördlichen Ozean kommen. Die Stadt hat oft Krieg mit dem Markgrafen von Brandenburg, dessen Gebiet angrenzt. Man erzählt, daß es hierbei wiederholt zu Feldschlachten kam; obgleich aber der Markgraf ein mächtiger Fürst ist und die Stadt belagerte, so wurden doch alle seine Angriffe zurückgeschlagen.

William Smith
A Description of the Cittie of Noremberg 1594

William Smith stammte aus Lancashire (England) und lebte einige Jahre als Tuchhändler in Nürnberg. An den Lordschatzkanzler Sir William Cicell Knight schickte er die Beschreibung seines momentanen Domizils.

Da diese Stadt, von der ich sprechen will, in der deutschen Landschaft liegt, die Franconia oder Ostfranken genannt wird (weil dieses das Ursprungsland der Franzosen war), dachte ich, es würde gut sein, erst einmal zu berichten, daß dieses gleiche Land früher vom Rhein bis zu den Bergen und Wäldern von Böhmen und Thüringen reichte. Mitten darin steht die Stadt Herbipolis, jetzt Würzburg genannt. Der Bischof dieser Stadt nennt sich Bischof von Würzburg und Herzog von Franken. Ihm gehört jedoch nur der mittlere Teil Frankens, da das Gebiet des Erzbischofs von Mainz sich bis fast eine Seemeile vor Würzburg erstreckt. Die Besitzungen des Pfalzgrafen vom Rhein ziehen sich an der südlichen Grenze entlang bis hin zum Herzogtum Bayern. Dort stoßen sie an das Land des Bischofs von Bamberg. Der Rest ist dann die Burggrafschaft Nürnberg, die dem Markgrafen von Brandenburg gehört und in welcher die besagte Stadt Nürnberg liegt, von der ich jetzt berichten will.

Die Stadt Nürnberg (im Englischen meist Norenborow genannt) ist in fremden Ländern wohl bekannt, und wird von einigen (des regen Handels wegen) das deutsche Venedig genannt. Sie liegt gerade in der Mitte Oberdeutschlands, zwischen Franconia und Norica. Somit zweifeln viele, in welchem der beiden Länder sie eigentlich liegt. Denn der Fluß, der mitten durch die Stadt fließt (und sie in zwei gleichgroße Gebiete teilt), war in früheren Zeiten und noch heute die Grenze zwischen den besagten Provinzen. (Die Bürger wollen zu keiner der beiden gezählt werden, sondern ein eigenes Land bilden.) Und so lag früher die Stadt in zwei Diözesen, denn der Teil nördlich des Flusses gehörte in geistlichen Angelegenheiten zum Bischof von Bamberg, und der südliche Teil zum Bischof von Eichstätt, das in Norica liegt. Aber all diese Streitfragen können leicht geklärt werden. Denn nicht nur die Stadt (die eine Gemeinschaft für sich darstellt), und das ganze Gebiet, welches dem Ehrbaren Rat gehört, sondern auch das ganze Bistum Eichstätt liegt jetzt innerhalb der Grenzen von Franken. Und Nürnberg als die wichtigste Reichsstadt in Franken erfüllt dem Reich gegenüber alle Pflichten. Soviel über die Lage der Stadt, die 26 deutsche Meilen südlich von Erfurt liegt, 36 südwestlich von Leipzig, 34 westlich von Prag, 13 nordwestlich von Regensburg, 18 nördlich von Augsburg, 19 nordöstlich von Ulm und 27 deutschen Meilen östlich von Frankfurt. Sie liegt auf dem Längengrad 31,40 Minuten, und auf dem nördlichen Breitengrad 49,30 Minuten.

Wenn Nürnberg auch sandigen und unfruchtbaren Boden hat, so liegt es doch entzückend, von schönen Wäldern umgeben; es hat eine gesunde und reine Luft und seine Einwohner sind geschickte Handwerker, die vorzügliche Arbeiten herstellen, die in alle Teile der Welt gebracht werden. Daher gibt es in Nürnberg soviele Kaufleute, daß ein bekannter Ausspruch in Deutschland sagt: *Die Kaufleute von Nürnberg, die Herren von Ulm und die Bürger von Augsburg.* Außerdem gibt es noch einen Spruch: *Die Nürnberger Hand betrügt jedes Land.*

Bezüglich des Namens der Stadt gibt es verschiedene Auslegungen und Ansichten. Einige behaupten, daß sie den Namen von Kaiser Nero übernahm, ihr Name also Neroberg bedeutet, andere nennen sie Norickberg, von

»Noricae mons«, d. h. ein Berg von Norica. Andere wieder bilden und setzen den Namen aus folgenden drei deutschen Wörtern zusammen: Nur-ein-Berg, d. h. nur ein Hügel. Schließlich wird sie noch Narungberg genannt, d. h. Nahrungshügel. Aber die letzteren könnten sie meiner Meinung nach genau so gut und passender Narrenberg, d. h. »Ideotenhügel« nennen. Aber da all diese Namensdeutungen leicht zurückgewiesen werden können, bleiben wir vorläufig bei der ersten Deutung des Namens, d. h. »Neroberg«, von dem Kaiser Nero. (Ebenso wurde Nördlingen zuert Nerolingen genannt.) Obwohl also Nürnberg vielerorts »Noricae mons« genannt wird, ist der Berg, auf dem die Burg steht in Franken und nicht in Norica. Und diejenigen, die es Nur-ein-Berg nennen, vergessen, daß es 13 benannte Hügel innerhalb der Stadt gibt, wie später gezeigt wird.

Jaques Esprinchard
Ein französischer Reisebericht aus dem Jahr 1597

Nach Beendigung seines Studiums bereiste der wohlhabende Franzose Jaques Esprinchard aus La Rochelle in Südfrankreich verschiedene Länder Europas. In seinem Reisetagebuch findet sich auch die ausführliche Schilderung Nürnbergs.

Am nächsten Tag, Dienstag, den 8. April, kamen wir durch Neustatlin und Emskirchen, Städte, die dem Markgrafen von Ansbach gehören, dann durch »Fürth«, ein großes Dorf, eine halbe Meile von Nürnberg entfernt, wo sich die Juden aufhalten. Eine halbe Stunde später kamen wir in der Stadt Nürnberg an, und wir logierten uns ein bei Bitterholt in der Straße »Ofterseibruchen« oder dem Säumarkt nahe dem Fluß. Das Land um diese Stadt ist sehr sandig und unfruchtbar, bestanden mit zahlreichen Kiefern, die alle in einer Linie angepflanzt sind und einen angenehmen Anblick bieten.

Die Stadt Nürnberg ist zweifellos eine der herrlichsten und vornehmsten Städte Deutschlands, sowohl an Gebäuden, die alle fast wie große Paläste sind und sich aneinanderreihen, als auch hinsichtlich der Straßen und der Größe des Umfangs. Sie ist in der ganzen Welt bekannt wegen des bedeutenden Handels, der hier getrieben wird, und wegen der feinen Arbeiten, die hier in den verschiedensten mechanischen Handwerken angefertigt werden. Die Häuser der Stadt sind fast alle außen bemalt, über ihre Pracht ist nichts zu sagen, nur daß sie ganz mit Ziegeln bedeckt sind und nicht mit Schiefer, womit in ganz Deutschland nur die Häuser in Köln bedeckt sind.

Es gibt in der Stadt eine sehr alte Burg auf einem hohen Hügel, der die Stadt beherrscht. Über einen steilen Hang, der von dieser Burg herabführt, kommt man geradeswegs auf den Marktplatz und zu der Börse. Aeneas Sylvius spricht in seiner Europa davon ziemlich ausführlich und sagt, daß die Stadt nicht sehr alt ist, was man wohl verstehen kann.

Der kleine Fluß Pegnitz durchfließt die Stadt, er bildet mehrere Kanäle, veranlaßte den Bau vieler Brücken und treibt etwa 66 Mühlenräder.

Der Markgraf von Brandenburg nennt sich Vicomte von Nürnberg und behauptet, daß das Schloß, das wir oben erwähnten, ihm gehört. Seine Vorfahren haben gegen diese Stadt große Kriege geführt, und einer von ihnen belagerte sie etwa 60 Jahre lang, aber vergeblich. Zum Zeichen ihres erfolgreichen Widerstands ließen die Nürnberger über den Mauern vier dicke Türme errichten, die sie Humpen nannten, um damit auf des Markgrafen Wohl zu trinken; sie sind hinreichend mit schönen Feldschlangen und anderen Waffen versehen. Zu ihren Füßen und in allen Gräben der Stadt sieht man eine Anzahl Hirsche und Hindinnen, die das ganze Jahr über Junge werfen. Es steht fest, daß diese Stadt früher Herzog Albrecht von Franken gehört hat, aber sie wurde nach seinem Tod unter Ludwig III. ans Reich gebracht, der sie erweiterte und mit Mauern umgab. Unter Karl IV. schuf man die schönen und tiefen Gräben, die man jetzt noch sieht. Die Republik der Herren von Nürnberg erstreckt sich in einer Richtung 12 Meilen in die Länge und besitzt vier oder fünf Städte und mehrere Dörfer, die sie den Pfalzgrafen weggenommen hat, die einst von Kaiser Friedrich geächtet worden waren. Diese Republik allein zahlt für den Türkenkrieg ebensoviel wie der größte Fürst des Reichs.

Während meines Aufenthalts an besagtem Ort begab ich mich zur Frau Kurfürstin nach der Stadt Neumarkt in der Oberpfalz (Neuagoras lateinisch), um ihr ein Paket der Fürstin von Oranien zu überbringen. Dort sah ich den

Herrn Kurfürsten von der Pfalz, den ersten Fürsten des Reiches, in der Gesellschaft mehrerer Herren und Fürsten, die zu Besuch gekommen waren, so den Markgrafen von Ansbach, den Landgrafen von Leuchtenberg, die Grafen von Oldenburg, von Hohenlohe, von Mansfeld und einige andere. Ich begrüßte auch Herrn Ancel, den Gesandten von Frankreich, den ich dort traf, und nachher, als ich wieder in Nürnberg war, wohnten wir sechs Tage zusammen im selben Quartier.

Nachdem ich mich drei Tage am Hof des Herrn Kurfürsten aufgehalten hatte, kam ich durch ein sehr bergiges und mit Buschwerk bestandenes Land nach der Stadt Altdorf, einer kleinen Stadt, drei Meilen entfernt, wo die Herren von Nürnberg seit 24 Jahren eine schöne Akademie und in allen Fakultäten sehr gelehrte Männer berufen haben. Die Stadt ist sehr klein, aber dafür ist sie sehr hübsch; wenn man sich in ihrer Mitte befindet, kann man leicht die zwei Tore sehen. Das Kollegiengebäude ist hübsch gebaut, und in der Mitte des Hofes befindet sich ein sehr schöner und großer runder Brunnen.

Um eine Gesellschaft von Kaufleuten zu erwarten, die sich nach Thüringen und Meißen begeben wollte, kehrte ich von Altdorf nach Nürnberg zurück, das drei kleine Meilen entfernt ist, und das auf einem Weg, der so gerade ist wie eine Linie zwischen großen sandigen Kiefernwäldern, an denen dieses Land so reich ist. Diese Republik steht unter allen Europas im Rang nach Venedig und hat sich noch nie in einem so blühenden Zustand befunden wie jetzt. Und was besonders zu ihrem Ruhm beiträgt, ist der Umstand, daß sie keine Gemeinde aus niederem und gemeinem Volk darstellt, sondern nur aus Personen, denen die Erfahrung und lange Reisen in ferne Länder die Kenntnis der schönsten Geschäfte der Welt verschafft hat und die sich fast alle den schönsten und nützlichsten Wissenschaften gewidmet haben und widmen. Sie haben alle nur das Ziel, auf den Nutzen der Republik bedacht zu sein, ohne sich in andere Dinge einzumischen. Man sieht selten Uneinigkeit unter ihnen, und dies nur deshalb, weil sie aus Erfahrung wissen, daß sie mittels dieser Eintracht glücklich leben und Wohlstand erwerben, soviel ihrer auch sind.

Kurz, dieses Staatswesen wird ganz aristokratisch regiert, denn das Volk hat hier nichts zu sagen, nur die vom Senat haben die Gewalt in der Hand, die, um sich die Zuneigung des Volkes zu verschaffen, es machen wie einst Perikles und Demosthenes, indem sie den Angesehensten unter dem Volk auferlegen, ein wenig mehr geschmückt zu gehen als die Handwerker; und wenn die Messen herannahen, versammeln sie, bevor sie dorthin ziehen, das Volk, um es, indem sie den Anschein erwecken, als ob sie es in einigen Angelegenheiten um seinen Rat fragen, sich immer geduldiger und gehorsamer zu machen.

Es gibt in der Stadt keine Juden, man hat sie eine große halbe Meile entfernt, sie wohnen da in Fürth, wie diejenigen von Köln in Deutz. Gegenüber der Frauenkirche auf

2 Das Dürerhaus. Der Maler, Graphiker und Kunstschriftsteller wurde 1471 in Nürnberg geboren und starb 1528 ebenda. Nach der Lehrzeit bei seinem Vater, dem Goldschmied Albrecht Dürer, und in der Werkstatt von Wolgemut, ging er 1490–94 auf Wanderschaft. 1509 erwarb er das Haus am Tiergärtnertor.

dem Marktplatz, wo sich auch die Börse befindet, steht ein sehr prächtiger Brunnen aus Marmor mit einer sehr hohen vergoldeten Pyamide. Im Rathaus der Stadt (das gerade gegenüber liegt) gibt es nichts Schönes zu sehen, als den Großen Saal und die großen Gefängnisse, die sich darunter befinden.

Die zwei wichtigsten Kirchen der Stadt, in denen sich eine große Zahl von Bildwerken befinden, sind diejenigen von St. Sebald und St. Lorenz. In derjenigen von St. Sebald sieht man das Grabmal dieses Heiligen aus Bronze, denn er war der Gründer dieser Kirche. An diesem Grabmal, das sehr schön ist, sieht man die Wappen von Frankreich und England. In der St. Lorenzkirche gibt es eine Lampe, in der sich ständig brennendes Öl befindet, das zwei Bürger unterhalten, andernfalls würden sie eine gewisse Rente verlieren.

Die Stadtmauern sind aus sehr schönen Hausteinen gebaut, sowohl auf der Seite des Grabens als auch innen und man braucht gute zwei Stunden, um sie zu umschreiten. Man kann ganz um sie herum gehen mit Ausnahme lediglich einer Seite, wo Gärten sind, und man muß dabei ziemlich in die Niederung eines großen Vororts hinabsteigen. Die Uhren dieser Stadt schlagen die Stunden des Tages und der Nacht, je nachdem die Tage lang oder kurz sind, entsprechend dem Lauf der Sonne.

Balthasar de Monconys
Aufzeichnungen eines Weltreisenden
1663

Im Mai des Jahres 1663 schickte Louis Charles d'Albert, Herzog von Luynes, seinen 17jährigen Sohn Charles Honoré, Herzog von Chevreuse, auf Reisen. Als Begleiter gab er ihm den weitgereisten Wissenschaftler Balthasar de Monconys mit, der seine Erlebnisse in einem Tagebuch festhielt. Am 21. November 1663 trafen die beiden Reisenden in Nürnberg ein.

Also kamen wir um 4 Uhr in Nürnberg an. Die Stadt liegt in der Ebene, mitten durch läuft der Fluß, die Pegnitz genannt, und macht da etliche Inseln. Die Einfarth ist durch einen sehr grossen halben Monden, hinter welche eine lange Vorstadt aber von wenig Häusern lieget. Darnach kömmt man an die Stadtmauern, welche sehr hoch und von guten Steinen gebauet, sonst aber ist ausser den trefflich weiten und tieffen Gräben keine andere Befestigung da zu sehen. Wir musten einen ziemlichen Weg zwerch durch die Stadt nehmen, ehe wir in das Wirthshauß zur güldenen Ganß kamen, welches am Markte an der Kirche und am Rathhause gelegen. Als wir dieses vorbey passirten, befand ich, daß es ein lang Gebäude war, und drey grosse Portale hatte von einer dorischen Ordnung, auf deren jedem zwey Stockwerck zu 66 Fenster stunden, welche durchgehends ihren besondern Zierrath hatten. Die Stadt ist frey, und wird durch 36 Patricios regieret, welche auff Lebenszeit das Amt führen; der Aelteste unter ihnen wohnet auff den Schloß und hat das meiste zu sagen, wiewohl auch alle Monat zweene Bürgermeister aus den 36 Herren des Raths erwehlet werden. An eines aus diesem *Collegio* verstorbenen

Stelle kan niemand kommen, er sey denn ein gebohrner Patricius oder Geschlechter. Diese sind von Adel, und haben mit der Bürgerey nichts zu thun. Ihr Weichbild oder Territorium mag etwan im Umkreiß 24 Frantzösische Meilen betragen, darinnen sind viel kleine Städte, Marckflecken, Dörffer und Schlösser, deren wir eine ziemliche Anzahl durchpassiret sind. Es werden daselbst unzehlig viel artige Sachen, von Drehwerck, Gold-Arbeit, kleinen Alabasternen und gypsernen Figuren gemacht. Eben damals ward in unseren Hause eine Hochzeit gehalten. Denn da werden insgemein in den Gasthöfen solche Hochzeit-Mahle ausgerichtet, und wenn abgespeiset ist, gehen die Gäste auf den Abend nach Hause. Damals aber waren zu dieser Freude nur zwey Tage verstattet worden, und das zwar wegen des Türcken-Krieges, und weil nun das schon der andere Tag war, so fuhren die beyden neuen Eheleute in ihren Fleischfarbigen gestickt-und mit goldenen Flittergen gezierten Mützen oder Kopffbutz wieder nach Hause. Die Kutsche aber begleiteten ein Diener mit einer Wachsfackel und eine grosse Menge Mädge mit Laternen.

Es wurden mir am 22. dieses allerhand Sachen und Spielwerck zu kauffen gebracht, es war aber nicht viel daran. Ich gieng drauff mit unsere Wirthe in die Hauptkirche, welche wohl gehalten wird, und nach der Lutheraner Art voller Stühle ist. In dem Chor ist ein groß Crucifix, von Albrecht Dürers Hand, so meines Erachtens ein schön Stück. Es sind etwa zwey Jahr, als ein Stern von dünnen Blechgolde, so oben an der Kirchdecke befestiget gewesen, herabgefallen, und sich gerade zwischen den Titel oder Uberschrifft und dem Haupt des Crucifixes gesetzt, umb deßwillen man auch selbigen nicht hat weg nehmen wollen. Dahinter steht ein schön Grabmal von Metall, welches wie ich glaube, besagter Albrecht Dürer, der von Nürnberg bürtig gewesen, also angegeben hat; es liegt darunter der H. Sebaldus, eines Königs aus Dennemarck Sohn begraben, und hat mir dessen *Disposition* über allermassen wohl gefallen. Es war sehr delicat und sauber gemacht, mit vielen Bildern, Festonen und dünnen Säulen, und in der Mitten lag das mit einer höltzernen Einfassung bedeckte Monument. In dieser Kirche sind auch gar sehr viele Gemählde von Albrecht Dürern, und eine Aufferstehung Christi, so schöner als die er gemacht, und ich von dem *de Parma* verfertiget zu seyn erachte. Von dar gieng ich durchs Rathhauß, dessen grosser Saal ist 40 Schritte lang, und 14 breit. Uber dem Täfelwerck ist ein sehr grosser Simß von Albrecht Dürers Entwurff, auff welchen ein Kayserlicher, aber mystischer und etwas verborgenes in sich haltender Triumph vorgestellet wird. Nach der Tafel fuhr ich nebst dem Hertzog nochmals dahin und besahen alles etwas eigentlicher. Der Zimmer sind sehr viel, und haben durchgehends Dekken, Fußboden und Thüren von einer sehr sauberen Holtz-Arbeit. Unter andern vielen daselbst von Albrecht Dürern vorhandenen Schildereyen war auch eine mit Adam und Eva in Lebens-Grösse, und noch zwo andere wie Altar Pforten, an deren ieder zween Evangelisten waren, welche sie nur vor Copien ausgaben, weil sie dem Churfürsten von Bayern die Originalien zukommen lassen. Und wenn sich das also verhält, so muß ich bekennen, daß dergleichen schöne Copien ich mein Tage nicht gesehen. Ich wolte sie aber mehr vor des Raphael als Albrecht Dürers Arbeit halten. An der Rathsstube ist ein Thür-Zierrath von erhabenem Holtz, so ein wundernswürdiges Stück ist, und von offtgemeldten Dürer verfertiget worden. Es ist das Rathhauß zwar noch nicht gantz ausgearbeitet, wenn es aber zu Stande seyn sollte, würde ich es wahrhafftig vor schöner halten als das zu Amsterdam. Wir begaben uns von da in die Hauptkirche, darinnen ich nochmals das obbeschriebene Grab des H. Sebaldi bewunderte, und kan ich versichern, daß die Arbeit an den Statuen der daselbst auffgesetzten Aposteln denen alten Römischen nichts nachgeben. Wir fuhren darauff über den grossen Marckt, an welchen etliche übel gemahlte Häuser und an der Seite eine Kirche zu sehen. Das schönste aber daselbst war eine sehr schöne und grosse *Fontaine* mit viel steinernen Statuen umbgeben, das gantze Werck aber war mit einem hohen und wohl gearbeiteten eisernen Gatter eingefasset. Endlich besahen wir auch die andern beyden Kirchen, fanden aber in denselben nichts merckwürdiges. Ferner besuchten wir einen vortrefflichen Künstler, welcher vor den König von Dennemarck eine Carosse verfertiget hat, die fort und zurück geschoben und ohne Pferde gewendet, auch in einer Stunde 3000 geometrische Schritte fortgetrieben werden kan, bloß durch Schrauben-Dreher, welche zwey in der Carosse sitzende Kinder herum- und also die beyden hindersten Räder wenden, einer aber hält einen Stecken, und beweget damit das Vörder-Theil der Carosse, woran die beyden kleinen Räder, die er also richten kan, wohin ihm beliebt.

Bemeldter Künstler hatte auch eine Pompe, so Wasser in grosser Menge gab, dann ferner kleine Stückgen, 1 Fuß lang, welche auff fünfhundert Schritte schiessen. Er arbeitete damahls an einer *galanterie* vor den Dauphin, das sollte eine Vorstellung eines Scharmützels werden, zwischen einen Troupp Reuterey und Fuß-Volck, und zwar dergestalt, daß vermittelst eines Uhrwercks die Bildergen marchirten und Feuer gäben.

Den 23. besuchte ich die Buchläden und fuhr nach der Tafel mit den Hertzog ins Zeughauß. In demselben sind 5 grosse Zimmer alle voll Gewehre, groben Stücken, und einigen Orgel-Geschützen. Meines Bedünckens möchten damit etwa 15000 Mann bewaffnet werden können; es wird aber das Gewehre alles sehr sauber und wohl gehalten. Der Canonen sind etwa 300 Stück, aber darunter auch viel kleine. In dem Hofe lagen zwo gar ungewöhnlich grosse Stücken, welche 400 Pfund schiessen, man braucht sie aber nicht, und will ich wohl glauben, daß man sie nicht einmahl probiret habe. Sie lagen ohne *Affuyten*, und sagte man, daß man sie mit grossen steinernen Kugeln ladete und dazu 50 Pfund Pulver bedürffte.

Endlich waren wir auch auff des Raths Bibliothek, welche ziemlich groß ist, und aus 4 Galerien bestehet, an beyden Seiten sind Bücher-Gestelle, und in der mitten der Galerien ein doppeltes, welches iede Galerie in zwey Theile sondert. Der Bücher mochten an der Zahl etwa 12 biß 15000 seyn, und waren sie noch auff die alte Art eingebunden; an statt des seidenen oder tuchenen Bandes, welches man sonst an den Regalen vorzuziehen pfleget, den Büchern eine gleiche Höhe zu geben, war ein Band von Holtze angemacht, welches aufgeschlagen werden konte. Dieselbe Nacht bekam ich anstoß vom Fieber, weßwegen mich eine *purgation* zu brauchen *resolvirete.*

Den 24. nahm ich etwas von *Antimonio* ein, dessen ich verschiedene *praeparationes* habe, und biß zu anderer Zeit auffheben wollte. Wie ich denn auch.

Am 25. wegen annoch anhaltender Schwachheit die Messe in Gesellschaft des Hertzogs nicht besuchen konte, welcher damahls auch das Schloß besahe. Nach Mittage kam einer von Lyon, Nahmens *le Roy*, mit den Postillion von S. Gallen in Nürnberg an.

Den 26. fuhren wir zusammen auffs Schloß. Selbiges ist auff einen Felsen gebauet, und ist zwar nicht zu läugnen, daß es ein altes Römisches Gebäude sey, ob es aber von *Nerone* aufgeführet worden, will ich eben nicht versichern, wiewohl es insgemein geglaubet, und auch der Nahme der Stadt daher geleitet wird. Man erzehlt auch eine seltzame Historie von einem Zauberer, welcher, als man ihn im Schlosse gefangen nehmen wollen, mit einem Pferd über den Graben, welcher gleichwohl 20 Ellen breit und 15 tieff ist, gesetzt haben soll; und dieser Fabel eine mehrere Beglaubigung und Ansehen zu machen, so werden an den Steinen an einem Ort im Schlosse, drey übelgebildete Fußtapffen von Pferde-Hufen gewiesen, gerade als ob das Pferd des Zauberers drey Beine gehabt hätte. Die Stadt liegt am Fusse des Schlosses, und deuchtete mich eben so gar groß nicht zu seyn. Rings um die Mauren stehen sehr viel starcke Thürne, und einige derselben können zu guten fortressen dienen. Der durch die Stadt lauffende Strohm, die Pegnitz, macht zwar etliche Inseln, er ist aber nicht Schiffbar.

Den 27. blieb ich den gantzen Tag zu Hause.

Den 28. brachen wir um halb 9 Uhr von Nürnberg wieder auff…

Galeazzo Gualdo Priorato
Ein Italiener sieht Nürnberg 1663

Als Gesandter der Königin Christine von Schweden kam der in Vicenza geborene Abenteurer Galeazzo Gualdo Priorato, späterer Graf von Comazzo, in die Reichsstadt Nürnberg. Nach Erledigung seines diplomatischen Auftrages genügten ihm wenige Tage um über »Stadt und Republik Nürnberg« zu berichten.

Unter den Reichsstädten Deutschlands steht Nürnberg wohl keiner der schönsten, größten, prächtigsten, volksreichsten und mächtigsten nach. Sie liegt im Fränkischen Kreis am Pegnitzfluß, der sich an einer Stelle der Stadt in zwei Arme teilt und mit ruhigem Lauf hindurchfließt, um sich dann in den Main zu ergießen. Sie ist an einen anmutigen Hügel gelehnt, Norisberg genannt, der sie gegen Norden überragt und sehr eindrucksvoll gestaltet, ihr auch ein wunderbares, liebliches Ansehen verleiht; und da besagter Hügel ganz aus festem Erdreich, zum Teil aus Felsen besteht, sind auf ihm zwei sehr stark ummauerte Vesten oder Burgen begründet. In einer von diesen pflegten vordem in alten Zeiten die römischen Kaiser und Könige zu wohnen, und in der anderen die Nürnberger Burggrafen, das waren diejenigen, die das Tor der kaiserlichen Burg und die Burg selbst hüteten, wenn die Kaiser abwesend waren; aber nachdem diese Wohnung abbrannte, ward von der Republik an ihrer Stelle der große Kornspeicher erbaut, mit dem festen Turm, im Volksmund Luginsland genannt.

Die Kaiserburg wurde später vom Kaiser der Stadt einverleibt, und in Abwesenheit des Kaisers war sie statt dem Burggrafen dem Rat in Obhut gegeben.

Ihre Lage ist sehr bequem und günstig, weil sie sich gerade im Herzen des Reiches befindet, in einer der schönsten Provinzen Deutschlands. Sie grenzt an die Oberpfalz, an die Bistümer Bamberg und Eichstätt, an die Territorien von Neuburg, an die Markgrafen von Brandenburg, Onoldsbach, Kulmbach, Bayreuth und an die Pfalzgrafschaft von Sulzbach.

Verschieden sind die Ansichten über ihren Ursprung. Einige sagen, sie sei von Noricus, dem Erstgeborenen des Herkules, erbaut. Andere, daß hier der Kaiser Claudius Tiberius die alte Burg errichtet habe und daß sie darum Castrum Neronis genannt wurde. Und einige wieder nehmen an, daß die umliegenden Völker, vor der Hunnenflut in die Wälder flüchtend, hier auf dem Norisberg zu ihrem Schutz besagte Burg gründeten, in die sich auch andere Stämme in großer Zahl retteten, bis schließlich Heinrich Herzog v. Bayern begann, sie Stadt zu heißen, sie mit der schönen Skt. Egydienkirche schmückte, die Stadtmauern erweiterte und ihr Gestalt und Gesetz zu eigener Verwaltung verlieh. Sie wurde von Albrecht, Herzog von Franken, beherrscht und später durch Kaiser Ludwig III. mit dem Reich vereint; im Jahre 913 unter Kaiser Konrad I., oder nach anderen im Jahre 1027 unter Konrad II., wurde sie dann mit sehr weitgehenden und trefflichen Privilegien frei. Aber wie es auch gewesen sein mag; wir lassen Reden über alte Dinge, von denen schon viele Autoren schrieben, und werden statt dessen sagen, daß diese ehrwürdige Stadt gegenwärtig eine der ansehnlichsten nicht nur des Reiches, sondern Europas ist.

Die sehr starken Mauern, mit denen sie umgeben ist, haben einen Umfang von 8000 Schritten, und 335 Türme; so groß und mächtig, daß viele von ihnen mit Artillerie bestückt sind. Ihr Graben ist tief, mit gefütterter Gegenböschung, die an manchen Stellen mit Außenwerken versehen ist. Sie hat sechs Haupttore und fünf Rundtürme, alle in Naturstein aufgeführt; vier nach den vier Himmelsrichtungen und einen alten in der Burg.

Die Häuser sind groß, hoch und von anmutigstem, wirklich prächtigem Ansehen, fast alle aus Stein, mit unendlich vielen Räumlichkeiten, die sie mit jeder Bequemlichkeit versehen. Sie zählt 228 Straßen, alle heiter, breit, sauber, und zehn große Plätze, von welchen der Hauptplatz Herrenplatz genannt wird; er ist äußerst geräumig und schön. Zwölf überreichlich fließende Brunnen schmücken diese Stadt und dienen der größten Annehmlichkeit der Einwohner; außerdem gibt es noch 118 öffentliche Ziehbrunnen.

Der Fluß treibt 68 Mühlen, außer denjenigen, die dem Mahlen von Getreide dienen, bewegen mehrere andere von ihnen Einrichtungen verschiedener Art zum Nutzen der Handwerker, die sich mit allerlei Arbeiten beschäftigen. Über diesen Fluß sind elf steinerne Brücken gespannt, deren eine, Fleischbrücke geheißen, aus einem einzigen Bogen besteht, 97 geometrische Schuh lang, und sieben breit.

In der Stadt sind zwölf dicht bewohnte Hügel einbeschlossen, sie hat 13 öffentliche Bäder, darunter eines mit einem gewissen mineralischen Heilwasser gegen mancherlei Leiden.

Sie ist in acht Viertel unter 132 Hauptleuten eingeteilt, und für jedweden Kriegsfall befinden sich unter ihren Fahnen ungefähr 6000 bewaffnete, kriegstüchtige Männer.

Es gab zwei Haupt-Pfarreien: die erste zu Skt. Sebald, Schutzheiliger der Stadt, die andere zu Skt. Lorenz. Zusammen mögen es an die 40000–50000 Seelen sein. Im Jahre 1520 wechselte sie die Religion und nahm diejenige an, die, von Martin Luther eingeführt, Augsburgisches Bekenntnis genannt wird und in welcher sie sich heute noch erhält, nachdem ihr von Kaiser Karl V. bei einem 1530 abgehaltenen Reichstag deren freie Ausübung gewährt wurde. Vor dem Religionswechsel waren die Stadt und ihr Gebiet den Bischöfen von Bamberg und von Eichstätt unterstellt, die in ihr zwei Pröpste erhielten, das sind bischöfliche Vikare; die Sebalder Seite unter dem Bischof von

Bamberg, die andere, Skt. Lorenz, unter dem Bischof von Eichstätt, mit zwei Pfarrkirchen, eine diesseits, die andere jenseits des Flusses, eine dem heiligen Sebaldus, die andere dem heiligen Laurentius geweiht.

Unter den Bauten der Bürger und Kaufleute, die sehr schön und reich ausgestattet sind, verdient das Zeughaus Beachtung, in dem sich alle Arten von Waffen zum Angriff und zur Verteidigung mit der entsprechenden Munition befinden. Das Rathaus, prächtig und groß. Ein öffentliches Theater, worin Kämpfe und verschiedene Schau-Vorführungen stattfinden; es nimmt bequem mehr als 8000 Menschen auf.

Der öffentliche Saal der adligen Geschlechter, in den sie sich gar oft zur Ergötzung begeben.

In Nürnberg befinden sich mehrere Reliquien, darunter die Lanze, die Unserem Herrn Jesus die Seite durchbohrte. Ein Stück des Heilg. Kreuzes und ein Nagel, mit dem Er gekreuzigt wurde. Der Leib des heilg. Sebaldus, in der Pfarrkirche, in einem herrlichen und prächtigen Grabmal. Hier ist auch die Kaiserkrone mit allem Schmuck, mit dem die Kaiser gekrönt zu werden pflegen, mit dem Schwert Karls des Großen, welche Gegenstände der freien Reichsstadt von Kaiser Sigismund geschenkt wurden. In Nürnberg wurden in den vergangenen Jahrhunderten viele kaiserliche Reichstage abgehalten, und diese Republik genießt den Vorzug, daß jeder Kaiser in ihr den ersten Reichstag seiner Herrschaft berufen muß; ergibt es sich aus irgendeinem Grund, daß der Reichstag anderweitig abgehalten werden soll, erklärt man, daß es ohne Nachteil für die Privilegien der Stadt geschieht.

Hier fertigt man so vorzüglich alle möglichen Werke aus Messing und anderen Metallen an, daß alle Weltteile damit versorgt werden; und ebenso stellt man hier große Mengen von Angriffs- und Verteidigungswaffen her.

In vergangenen Zeiten fehlte es diesem edelsten Gemeinwesen ebensowenig wie heute an ausgezeichneten Meistern in allen freien und Werkkünsten.

Unbeschreiblich ist weiterhin die Höflichkeit dieser Edelleute, und unübertrefflich ihre Freundlichkeit und Großmut, sie huldigen den Fremden und achten sie sehr hoch.

In der Stadt leben Kaufleute, die zu allen Plätzen Europas Verbindung unterhalten und mit allen Sorten Waren Handel treiben.

Post fährt von hier nach allen Teilen Europas, und nach jedem Ort kann man mit Pferden, Wagen, Kaleschen und Sänften reisen. Außerdem gibt es alle Sorten von Wagen und Pferden, um überallhin Waren und Gegenstände auszuführen.

Sie hat sehr gute Gasthöfe, und mit Ausnahme des Weines findet man alle anderen zum menschlichen Dasein gehörenden Dinge für einen anständigen Preis.

Die Stadtkleidung der Nürnberger Herren ist schwarz,

3 Das prächtige Rathaus von Nürnberg, einer der bedeutendsten Reichsstädte, die um 1500 ihren Höhepunkt erlebte.

aber aus feinen Tuchen, und sie lieben es, reinlich einherzugehen; auf dem Lande kleiden sie sich prächtig, ohne an Gold und Seide zu sparen.

Die Frauen tragen ebenfalls sittsame Kleidung, aber schwer und so bescheiden, wie sie selbst in ihrem Umgang sind, bei dem sie (obwohl große Freiheit herrscht) dennoch immer das Ansehen von Klugheit und Ehrbarkeit wahren.

Außerhalb der Stadt sind zwei stark bevölkerte Vorstädte und ringsherum Gärten, Gemüsefelder und Lusthäuser.

Das Gebiet der Stadt erstreckt sich zum größten Teil gegen die Oberpfalz hin und es umfaßt sechs Städte: Hersbruck, Lauf, Altdorf, Velden, Gräfenberg, Betzenstein; zu ihnen gehören viele Dörfer, Burgen, Straßen und Weiler, die Hauptburgen sind Hohenstein, Hilpoltstein, Reicheneck, Stieberg, Hauseck und Lichtenau.

Eduard Brown
Die allerschönste deutsche Stadt 1686

Eduard Brown, Mitglied der »Königl. Englisch. Medicinischen Gesellschaft« in London beschrieb nach seinen Reisen durch Europa die »Merkwürdigkeiten und vornehmensten Denkwürdigkeiten« der verschiedenen Königreiche und Länder. Auch Nürnberg besuchte er und begeisterte sich für die Reichsstadt.

Nurnberg ist unter allen Städten / die ich jemals in Teutschland gesehen habe / die allerschönste; die meisten Häuser alldar sind von harten Steinen oder Quater-Stükken / und sehr hoch gebauet / auch sind unterschiedliche derselben / von aussen her / schön bemahlet / und oben auf mit verguldeten Kugeln oder Knöpffen gezieret; Auch sind derselbigen viel von 6. oder 7. Verrieffungen oder Gaden-Höhe. Das Pellerische Hauß ist eines von den Schönsten. Die Stadt ist sehr Volckreich und voller Handels-Gewerben / ob sie gleich auf einem dürren und magern Lande stehet / und kein Schiffreiches Wasser alldar ist. Die drey besten Kirchen alldar sind die Spital-Kirchen / zum Heil. Geist genannt / welche unlängst aus der Massen herrlich ist renoviret und gebauet worden: Die St. Lorentzer-Kirchen / welche sehr schön und groß ist / und vorn an / zwey hohe Thürne hat; und die St. Sebalds-Kirche / welche die vornehmste vor allen ist. Der Leichnam des Heiligen Sebaldi wurde / wie man erzehlet / auf einem Karren von Ochsen gezogen / und an dem Platze / da die Ochsen still stunden / begruben sie gedachten Leichnam / und richteten zu seinem Gedächtniß diese Kirche auf.

In dieser Kirche ist ein höltzernes Crucifix / welches aus

der Massen wol geschnitten / und deswegen sehr hoch geschätzet wird. Das Crucifix ausser dieser Kirchen ist sehr groß von Metall / und schwartz angestrichen; davon sich einige einbilden / daß der Magistrat dieser Stadt etwas sonderliches an diesem Crucifix habe / oder einen Schatz darinnen beschlossen halte. Der Predig-Stuhl ist trefflich schön geschnitten und verguldet / und die gantze Kirche so prächtig / daß sie wohl vor eine der allerbesten Lutherischen Kirchen gelten mag; so / daß die Religion und der Gottesdienst allhier in seinem vollen Glantz und Ansehen geübet wird. Die Priester lesen alle Morgen die H. Schrifft eine halbe Stund lang in der Betstund dem Volck vor / oder es wird auch wohl an statt dessen eine *Sermon* gethan.

Das Rath-Hauß ist wol Besehens-würdig: Es ist alldar ein grosser Saal / wie auch viel andere Zimmer / alle trefflich mit Schildereyen versehen. Auch sind alldar Steine / die sehr wohl verguldet auch bemahlet sind mit Gold und weisser Farb / als auch mit grüner / guldener / und andern mancherley Farben. Über der Thür / da man (auf der Fleischbrucken) in die Fleisch-Banck gehet / lieget ein grosser Ochs von Stein gehauen und übermahlet / mit dieser Aufschrifft:

Omnia habent ortus, suaq; incrementa, sed Ecce,
quem cernis, nunquam Bos fuit, hic vitulus,

Zu Teutsch also:

Alle Dinge zum Wachsthum neigend
nehmn Ursprung zu jeder Frist:
Der Ochs aber / sich hier zeigend /
nie ein Kalb gewesen ist.

Die Festung / oder das Schloß / lieget auf einem hohen Berg / von welchem man ein hübsches Gesicht über die gantze Stadt haben kan: Auf diesem Schloß sind merckwürdig der sehr tieffe Brunn; die Capelle des Kaysers; wie auch dessen Gemählde / ingleichen von den Churfürsten. Ferner sind alldar treffliche Nacht-Stücke / und eines darunter von einem Mann / stehend hinter einem weissen durchscheinenden Vorhang / welches aus der Massen wohl ausgedruckt ist; auch werden alldar gezeiget die Waffen / des grossen Zauberers *Appele von Galingen*; und an der Schloß-Mauer siehet man die Merck-Zeichen von dem Fusse seines Pferdes / als er von dar aus / über den sehr weiten Stadt-Graben / gesprengt seyn solle.

Der grosse neue Brunnen war zur selben Zeit noch nicht vollendet / jedoch waren die von Messing gegossene Bilder / die man darzu machte / aus der Massen schön; die See-Pferde kamen sehr nett / und die See-Nimpffen sind grösser als Lebens-Grösse; der *Neptunus*, welcher oben auf stehen soll / ist über vierdthalb Ellen hoch. Ich war / als ich das erstemal in diese Stadt kam / nicht wenig entsetzet zu sehen die Herrlichkeit der Häuser / die schöne Gassen / die Mannigfaltigkeit der Kleidung / die Bescheidenheit und den Fleiß des Volcks / und die Nettigkeit in allen Dingen / mehrer als ich dergleichen in irgend einigen Teutschen Städten zuvor jemals bemercket hatte.

Herr von Blainville Reisebeschreibung den Zustand von Nürnberg betreffend 1705

Auf einer »Kavalierstour« durch Europa hat von Blainville, der als Hugenotte aus Frankreich geflohen war, die Söhne des englischen Adeligen Blathwait begleitet. Blainville ist einer der interessantesten Bildungsreisenden dieser Zeit und hat ein amüsantes Tagebuch hinterlassen.

Da Nürnberg eine grosse und hübsche Stadt ist, so werden wir einige Zeit darauf zubringen müssen, ihre Merkwürdigkeiten zu besehen, und ich zweifle nicht, daß wir einige antreffen werden, die sowol uns als dem Leser zum Vergnügen gereichen mögen.

Ich sehe auch schon aus dem, was sich diesen Morgen in unserer Herberge ereignete, daß uns hier allerhand Abentheuer begegnen werden. Die hiesigen Kaufleute, welche einen beträchtlichen Handel mit denen von St. Gallen im Schweizerlande treiben, werden heute auf Kosten der Leztern all hier prächtig bewirthet, und die Schweizer Kaufleute werden über 8. Tage gleiche Ehre von den hiesigen in ihrer Vatter-Stadt empfangen. Von dem Thor unsers Wirthshauses bis zu dem zu der Feyerlichkeit bestimmten Saal war der ganze Weg mit Blumen und wohlriechenden Kräutern bestreuet. Der Consul der St. Galler Kaufleute, welcher in Nürnberg wohnet, stand an dem Thore, und empfieng die Mitglieder dieser Kaufmanns-Gesellschafft bey ihrer Ankunfft. Es waren ihrer ungefehr vier und zwanzig, und alle ganz schwarz mit Mänteln gekleidet. Eine Art von Aufwärter in gleichem Anzuge überreichte einem jeden einen Strauß von gelben Violen, deren er einen ganzen Korb voll hatte, vielleicht um sie daran zu erinnern, daß Kaufleute vielen Sorgen und Bekümmernissen unterworffen wären.

Als sie alle bey einander waren, so giengen sie aus dem Saale in guter Ordnung, Paar und Paar, zween Trompeter aber und vier Hautboisten in rothen Kleidern, deren jeder ein grosses silbernes Blech mit dem Nürnbergischen Wappen darauf von erhaben getriebener Arbeit auf der Brust trug, traten alle sechse in einem Gliede voraus, und machten eine gute Musik. Ihnen folgte der Aufwärter, der sich das ehrbare Ansehen eines Rathsherrn gab, und trug eine grosse hölzerne Schüssel voll Pfeffer, aus welcher ein Pflock ungefehr 5. bis 6. Zoll hoch, und oben ziemlich breit, hervorragte, auf dem ein Paar alte Handschuhe lagen, um vielleicht anzuzeigen, daß der Haupthandel, den diese Nürnberger Kaufleute nach dem Schweizerlande trieben, vorzüglich in Gewürzen und dergleichen Waaren bestehe, welche sie daselbst gar wohl in gute Dukaten zu verwandeln wissen. Ist dieses nicht eine Art vom Stein der Weisen? Unter diesen alten Handschuhen, sagte man uns, lägen zehn Goldgülden, welche diese kleine Kaufmanns-Gesellschafft an die Stadt Nürnberg für die Befreyung ihrer Waaren von allen Auflagen als eine Erkenntlichkeit bezahlte. Wir begleiteten sie durch verschiedene Strassen in ein grosses öffentliches Haus, die Waage genannt, worein wir giengen, und nachdem ein jeder seinen Plaz eingenommen hatte, so hielte der gallensche Agent mit vieler Beredsamkeit in teutscher Sprache eine Rede von den Vortheilen ihrer Handlung und den Freyheiten und Vorzügen ihrer Gesellschafft. Nachdem diese Rede vorbey war, gieng die Gesellschaft in voriger Ordnung wieder in unser Wirthshaus zurück, und blieb in zwo Reihen an der Thür stehen. Der Agent ersuchte sie, ihm die Ehre zu erweisen, und mit ihm ein Mittagsessen vorlieb zu nehmen. Ein solches Compliment war aber diesmal sehr überflüssig, denn ein jeder wußte schon vorher, daß die Mahlzeit für sie zubereitet wäre. Also machten sie den Agenten nicht die Mühe, sie zweymal zu bitten, sondern giengen nach einigen steifen Bücklingen und ungeschickten Verbeugungen weiter, und der Agent begleitete sie auf den Saal, der zum Schmauß bestimmet war, zu welchem man uns als Fremde gleichfalls eingeladen hatte.

Baron Carl Ludwig von Pöllnitz
Nachrichten aus dem Jahr 1729

Baron von Pöllnitz notierte auf seinen Reisen durch Europa die Besonderheiten der vornehmsten Höfe Europas und seiner Bewohner. Am 29. September 1729 traf er, aus Ansbach kommend, in Nürnberg ein, wo er sich über die »Komplimentmacherei« seiner Einwohner amüsierte.

Die Einwohner der Stadt mögen wohl die Ehrlichsten Leute von der Welt seyn, wenigstens halte ich sie davor, doch sind sie anbey die ärgsten *Complimenten* macher, so ich nur kenne, und habe ich keinen Fuß in einen Laden setzen können, wo nicht der Herr, die Frau, die Kinder und Bedienten mich beym Herausgehen biß auf die Strasse begleitet, und sich vor die Ehre die ich ihnen angethan, bedanckt hätten. Mein Gastwirth, welcher mich wohl zwantzig Mahl des Tages sahe aus und eingehen, empfieng mich doch allemahl mit grossen *Ceremonien*, und fragte mich, wie ich mich befände, ja wann ich ausgieng, bate er mich, daß ich doch sein geringes Hauß nicht lange der Ehre von meiner Gegenwart berauben möchte.

Nürnberg ist nach Hamburg die wohlhabendste und mächtigste Reichs-Stadt; ihre Landschafft erstrecket sich zwar viel weiter als Hamburg, allein diese letztere Stadt ist aber an Reichthum überlegen; man behauptet, daß Nürnberg noch sieben andere Städte mit vierhundert und achtzig Flecken und Dörffern in ihrem Umkreiß habe; gleichwohl ist die Burgerschafft daselbst keine der reichsten, und ziehen die *Patritii* alles Geld und Gut an sich, so daß der Burgersmann wenig in seinem Vermögen hat.

Johann Georg Keyßler
Addition der Sehenswürdigkeiten
1741

Durch Deutschland, Böhmen, Ungarn, die Schweiz, Italien und Lothringen führten die Reisen von Johann Georg Keyßler. Er beschäftigte sich auch ausführlich mit der Stadt Nürnberg und lieferte genaue Zahlen über ihre Bauwerke, Straßen und Plätze.

Einige halten diese Stadt vor ein Mittel-Punkt sowohl von Teutschland als Europa, welches man aber nicht genau nach der mathematischen Schärfe nehmen muß. Die Hauptuhren zehlen die Stunden vom Aufgange der Sonnen, und fangen nach Untergang derselben wieder an Eins zu schlagen, in welche Rechnung sich Fremde anfänglich nicht wohl zu schicken wissen, bald aber aus der gedruckten Aequation der verschiedenen Uhren den gehörigen Begriff erlangen. Die Stadt ist wohl gebauet, indessen aber doch mit keinen solchen Privat-Häusern versehen, welche den Namen von Palästen verdienen.

Die Stadt Nürnberg hat die Ehre, daß der größte und vornehmste Teil der Reichs-Cleinodien von vielen Seculis her in ihrer Verwahrung ist. Die dazugehörigen Heiligtümer hängen noch in dem Gewölbe der Spital-Kirche in einer silbernen und verguldeten Kiste frey in der Luft. Die andern Kostbarkeiten sind besonders aufgehoben, und wird der ganze Schatz zusammen nur an Fürstliche oder aus einem alten Gräflichen Hause abstammende Personen gezeiget, bey welcher Gelegenheit aber auch andere Leute nicht zugelassen werden.

In der Stadt Nürnberg selbst zählen etliche hundert und acht und zwanzig Hauptstraßen und vier hundert kleine, zwölf große und hundert und drey und dreyßig kleinere Springbrunnen, hundert und siebenzehn Schöpfbrunnen, sechszehn Kirchen, vier und vierzig geistliche Gebäude, zwölf Brücken, zehn Märkte, drey hundert und fünf und sechzig Thürme an den Stadtmauern, ein und zwanzig tausend Häuser, fünf und siebenzig tausend Haushaltungen, und brauchet man drey Stunden sie nebst den Vorstädten zu umgehen. Jedoch lasse ich diese Rechnung, was sonderlich die Anzahl der Dörfer, Häuser und Einwohner anlanget, dahin gestellet seyn.

Der Umgang mit dem nürnbergischen Frauenzimmer ist in Ansehung vieler anderer großen Städte noch sehr eingeschränkt. Man bekömmt solches wenig zu sehen, in die Versammlungen, so es untereinander hält, haben selbst die einheimischen Mannspersonen, wo sie nicht sonderlich bekannt sind, keinen Zutritt: und wenn gleich ein Fremder mit den besten Recommendationsschreiben an einen Nürnberger der eine Frau und Tochter hat, versehen ist; so wird dieser doch die ihm empfohlene Person selten zu sich in sein Haus laden, sondern sich begnügen, daß er sie im Wirthshause tractire, und, wo möglich, ihr mit einem Rausche, eine Ehre (wie sie es nennen) anthue.

Johann Georg Sulzer
Zwischen Roth und Nürnberg 1776

Zwei Jahre dauerte die Reise des Berliners Johann Georg Sulzer zu den »mittäglichen Ländern« Europas und zurück nach Berlin. In seinem Tagebuch berichtete er über die Etappe von Roth nach Nürnberg.

Zwischen Roth und Nürnberg ist der Boden meist sandig; daher viele Fichtenwälder auf diesem Striche liegen. Hier traf ich von dieser Seite her die ersten Tabakspflanzungen an. Es wird ziemlich augenscheinlich, daß das Volk in Franken im Feldbau sowohl als im Fabrikwesen mehr Neues versuchet, und überhaupt sich in mannichfaltigere Unternehmungen einläßt, als die Schwaben, welche mehr auf dem von alten Zeiten her gebahnten Wege fortgehen. Vermuthlich hat die ehemalige sehr ausgebreitete Handlung der Stadt Nürnberg diesen Geist des immer auf neue Weise wirksamen Fleisses in dem Land ausgebreitet. Dessen ungeachtet scheinet überhaupt doch in Schwaben durchgehends mehr Wohlstand zu herrschen als in Franken.

Ich fand auf diesem Wege einige Leute beschäftigt, das bey weitem noch nicht reife Getraide, da es sich kaum zu entfärben angefangen hatte, abzuschneiden. Auf Befragen, warum sie die reife Erndte nicht abwarteten, sagten sie mir ganz gelassen, sie müßten es unreif nehmen, wenn sie es nicht gänzlich vom Wild abgefressen und verwüstet sehen wollten. Nicht weit davon fuhr ich neben Aeckern vorbey, die mit Ertoffeln angepflanzt waren, die mir ein eben so trauriges Nachdenken verursachten. Auf dem ganzen

Felde waren wenig Schritte auseinander kleine Stöcke in die Erde gesteckt, und von jedem auf die nächst um ihn stehenden Faden gezogen, an denen dünne hölzerne Schindeln, Stücken zerbrochener Glasscheiben, Papiere und Lappen überall angehängt waren, um das Wild von diesen Aeckern zu verscheuchen. Ein trauriger Beweis einer barbarischen Geringschätzung des Landmannes, der vielleicht jeden Thaler, den der Landesherr vom Verkauf, oder für seinen Verbrauch des Wildprets zeihet, mit zehen Thaler Schaden an seinem Getraide, und an verlorner Arbeit bezahlen muß. Denn für den Zeitvertreib der Jagd könnten Wildgärten eingehegt werden.

Den Mittag blieb ich in Nürnberg. Weil mir diese berühmte Stadt aus andern vorhergehenden Reisen schon bekannt war, so hielt ich mich jetzt nur so lang auf, als nöthig war, das Mittagessen zu genießen. Von da aus geht der Weg völlig eben meist durch Waldung nach Erlangen, wo ich ebenfalls schon ehedem mich hinlänglich umgesehen hatte...

Johann Heinrich Wilhelm Tischbein
Tagebuch eines Malers 1779

Auf seiner ersten Reise nach Italien, führte die Route des Malers Heinrich Wilhelm Tischbein (1751–1829) auch über Nürnberg. Bei einer späteren Italienreise entstand das berühmte Bild Goethes in der Campagna.

Je näher wir gegen Nürnberg kamen, desto lebhafter wurden wir durch die Trachten der dasigen Landleute, besonders durch die züchtigen Jungfrauen, welche Kopf, Hals und Busen so sittsam verhüllt trugen, noch mehr durch die Gestalten selbst an Albrecht Dürer und seine Werke erinnert. So glaubten wir in einem ländlichen Wirtshause, wo wir zu Mittag aßen, die lebenden Modelle zu einem seiner Heiligenbilder zu sehen; die Tochter als Jungfrau Maria, ihren schönen Bruder als des Christus Lieblingsschüler, den sanften Johannes, und die Mutter als heilige Elisabeth. Wir blieben mit Vergnügen in diesem Hause, wo uns von den vortrefflichen, gutmütigen Menschen alles mit zuvorkommender Liebe und Gefälligkeit gereicht ward. Als wir Abschied nahmen, wollten sie uns nicht weglassen, wir hielten einander die Hände fest umschlungen, aber die ungeduldigen Rosse und des Fuhrmanns Peitschengeknalle drängten zum Abschied. Auch der Kutscher war munter wie seine Pferde, denn reichlich war ihm eingeschenkt worden, und Hafer vollauf hatte der Jüngling für die Pferde in die Krippe gefüllt. Sogar in dem Wagen fanden wir zur Seite unserer Sitze alles vollgepackt. Unsere Herzen und Augen flossen über von Dank; wir konnten kaum sitzen vor dem vielen Gepäcke von Brot und Semmeln und Äpfeln, welche die züchtige Jungfrau mit ihren niedlichen Händen eingewickelt und die sinnige Mutter und der besonnene Jüngling zurechtgelegt hatten. Flüchtig ging es mit Gerassel durch das Dorf über die unebenen Wege, und wir hatten Mühe, im Fahren alles zu ordnen, um sitzen zu können. Schon fern vom Dorfe hinaus, hörten wir ein lautes Rufen hinter uns her, unser Fuhrmann mußte halten. Da sahen wir den Jüngling hinter uns herlaufen; er hielt ein Buch in die Höhe, und als er uns nahe kam, sagte er, er sei uns nachgegangen und habe das Buch aus dem Wagen fallen sehen – es war der Homer.

Wir kamen nun bald zu der berühmten alten deutschen Künstlerstadt. Ihre Mauern, von Felsstein aufgeführt, geben ihr ein ehrwürdiges Ansehen; allein man sieht bald,

4 Die Fleischbrücke nach einem Stich von Lucas Schnitzer um 1670.

daß sie ihren vorigen Glanz und Ruhm verloren hat. Der Geist und die Emsigkeit der früheren Zeit, wo die vielen großen Künstler hier lebten, war gestorben; sosehr indes ihre künstlichen Werke heruntergesunken waren zu Spielen der Kinder, so ausgebreitet in ferne Länder bleiben ihre Erfindungen! Es ist fast kein Kind in der kultivierten Welt, das nicht mit einem Nürnberger Spielwerk tändelte und sich darüber freute; wieviel fehlt einer Stadt, worin kein Nürnberger Laden ist!

Hier in Nürnberg ist der große Albrecht Dürer geboren, ein vorzüglicher Mensch, wie die Natur nur selten einen zur Zierde der Menschheit aufstellt. Ich hoffte hier noch vieles von seinen Kunstwerken zu finden. In einer Kirche wurde mir ein Bild gezeigt und für seine Arbeit ausgegeben; aber es schien mir seines Geistes, seiner Kenntnis und seiner Kunstgeschicklichkeit nicht würdig.

Bei einem Kunstliebhaber sah ich ein kleines Bild von Sandrart, »Ein nackter Knabe«; auf den ersten Blick hätte ich es beinahe für einen Rubens gehalten. Es war mir lieb, auch von diesem Nürnberger etwas zu sehen. Dann besuchten wir Herrn Preißler, der durch die Einrichtung seiner Pressen und Kunstinstrumente alle Arten von Zeichnungen der verschiedenen Künstler in ihrer eigentümlichen Behandlung sehr geschickt in Kupfer nachzubilden wußte. Dieser führte uns zu der Familie Praun, wo wir die berühmte Sammlung von Originalzeichnungen sahen. Besonders schienen mir die von Michelangelo sehr natürlich; denn wer konnte so zeichnen wie er! Vermutlich waren auch manche Arbeiten von seinen Schülern darunter, einige mit schwarzer Kreide so ausgeführt, daß man alle und jede Form der Muskeln deutlich und bestimmt sehen konnte. Kaum kann man in Miniatur diese Genauigkeit erreichen. Auch die von Primaticcio waren vortrefflich. Der machte seine Zeichnungen zugleich zu einem Kunstwerke; denn sie sind ausgeführt und fertig wie Bilder, während andere Künstler nur zeichnen, um Form und Gestalt zu lernen oder ihre Ideen hinwerfen, um sie nachher als

Skizzen zu Gemälden zu gebrauchen. Für den König von Frankreich soll er schöne Zeichnungen angefertigt haben, dessen Lieblingsmaler er wurde, als Leonardo da Vinci starb. Wie glücklich sind Könige, die solche Menschen um sich haben können! Wie glücklich machte es den Kaiser Maximilian, den Albrecht Dürer im Kirchgäßchen zu besuchen! Und wie glücklich sind die, welche Werke des Geistes von so ausgezeichneten Künstlern im Besitz haben können!

Da wir alles besehen hatten, was diese Familie an Kunstschätzen besaß, wurde uns das »Porträt des Michael Wohlgemut« von Dürer gezeigt. Hier hatte der Schüler seinen Meister dargestellt mit einer Wahrheit, als hätte man wirklich den Wohlgemut vor sich; das heißt Ebenbild! Ohne das Original gekannt zu haben, sah man treu, ohne irgend etwas Fremdes den Mann, von dem es abgenommen war. Hier waren keine malerischen Kunstgriffe, sondern die reine Natur, so wie ein Porträt sein soll, und das konnte nur Dürer, der so richtig, so scharf und rein die Maße und Formen sah. Der schrieb das Gesicht mit seinen Formen und Farben dahin, wie er es vor sich hatte; er kannte den Bau des Kopfes und dessen Muskeln, die Knochen, die Knorpel, die angespannte Haut darüber und die fleischigen Teile, die straffen und die, welche häutig hängen; um die Schläfe glaubte man den Puls unter der Haut schlagen zu sehen. Ein Mann von klarer Erkenntnis und von durchdringendem Geiste – das war Dürer. Was ihm fehlt in seinen Porträts, der malerische Effekt, das Runde, wo sich der Umriß verschmolzen in den Grund verliert, das ist eben sein Verdienst! Dank, lieber Wohlgemut, daß du deinen Schüler so treu lehrtest, und Dank dir Schüler, daß du deinen Meister uns so treu maltest, als sähen wir nach dreihundert Jahren ihn noch vor uns!....

Christoph Friedrich Nicolai
Die Schilderung eines Kritikers 1781

Der Schriftsteller und Verlagsbuchhändler Christoph Friedrich Nicolai (1733–1811) war Mittelpunkt der Berliner Aufklärung. Seine besten Arbeiten gingen aus dem Zusammenwirken mit Lessing und Mendelssohn hervor. Das Lebenswerk von Nicolai war die »Allgemeine Deutsche Bibliothek«. Im Jahre 1781 bereiste er Deutschland und die Schweiz. Seine zwölfbändige Reisebeschreibung fand wegen seiner scharfen und oft beleidigenden Kritik große Beachtung.

Wir besahen verschiedene Kirchen, besonders die Lorenz-Kirche. Man findet in allen Beweise Nürnbergischen Fleißes und Nürnbergischer Kunst, und zum Theil aus Jahrhunderten, wo man, Augspurg etwan ausgenommen, dergleichen schwerlich in andern deutschen Städten fand. Ich will, was wir gesehen haben, hier um so viel weniger umständlich erzählen, da des Hrn. von Murr Beschreibung, in Anzeigung alles dessen, was in den Kirchen irgend gesehen werden kann, sehr umständlich ist.

Das schöne Sakramenthäuslein in der Lorenz-Kirche, das Adam Kraft 1500 zu Stande gebracht hat, ist wegen der zierlichen Form und künstlichen mühsamen Ausarbeitung, da alle Bogen und Zierrathen leicht und durchbrochen gearbeitet sind, in der That sehenswürdig. Daß aber der Herr von Murr, wegen ein Paar Worten, die Sandrart unbestimmt und unbewiesen gesagt hat, sich einbildet: »Adam Kraft habe das Geheimniß gewußt, Massen von Sand und Thon eine Steinhärte zu geben«, ist wohl sehr übereilt. Um zu behaupten, daß das Sakramenthäuslein auf solche Art gemacht wäre, müßte man die ganze Zusammensetzung desselben, wohl, genau und viel näher untersuchen. So künstlich die Arbeit ist, so ist es doch viel glaublicher, daß alles mit geduldiger Mühe aus einem festen Stein sauber ausgehauen worden, von welcher geduldigen Mühsamkeit alter deutscher Künstler viele wichtigere Proben vorhanden sind, als dieses Sakramenthäuslein. Da es nichts trägt, und dem Wetter nicht ausgesetzt ist, so konnten die leichten Theile der Arbeit ohne Schaden haltbar gemacht werden. Schon der Umstand, daß Adam Kraft mit zwey Gehülfen fünf Jahre mit dieser Arbeit zugebracht hat, zeigt, daß es sehr mühsam ausgearbeitet worden; denn hätte es auf eine leichte Art können geformt werden, so wäre so viel Zeit nicht nöthig gewesen. Dieß Sakramenthäuslein wird von den steinernen Figuren Adam Krafts und seiner zwey Gehülfen getragen. Ich habe das Gesicht dieses Meisters mit großer Aufmerksamkeit und Vergnügen betrachtet. Es ist ganz Natur und Ausdruck. Der Mann hatte eine bedeutende Form von Stirn, tiefliegende Augen, von der Art, die Herr Lavater in seiner Physiognomik etwas uneigentlich Künstleraugen nennt, und einen breiten Mund mit geraden gleichsam beschnittenen Lippen, dergleichen ich bey sehr vielen mechanischen Künstlern von besondern Talenten, und namentlich bey noch lebenden Künstlern dieser Art in Nürnberg und Augspurg oft angetroffen habe.

Herr von Murr sagt, daß der englische Gruß, ein großes dreyzehn Fuß hohes Werk, woran die Hauptfiguren sieben Fuß hoch sind, das Veit Stoß 1518 aus Holz geschnitzt hat, und das für ein Meisterstück gehalten wird, vor dem hohen Altare der Lorenzkirche vom Gewölbe herabhänge; und er hat Recht. Er hätte aber noch hinzusetzen sollen, daß es in einem großen Sacke steckt, und daß zwölf Menschen und viel Anstalten dazu gehören würden, es herunter zu bringen, und wenigstens ein halber Tag, ehe der Staub, der sich natürlicher Weise schon vielleicht Jahre lang in den ungeheuren Sack, und vielleicht trotz des Sacks auch auf die Figuren gesetzt hat, wieder verfliegen kann. Eine solche

Anstalt ist so ungereimt als möglich. Ein schweres Werk, das gemacht ist, nahe am Boden Platz zu finden, wo es gesehen werden kann, aus der höchsten Höhe eines Kirchengewölbes herabhängen zu lassen, ist ein höchst possierlicher Gedanken. Ein Kunstwerk, das gemacht ist, um gesehen zu werden, das gar keinen Nutzen haben kann, wenn es nicht gesehen wird, den Augen ganz zu entrücken, und hoch am Gewölbe in einen Sack zu stecken, ist so äußerst ungereimt, daß ich meinen Augen kaum trauen wollte als ich sah, daß es wirklich so war. Die Ursache ist vermuthlich nur, weil die Figuren, wie der Herr von Murr berichtet, schön vergoldet sind. Wenn doch jemand die Herren Kirchenvorsteher von St. Lorenz bedeuten könnte, daß ein Kunstwerk im geringsten nichts verliert, vielleicht gar gewinnt, wenn die Verguldung nicht so schön ist; und daß sie von jedem verständigen Manne ausgelacht werden, wenn sie ein Meisterstück, das der Stadt Nürnberg Ehre machen soll, ferner in einem Sack stecken, und am Gewölbe hängen lassen, nur um die Vergoldung zu schonen! Jeder Fremde sollte wider eine so thörigte Anordnung seine Stimme laut erheben. Vielleicht ließen sie durch einen heilsamen *metum ex infamia* sich bewegen, dieß Werk Veit Stoßens, von der Höhe des Gewölbes und aus dem verwünschten Sacke heraus nehmen, und es an einem Ort in ihrer Kirche, wo es gut beleuchtet und dem Fußboden näher ist, befestigen zu lassen.

Es scheint beynahe, als ob es bey den Herren von Nürnberg eine Maxime sey, große ansehnliche Kunstwerke machen zu lassen, und sie hernach in einen Winkel zu stecken, wo sie nicht können gesehen werden. In der Mitte des vorigen Jahrhunderts hatte der Rath von Nürnberg den sehr guten Gedanken, den Marktplatz dieser Stadt mit einem großen Springbrunnen zu zieren. Obenauf stehet die Statue Neptuns, in die Mitte hat sollen ein großes Becken kommen, um das Fußgestell sieht man blasende Tritonen, welche Wasser haben aus ihren Muscheln spritzen sollen, etwas dicke Najaden, welche auch Wasser aus ihren Brüsten haben spritzen sollen, und ein paar Kinder, welche auf ein paar Pferden reiten, die hinten einen Fischschwanz haben und Seepferde heißen. Alles ist gut gearbeitet und richtig gezeichnet, aber ganz gewöhnliche Natur ohne Ideal, die Pferde, so viel ihr Pferdetheil betrift, sind idealischer als die Menschen. Dazu hat man wohl nicht auf die Wirkung des Ganzen gedacht. Der Neptun, eine sonst gut gearbeitete Figur, ist nur etwan neun Fuß hoch, und muß also, wenn er in eine gehörige Höhe kommt, viel zu klein scheinen; hingegen, da die Pferde und Tritonen auch viel größer als die Natur sind, so werden sie, da sie dem Auge näher sind, gegen den Neptun immer allzugroß aussehen. Das erste kleine Modell dieses Werks hat Christoph Ritter, ein Goldschmied gemacht, Georg Schweigger, ein Bildhauer hat es ins große modellirt. Wolf Hieronymus Herold, der auch hernach 1683 die metallene Statue des H. Johann Nepomuk, so auf der Brücke zu Prag stehet, in Nürnberg gegossen hat, verrichtete 1660 den Guß, und beide haben acht Jahre daran gearbeitet. Nachdem die acht Jahre vorbey, und alle Figuren fertig waren, fiel den Herren von Nürnberg vermuthlich ein, daß es zu viel Geld kosten würde, das Wasser für einen Springbrunnen herbey zu leiten. Wenn es vollends wahr wäre, daß dieser Springbrunnen, um zu springen, jede Stunde, zwey hundert Oxhofte Wasser, das heißt in 24 Stunden 4800 Oxhofte nöthig hätte; (welches sehr übertrieben scheint), so wäre es noch ärger. Denn alsdenn müßten sie erst, nachdem die Figuren zum Springbrunnen fertig waren, überlegt haben, wie viel Wasser er brauchte, und gefunden haben, daß nicht Wasser genug vorhanden seyn könnte, um diesen Springbrunnen zu speisen. Genug, sie haben dieses Werk, das, an sich, den Namen des schönen Brunnens nicht unverdienter Weise führt, in einem Winkel der Stadt in einen alten Schuppen setzen lassen, wo es nun schon seit mehr als hundert Jahren zwar ein wenig besser, als Veit Stoßens englischer Gruß in seinem Sacke, steckt; weil es doch wenigstens einigermaßen gesehen werden kann. Aber es ist nicht allein nicht gehörig beleuchtet, sondern weil man ganz nahe herumgehen muß, so kann man das Ganze gar nicht recht übersehen, und alles liegt voll Staub und Schmutz. Ich dächte, ehe man dieses große Werk auf so schimpfliche Weise zwischen alten Brettern stecken ließe, würde es schicklicher seyn, es auf dem Markte aufzurichten, gesetzt auch, daß die Tritonen aus ihren Muscheln nicht Wasser bliesen, und die Najaden aus ihren Brüsten und sonst nicht könnten Wasser laufen lassen. Die Stralen des Wassers können doch den Markt nicht so zieren, als das Ganze dieses großen Kunstwerkes. In Mannheim steht auch auf einem Platze ein Springbrunnen, der nicht Wasser giebt, aber er steht doch da besser, als wenn er in einem Schuppen stände; und in Hannover steht ein großer Springbrunnen auf einem kleinen Platze, der ob er gleich Wasser giebt, dennoch den Platz eher verunzieret, weil die Figuren und die Anlage des Ganzen schlecht sind. Herr Björnstähl, der überhaupt sehr viele Dinge ununtersucht hingeschrieben hat, wie man sie ihm erzählte, und der allenthalben etwas von Schweden sucht, hat sich einreden lassen: der schöne Brunnen zu Nürnberg sey zu Ehren K. Gustav Adolphs gemacht, und dieser König sey da vorgestellt, wie Neptun auf seinem Wagen ihn fahre. Das wäre das erstemal, daß Neptun als ein Fuhrmann eines Königs vorgestellt würde! Herr Björnstähl setzt keck hinzu, es sey dabey eine Inschrift zur Ehre des Königs, als des Wiederherstellers der Religion; und er versichert: »Man habe aus politischen Gründen dieß Denkmahl nicht aufgerichtet, weil man sich dadurch dem Kaiser nicht würde empfohlen haben.« Das heißt recht *le fin du fin* wissen wollen!

Die verschiedenen Springbrunnen mit metallenen Figuren, welche auf den Plätzen in Nürnberg stehen, worunter der vor der Lorenzkirche der beste ist, habe ich mit Vergnügen gesehen. Das Wasser zu diesen Springbrunnen wird aus dem Fischbache in den Wasserthurm, und von da zugleich in die meisten großen Häuser getrieben. Man siehet auf vielen Höfen einen zierlichen steinernen Behälter, und über demselben in der Mauer ein stattliches Löwenmaul, welches das Wasser fallen lässet. Auch in den kleinen Gärten an den Häusern hat man, vermittelst dieser Anstalt, kleine springende Fontänen, wodurch im Sommer die Luft in einem eingeschränkten Platze angenehm erfrischet wird. Auch von dem so nützlichen Wasserthurme sagt Hr. von Murr nicht ein Wort.

Sonst sieht es nicht hübsch aus, daß man hier auf den Gassen noch 112 altväterische und unbequeme Schöpfbrunnen mit Rädern, aber keine Pumpen siehet, welche reinlicher sind, weniger zu unterhalten kosten, und in einer Stadt, wo ohnedieß die Gassen eben nicht allzu räumlich sind, weniger Raum wegnehmen würden.

Auf der Schütt (ein Provincialwort für Insel) ist ein angenehmer mit Bäumen besetzter Spaziergang, der aber wenig besucht wird. Auch die Strasse am Fischbache ist mit Bäumen besetzt.

Man muß sich wundern, daß in einer so reichen Stadt noch keine nächtliche Beleuchtung mit Laternen ist. Man sieht bloß einige am Rathhause, am Zeughause und an Privathäusern. Vor etwan 12 oder 15 Jahren hatten sich verschiedene ganze Gassen zu einer gemeinschaftlichen freywilligen Beleuchtung entschlossen. Aber entweder durch die Veränderung der Besitzer der Häuser, oder durch andere Umstände, haben sich diese gemeinnützigen Verbindungen wieder zerschlagen.

Die Fleischbank an der ABC Brücke hat wegen der Geräumlichkeit und Reinlichkeit meinen ganzen Beyfall. In manchen großen Städten macht die Unreinlichkeit und der Geruch in den Fleischbänken wahren Ekel.

Christoph Friedrich Rinck
Bericht über eine Studienreise 1783

Im Auftrag des Markgrafen Karl Friedrich von Baden unternahm der Karlsruher Hof- und Stadtvikarius Christoph Friedrich Rinck eine Studienreise, die ihn auch nach Nürnberg führte.

Den 14. Oktober ... Es gibt hier mehrere alte Kirchen. Ich sah eine, die Lorenz-Kirche, sie ist sehr alt, finster, groß; es hat nicht viel sehenswürdiges darinn, als einige gemahlte Scheiben. Der Thurm ist gedoppelt, von gleicher Höhe, in der Mitte eine silberne Glocke in einem kleinen Thürnlein, die nur alle Festtage geläutet wird. Ich bestieg einen Thurm, er war sehr hoch, und mir angenehm, von demselben die ganze Stadt übersehen zu können: sie sieht viel schöner als Basel, oder Straßburg, ist regelmäsiger, die Gassen mehr gerad und weit von einander, alles ist neuer und schöner. Pegnitz, ein angenehmer Fluß, durchströmt, teilt die Stadt; schöne Brunnen, große Pläze, Aleen von Bäumen geben eine sehr angenehme Aussicht...

Abends um 5 Uhr war Komoedie: das schöne Stück von Weiße Fanatismus oder Jean Calas wurde aufgeführt. Die Musik ist schlecht: einige haben recht artig agirt, aber die meisten sehr mittelmäsig. Verziehrungen haben sie fast gar keine. Der Geschmack der Nürnberger scheint dazu nicht sehr gestimmt, und ihr Gefül zu dieser Art der Ausbildung des Verstandes und des Herzens nicht genug erhöhet. Es waren nicht sehr viele Zuschauer da, ich konnte auch kein eigentliches Adagement an das so schöne Stück, kein Interesse für Wahrheit und Religion und die Unschuld des guten Calas, keinen Abscheu vor Laster und Schwärmerey und Ungerechtigkeit des Davids bemerken...

Den 16. Oktober früh um ½ 7 Uhr ritt ich nach Altdorf... Um ½ 10 war ich in Altdorf: erfrischte mich mit etwas Obst, logirte im Bären...

Gleich nach 4 Abends ritt ich wieder ab nach Nürnberg: es war nebelicht Wetter und wurde ganz Nacht, ehe ich halb Weg war. So lange ich im Wald war, konnte ich aus den auf beeden Seiten stehenden Bäumen den Weg erkennen. Außer dem Wald noch eine halbe Stunde biß Nürnberg ist eine weite Ebene voll Sand, ich konnte vor Nebel keinen Thurm, nichts von Nürnberg erkennen, ritt aber getrost meinem Gutdünken nach. Traf den rechten Weg, hörte aber an einer Hütte, wo ich mich erkundigte, daß alle Thore in Nürnberg, so bald es Nacht wird, beschlossen und nicht wieder aufgemacht werden, außer ein einiges, die sogenannte Einlaß, wozu aber der Weg schwer zu finden. Ich nahm also einen Botten, der mich leitete. 3 mal mußte ich da Einlaßgeld bezalen: zusammen 10 Kreuzer. Am Thor mußte ich wieder einen Botten haben, der mich an mein Logie leitete. Gleich nach 7 Uhr war ich da, und sehr froh, dann ich war müd.

Den nemlichen Abend gelangten Ihro Majestät der König von Schweden hier ein auf höchst dero Reise nach Pisa in Italien mit 8 Wägen, unter dem Namen eines Graven von Hag.

Den 17. Oktober wollte ich in Nürnberg noch einige Besuche machen und einige Merkwürdigkeiten sehen, weil aber die Stadt sehr groß, und ich keine Wege wußte, so nahm ich einen Lohnlaquai an.

Ferner besuchte ich die beeden berühmten Mechaniker Bischoff. Ich hatte zwar keine Addresse, wurde aber doch sehr höflich empfangen. Sie hatten Alles gerüstet und erwarteten den schwedischen König, konnten mir also wenig Versuche zeigen. Ihre Haupt-Kunst bestehet in der Verbindung der Elektrizität mit der Mechanik; so haben sie eine Uhr vermög der Elektrizität und andere Kunststüke...

Nun kam ein Lermen, der König von Schweden seye

bereits im Zeughauß. Ich eilte dahin: der Strom kam mir schon wieder entgegen, ich ließ mich eine Zeitlang mit fort reißen. 3 Herren giengen in der Mitte, ganz mit der Wache umgeben, das mitlaufende Volk war zu groß, als daß es die breitesten Strassen hätten fassen können. Der mittelste wurde für den König ausgegeben – ein schöner aber noch junger Mann, dessen Miene aber nicht beteudend, mehr zum Vergnügen, als zu großen Entschließungen und Ausführung derselben gebildet. Mich verdroß es gleich, daß dieses sinnliche stumpfe Gesicht so viel Großes sollte ausgeübet haben. Doch das allgemeine Gerücht wollte es so haben. So wollte es die Politik des Königs, um das oft unverschämte Eindringen der Leute von sich abzuwenden: gieng dann ganz allein mit einem Begleiter an die nemlichen Orte. Ich riß mich endlich loos und gieng gegen dem Zeughauß. Es war noch nicht zu, Herr Obrist erlaubte mir noch einzugehen, es waren noch einige vornehme Herrn darin. Viel schönere, mehr geordnete und größere wird es wol nicht geben. Wenn man hinein tritt zur Rechten, sizt der große Gustav Adolph auf einem Stul, ganz in Lebensgröße, ganz in seiner Uniform, in Wachs das Gesicht; sein Pferdt sahe ich zu Altdorf in der Anatomie, auf dem Geripp reitet ein Menschengeripp von einem Cosaken.

Als ich heraus war, hieß es, der König gehe aufs Schloß: ich rann' auch dahin, nicht so wol den König mehr, als vieleicht zu sehen, was auf dem Schloß seye. Es liegt sehr erhaben, man übersieht die ganze Stadt und einen großen Teil Land. Sonst ist es sehr alt, und enthält nichts seltenes. Mit vieler Müh drang ich mich durch die Wachen; unter dem Namen eines Fremden mit meinem schwarzen Rock bettelte ich mich endlich durch biß in das Zimmer, wo der König war. Sie beschrieben ihm die Gegend, er war aber gegen Alles sehr kalt, sprach zwar zimlich, sehr gut teutsch, aber mehr mit Süssigkeit als mit Geist und Würde. Die Rats-Herrn gaben ihm Herrn von Murrs Beschreibung aller Seltenheiten in Nürnberg. Diß ist ein sehr brauchbares Büchelchen vor ieden, der in Nürnberg etwas sehen will...

Nun giengs in die Sebalds-Kirche, alles sprang, ich mit, kam wieder durch, hatte das Glük, in die Sacristey zu kommen, wo mit dem vermeinten König nur gegen 12 Personen waren. Man zeigte ihm die sehr kostbaren Meßgewandte, mit Perlen besezt... Ich war nun recht müd von dem ewigen Springen und hungrig. Es war schon 1 Uhr Mittag, und mein Magen kan nicht erst um 3 speisen, da ich nicht 3mal frühstüke, oft nicht einmal, und auch oft nichts zu Nacht esse. Ich gieng zum Essen.

Johann Kaspar Riesbeck
Nürnberg – eine traurige Stadt 1783

Johann Kaspar Riesbeck (1754–1786) ließ seine Gedanken der Aufklärung 1783 anonym erscheinen, mußte er doch wegen seiner Kritik an den Zuständen in Deutschland Konflikte mit Justiz und Zensur befürchten.

Nürnberg ist eine traurige Stadt, die immer mehr zerfällt. Einige hundert Häuser stehen ganz leer, und die übrigen sind fast durchaus nur von einzelnen Familien bewohnt. Die Einwohner sind noch ein sehr fleißiges Volk, und es ist ein sehr angenehmes Schauspiel, wenn man in den Werkstätten die kleinsten Kinder mit den verschiedenen Quincaillerieartikeln beschäftigt sieht, wodurch sich diese Stadt durch ganz Europa bekannt gemacht hat. Es ist unverzeihlich, daß sogar deutsche Schriftsteller diese Produkte der Nürnberger mit Spott belegen und den Kunstfleiß derselben zu einem verächtlichen Sprichwort gemacht haben. Rechtfertigt nicht der starke Abgang dieser Waren die Beschäftigung dieser ihrer Landsleute? Es ist um so unverzeihlicher, da Nürnberg seit langer Zeit immerfort Künstler geliefert hat, die in Verfertigung mathematischer und physikalischer Instrumente sich den berühmtesten Engländern an die Seite stellen können.

Die Sitten der Nürnberger sind reiner und strenger als die irgendeiner anderen deutschen Stadt. Besonders eifert der Magistrat sehr gegen die Paillardise [Unzucht]. Es ist keine Satire, sondern eine Tatsache, daß er ehedem durch eine Deputation einiger seiner Glieder und eines Arztes die Jungfernschaften der Stadt physikalisch untersuchen ließ.

Man hat diesen Auftritt, wo die Deputierten, mit der Brille auf der Nase, mitten in der Untersuchung begriffen sind, in einem sehr charakteristischen Kupferstich.

Karl M. Plümicke
Ein Schauspieldirektor berichtet 1791

K. M. Plümicke, Ratssekretär von Breslau und späterer Kabinettsekretär des Herzogs von Kurland, übte auch den Beruf eines Schauspieldirektors aus. Der vielgereiste und oft in Abenteuer verstrickte Mann hielt sich drei Maitage in der alten Noris auf.

Das Gebiet der Stadt Nürnberg begreift, – wenn man der allgemeinen Angabe trauen darf –, acht Städte und 480 Dörfer. Die Stadt selbst, die man wenigstens einigemal größer als Frankfurt a. M. schätzen kann, zählte nun nur gegen 30000 Seelen. Die fortdauernde Abnahme der Bevölkerung und des Handels ist die Folge der bedrückenden Regierungs-Verfassung, wird aber dem Kaiser als Bürgen ihrer Gerechtsame und Schutzherrn als Schuld beigemessen. Das Patriziat bringt dem Luxus unserer Zeit kein Opfer und lebt mäßig, gleich einem Handwerker. Viele in ihren schönen, einstmals bewunderten Gärten, wo ehedem im Flor der Stadt große Steinmassen von Wohnungen errichtet wurden.

Die Nürnberger scheinen so gut und ehrliche Menschenkinder als anderswo. Einiger Originale wegen sollte man nie einem ganzen Volk Sonderbarkeiten aufbürden. Auch hier sieht man nett und modern gekleidete Frauenzimmer, schlank von Wuchs und schön von Gesicht.

Gleich am 1. Tag ließ ich mich bei dem preußischen Gesandten, Herrn Geheimen Rat von Böhmer, melden. Er unterhielt mich länger als eine Stunde über die hiesigen Fabrikzustände, wie von den Ursachen des sich verringernden Industriefleißes und versprach mir, jemand wohlunterrichteten als Führer zuzuschicken und lud mich für den andern Tag zur Tafel.

An Unternehmung merkt man Abnahme, nicht aber am Fleiß der Einwohner, die größtenteils nur von ihren Manufaktur(Hand)arbeiten leben. Da sieht man in den Werkstätten auch die kleinsten Kinder beschäftigt über verschiedenen Quinquilleriearbeiten, die diese Stadt durch die ganze Welt bekannt gemacht haben. Diese Bagatellen an Holzwaren aber werden z. T. in Berchtesgaden hergestellt und nur durch Nürnberger »Verleger« und Kaufleute so weit verschickt, daß man auch in Afrika und Amerika Nürnberger Messer, Spiegel und Schnallen findet.

Wilhelm Heinrich Wackenroder
Reisebriefe 1793

Im von Nürnberg nicht weit entfernten Erlangen studierte Wilhelm Heinrich Wackenroder (1773–1798) Jura. Der Dichter der Romantik beschrieb in seinen Reisebriefen ausführlich die fränkische Metropole und seine Begegnungen mit ihren Bürgern.

Nürnberg, den 22. Juni, Sonnabend, abend. – 1793.

Teuerste Eltern,

Ihre letzten mir äußerst werten Briefe vom 15. Juni erhielt ich Freitag vormittag den 21. Juni. Sie haben mich sehr froh gemacht, und ich lerne überhaupt jetzt, meine Universitätszeit, die nie wiederkommt, zu genießen, und sie sowohl vergnügt als nützlich zuzubringen. Erlauben Sie mir auf Ihre Briefe nachher zu antworten, und Ihnen itzt zu erzählen was mir von dem heutigen Nachmittage noch in frischem Andenken ist. Da ich alle mögliche Veranlassung hatte nach Nürnberg zu gehen, indem ich beinahe ein Dutzend Visiten und Bestellungen hier zu machen hatte; (denn Herr Prediger Koch hatte mir 7 Ankündigungen seines Journals für deutsche Literatur geschickt, an die Herren, welche ich Ihnen nennen werde; so entschloß ich mich, des trüben Wetters ohngeachtet, schnell heute hierherzugehen. Tieck blieb zu Hause, weil die Bestellungen doch nur mich angingen. Da ich in dem schlechten Wetter während der vorigen Woche wenig ausgegangen bin, so machte ich mir heut die Bewegung herzugehen: das Wetter ist ziemlich gut geworden, und ich bin gar nicht ermüdet. Man geht die 1 ½ Meilen bequem in drei Stunden. Ich ging vor Tische, nach dem Schluß meines Kollegiums, weg. Der Weg ist eine große, ganz ebene Chaussee; der Boden ist fest und mehrenteils lehmig. Zu verirren wäre schwer. Man kommt nur durch zwei Dörfer durch, sieht aber eine große Menge dicht beieinander um sich herum; überhaupt überblickt man, wenn nur der Wald der einen großen Teil der Straße auf beiden Seiten begleitet, unterbrochen wird, rings herum eine sehr große, weite Ebene, die nur in entlegener Ferne von grauen, höhern und niedrigeren Bergketten umschlossen wird. Links muß man weit in die Pfalz hineinsehen können. – Nun müssen Sie nur nicht denken, als wenn ich ganz so einsam und allein hergegangen wäre. Dieser Weg ist immer so lebendig von Posten, die alle Tage gehen, von Extraposten, Mietsfuhren, Frachtwagen, reisenden Handwerksburschen, an Markttägen in Erlangen (wie heute,) von Bauernwägen, und endlich auch von Zigeunern und einer Menge Bettler, die hier ganze Tage lang unter Bäumen ihr Quartier zu haben scheinen; – daß man fast keinen Augenblick allein ist. Auch habe ich noch durch keine Stadt so viele Posten, Extraposten, Kärrner usw. durchpassieren sehen, als durch die Hauptstraße von Erlangen. Man hört fast in jeder halben oder viertel Stunde ein Posthorn, oder einen rasselnden Wagen. – Die Nürnberger Bauern und Bäuerinnen gehn meistenteils schwarz. Die letztern tragen Tücher als wenn sie Zahnschmerzen hätten, und haben äußerst kurze Taillen, unter welchen ein sehr kurzer Rock sie ungemein dickwulstig umgibt: eine Tracht die sie höchst ungestalt macht.

In Nürnberg bin ich im Roten Roß abgetreten. Von dem Äußern dieser großen, labyrinthischen Stadt können Sie sich wirklich durch Ihre in Kupfer gestochenen und illuminierten kleinen Prospekte den besten Begriff machen. Ich finde mit Vergnügen viele mir längst bekannte Gegenden der Stadt hier in der Natur und erkenne sie bald. Die Stadt hat wegen der vielen schwarzen, mit gotischem Prunk an Bildern und Zieraten reich überladenen Kirchen, wegen der alten, ganz von Quadern gebauten, festen Häuser, die häufig mit Figuren von Menschen und Tieren bemalt, und auch mit sehr alten Basreliefs in Stein geziert sind, ein antikes, abenteuerliches Ansehen. Aber sowohl aus- als inwendig, scheinen mir doch fast alle Häuser keine Spur von modernem Geschmack zu haben. Keine einzige neumodische Fassade. Die Haustür ist oft klein und schwarz, und fast immer verschlossen. Man klingelt, sie springt auf; man geht durch dunkle Winkel eine schlechte Treppe hinauf und findet selbst Männer wie Herrn von Murr und Herrn Schaffer Panzer, in Zimmern, die durch eine Bibliothek angenehm werden, an Fenstern mit kleinen runden Scheiben, nach dem Hofe oder einem Gäßchen zu sitzen. Freilich will ich nicht auf alle übrigen Häuser von diesem schließen. Allein von außen wenigstens sind sie alle antik...

Die Stadt ist sehr groß, aber verhältnismäßig auch sehr arm an Einwohnern. Man sieht auf den Straßen wenig Menschen; und jedes Haus wird nur von einer Familie bewohnt. Vor 100 Jahren etwa war Nürnberg eine der blühendsten Städte an Handel und Kunst und Gewerbe, ja der Hauptsitz aller Kunst. Dies hat sich nun leider sehr geändert. Die großen Maler- und Kunsthändler-Geschlechter (Knorr, Sandrart, usw.) sind ausgestorben; und seit 20–30 Jahren ohngefähr gehen durch Auktionen alle Schätze der Kunst ins Ausland. In der Stadt sind wenig Kunstliebhaber, dagegen ehemals fast in jedem Privathause eine kleine Kunstsammlung war... Die Handwerker, die die Nürnberger kurzen Waren liefern, wohnen alle einzeln und zerstreut in der Stadt umher; doch arbeitet jeder dem andern in die Hände. Zeugfabriken sind nicht hier. Der Ackerbau um die Stadt ist ganz vorzüglich; man verbessert den Boden mit dem alleremsigsten Fleiß, und kennt gar keine Brache. Die Gegend um die Stadt ist eben, aber nicht übel; zuweilen ein wenig sandig. Die Stadt selbst kann ich nicht genug mit Verwunderung ansehen; weil man kein einziges neues Gebäude, sondern lauter alte, vom 10. Säkulum an findet, so wird man ganz ins Altertum versetzt und erwartet immer einem Ritter oder einem

Mönch, oder einem Bürger in alter Tracht zu begegnen, denn die neue Tracht paßt gar nicht zu dem Kostüm in der Bauart. Die Tore sind zum Teil dicke, runde, schwarze Türme. Die Kirchen sind große, schwarze Massen, voller Bildwerk und gotischer Zieraten, durchbrochenen Türmchen, großen Toren mit Figuren, usw. Es sind ihrer eine große Menge. Ehemals waren viele Klöster hier, (aus deren Bibliotheken auch die literarischen Schätze mehrenteils herrühren, die Nürnberg besitzt.) Die Häuser sind fast alle rötlich, und zum Teil mit Figuren bemalt und vielen Spitzchen versehen. Daß über die Fensterladen die Figuren vorspringen, habe ich noch nicht gefunden. – In dem Raume zwischen der doppelten Stadtmauer, (dem Zwinger), und dem ehemaligen großen Stadtgraben, und in den Vorstädten, sind viele Gärten. – An einigen Türmen ist hier die große Uhr, welche zu jeder Jahreszeit die Stunden von Aufgang der Sonne bis zum Untergang, und vom Untergang bis zum Aufgang zählt; so daß der längste Tag 16,

5 Das Gästehaus zum rothen Ross in Nürnberg, wo viele Besucher für die Zeit ihrer Anwesenheit logierten.

der kürzeste 8 Stunden hat. Abends um 10 z. B. schlägt sie itzt 2 Uhr. – In Nürnberg sind eine sehr große Menge von alten Stiftungen, aus welchen jährlich den Armen ein Gewisses ausgezahlt wird; auch einige Armenhäuser. Man hat ausgerechnet, daß, wer von allen Stiftungen zieht, sich jährlich wohl zu 300 Gulden stehn muß. Und dennoch sind eine solche Menge Bettler in und um Nürnberg, da doch der Bürger so viel zu Armenkassen beitragen muß: – ein Beweis von der schlechten Regierungsverfassung. – Der Preußische Gesandte in Nürnberg ist der Graf Soden von Sassanfras; der auch Schauspiele schreibt. Sein Legationssekretär ist Ludwig Schubart, Sohn des Dichters Schubart. – Gesellige Klubs oder Ressourcen scheinen hier nicht zu blühen. Vor ½ Jahr etwa haben ohngefähr 20 hiesige Künstler einen Klub errichtet. – Im Winter sind Konzerte in den zwei großen Wirtshäusern, dem Reichsadler und dem Roten Roß. – Jetzt wünsche ich Ihnen wieder eine recht gute Nacht, denn meine Augen, die heut soviel Schönes gesehen haben, sollen sich im Schlafe von ihrer Anstrengung erholen. –

Nürnberg, Montag, mittags. 24. Juni.

Nürnberg ist eine Stadt, wie ich noch keine gesehen habe, und hat ein ganz besonderes Interesse für mich. Man kann sie, ihres Äußern wegen, in der Art romantisch nennen. Mit jedem Schritt heftet sich der Blick auf ein Stück des Altertums, auf ein Kunstwerk in Stein oder in Farben. Die Brunnen der Stadt sind zum Teil Ziehbrunnen von Stein, in dieser Form zum Teil künstlich ausgehauene Springbrunnen, zum Teil wie kleine Türme und mit vielen Figuren. An einem Hause fand ich heut die Inschrift: Diß Haus steht in Gottes Hand, bey den Rißen (d. i. Riesen) wird es genannt; dabei waren Kolossalfiguren an der Wand gemalt, mit den Überschriften: Simson, David, Goliat, der Riß Sigenot, Kayser Otto, usw. An sehr vielen Häusern sind Sonnenzeiger mit gemalten Zifferblättern. Einen großen Teil der Stadt habe ich heut von der Burg oder Veste übersehen, die auf einem Felsen dicht vor der Stadt liegt, und viele verwirrt gebaute Mauern und Gebäude begreift. Man sieht sie von den Bergen bei Erlangen. Auf der höchsten Spitze steht ein fester Turm. – Die Straßen von Nürnberg sind eben gepflastert, und reinlich, weil sie häufig abschüssig, und zum Teil mit kleinen Kanälen durchschnitten sind. Durch die Stadt fließt die Pegnitz in zwei ziemlich breiten Armen. Sie hat viele alte steinerne Brükken, wovon einige überbaut sind, und eine aus einem einzigen sehr großen Bogen besteht. Wie konfus die Häuser durcheinandergeschoben sind, und wie krumm die Straßen laufen, sehen Sie auf Ihrem Grundriß...

Anselmus Rabiosus der Jüngere
Wanderungen und Kreuzzüge 1793

Kritisch betrachtete der Publizist Georg Friedrich Rebmann (1768–1824), der unter dem Pseudonym Anselmus Rabiosus der Jüngere schrieb, die fränkische Reichsstadt und ihre Einwohner.

So oft ich noch diese Reichsstadt betrat; so oft war mirs, als ob ich weinen müßte. Die ganze Bürgerschaft kommt mir vor, wie eine Pflanzschule von Seidenwürmern, die man blos aufzieht, um ihnen, wenn sie reif sind, die Haut abzuziehen. Nichts Großes, nichts Erhabenes, nichts Emporstrebendes ist hier zu finden. Alles ist beengt, kleinlich, niedergedrückt, alles ein Bild der Leerheit und des Sinkens. Mehr als eine mittelmäßige Existenz verlangt man gar nicht, man will nur so viel Erleichterung der Fesseln, um ruhiger für die Tyrannen arbeiten zu können.

Die meisten Gesichter sind platt, ohne Character, so nichtsbedeutend, wie ein Alltagscompliment, alles des Kerkers so gewohnt, daß niemand nach freier Luft verlangt.

Gute alte Väter dieser Stadt! Als ihr euch vor den Erpressungen der adlichen und fürstlichen Schnapphähne in diese Mauern flüchtetet, als euer Gewerbfleiß, euer rastloser Geist der Thätigkeit bald die Schätze fremder Länder durch und in eure Hände zu leiten wußte, da hättet ihr wohl nicht gedacht, daß übermüthige Bürger einst euren Enkeln den eisernen Fuß auf den Nacken setzen, und sie dahin bringen sollten, bei euren stolzen Nachbarn, den Fürsten, um Schuz betteln zu müssen!

Dennoch hat selbst der beispiellose Druck, unter welchem die Bürger Nürnbergs durch eine Anzahl räuberischer Familien seufzen, die man Patrizier nennt, noch nicht ihren Fleiß, ihre Anhänglichkeit an ihre Vaterstadt, und einige, ob gleich schwache Überbleibsel eines ehemals mächtigen Gemeingeistes tödten können.

Diese nemliche Anhänglichkeit ist aber eben der Kunstgriff, dessen sich jene Übermüthler bedienen, um das arme Volk, das immer an Spielwerken klebt, in ewiger Anhänglichkeit zu erhalten. Man läßt ihm die alten Formen, und macht mit dem Wesen, was man will. Kindisch eifersüchtig bewacht der Bürger die Krägen seiner Rathsherren und Priester, die buntschäckigten Ärmel seiner Stadtknechte, die jährlichen Übungen seiner Meistersänger, seine Gewerbfreiheiten und Misbräuche, indeß der Senat ruhig von den wesentlichen Rechten ein Stück nach dem andern an sich reißt. – Demagogen und Aristocraten! werft dem Volk immer etwas hin, das es beschäftigt, und es blutet unter euren Streichen, ohne sie abzuwehren.

Daher so manche Sitte, die unverändert bleibt, so sehr sie auch mit allen gegenwärtigen Verhältnissen im Widerspruch ist. Der Handwerks-Geselle, der mit seinem Mädchen ohne priesterliche Einseegnung zu Bette geht, kann in Nürnberg nie das Meisterrecht erlangen, und so wird das naheliegende Fürth mit fleißigen Arbeitern bevölkert. Der Banqueroutier erhält einen anders geformten Sarg, als der Kaufmann, der seine Schulden ehrlich und redlich bezahlt, u.s.w.

Diese Überreste der alten biedern Denkungsart sind freilich an und für sich ehrwürdig, aber sie verhindern weder, daß es Jungfernkinder giebt, noch daß der Kaufmann Banquerout macht, zumal wenn die Obrigkeit ihn geflissentlich plündert...

Das hiesige Rathhaus ist ein mehr prächtiges, als schönes Gebäude. Die Stukkaturarbeit an den Decken, wovon man so viel Wesens macht, stellt Turniere vor, und man bückt sich, weil man glaubt, Ritter und Knappen und Pferde möchten einem auf den Kopf fallen.

Auf dem Rathhaus sind einige gute Gemälde. Adam und Eva von Albrecht Dürer sind bekannt genug, aber sie sehen ziemlich hölzern aus. Schöne Formen habe ich nicht daran finden können.

Die Veste ist unansehnlich, winklicht, alt. Die alten Kayser, welche dies Gebäude bewohnten, müssen sehr genügsam gewesen seyn. Ein mittelmäßiger Privatmann hat heut zu Tage bessere Zimmer. Demohngeachtet findet man darinnen einige vorzügliche Gemälde, die nun größtentheils zu sehr im Schatten hängen.

Diese und die Aussicht, welche man auf das platte Land hat, verdienen wohl, daß man sich die Mühe nicht verdrie-

6 Das Wahrzeichen der Stadt: die Nürnberger Burg mit Kaiserstallung nach einem Stich aus der zweiten Hälfte des 17. Jahrhunderts.

ßen läßt, diese Burg zu besteigen. Man übersieht viele Gärten, und ein sehr gut angebautes, obgleich sandigtes Land. Schade nur, daß man überall keinen Geschmack, oder vielmehr einen sehr widernatürlichen Geschmack erblickt. Die Häuser sind größtentheils gelb und grün, oder roth angestrichen, an den Bassins stehen bunte, häßliche Figuren, kurz man begreift hier, was Lavater unter dem Ausdruck: vernürnbergern, andeuten wollte.

Es ist einem zu Muthe, als athmete man freier, wenn man Nürnbergs Mauern hinter sich hat. Gute alte Stadt,

einst so blühend durch deinen Kunstfleiß, möchten doch auch für dich glücklichere Tage wiederkehren. Das Militair von Nürnberg ist sehenswerth. Man glaubt, eine Platte Hogarthischer Carrikaturen zu erblicken, wenn eine Compagnie aufzieht. Die Reuter, welche die Veste bewachen, sind jedoch davon auszunehmen.

F. Ph. Wilmsen
Beschwerlicher Besuch 1796

Im Jahre 1796 machte F. Ph. Wilmsen eine Reise durch einen großen Teil Deutschlands, die ihn unter anderem auch nach Nürnberg führte.

Ein Spaziergang durch die Stadt ist mit körperlicher und geistiger Beschwerde verbunden, denn man hat unaufhörlich den Anblick der abscheulichsten Häuser, mit vierfachen Gallerien, mit großen Figuren in Erz und Stein geschmückt, mit den abscheulichsten Mahlereien geziert, und mit Erkern versehen, an denen das Schnitzwerk bis zur Üppigkeit angebracht ist...

Doch nicht bloß Geistes- sondern auch Leibesstrapaze ist es, in den Straßen Nürnberg's umher zu wandeln, denn nicht selten muß man ganz artige Anhöhen erklettern, oder hinabsteigen.

...Die Stadtmauern sind hie und da mit elenden Hütten beklebt; der Graben gewährt noch den erfreulichsten Anblick, denn er stellt jetzt eine lange Reihe von Kohlgärten dar, und ist wahrscheinlich zur Zeit segensreicher für die Nürnberger, als da er noch zur Vertheidigung der Stadt diente, besonders da die Einwohner Nürnberg's so gern für die Befriedigung des Magens sorgen.

Ein Nürnbergisches Prunkbegräbniß ist ein wahrhaft comi-tragisches Spektakel. Voran gehen die Findelkinder in ihren ziegelrothen Röcken, und mit langen rothen Stangen, dann kommen paarweise 8 Herren vom hohen Rathe, hierauf 6 Geistliche in ihren weissen Chorrökken, runden Perükken und großen runden Halskragen: der Sarg ist mit einem schwarzen Tuche bedeckt, worauf ein großes rothes Kreuz gestickt ist, und wird von Männern mit pechschwarzen Perükken getragen... Solch ein Leichenbegängnis kostet 300 Gulden.

Jonas Ludwig von Hess
Die Tugenden der Nürnberger 1798

In seinen »Durchflügen durch Deutschland, die Niederlande und Frankreich« hat sich Jonas Ludwig von Hess die Bürger der Noris genau angesehen und sich kritische Gedanken über ihre Obrigkeit gemacht.

Merkwürdiger ist das Kaiserl. Reichs-Schloß, auf einem hohen Berge hart an der Stadt liegend. Es ist vom Kaiser Konrad I. erbaut, mit Gräben und Mauern versehen. Von den vier ehemaligen Burghaltereyen stehen nur noch die Rudera der Thürme. Sie waren zur Vertheidigung der Thore angelegt, und wurden von dem Burggrafen von Zollern, den Herren von Brauneck, Vieschbeck und von Colditz besetzt. Sie sind aber sämtlich in neuern Zeiten von der Stadt abgekauft. Diese hohe Veste hat einen 56 Klafter tiefen Brunnen, in welchem etwas Hineingeworfenes acht Secunden Fall bis zum Wasser-Horizont braucht.

In der Kaiser-Kapelle, im grossen Saal, in der Ritterstube, im Churfürsten-Saal, finden sich gute Gemälde, unter welchem eine große Darstellung der böhmischen Belehnung, von Johann Creutzfelder gemalt, vorzügliches Aufmerken verdient. Kaiser Matthias, der Kuhrfürst von Cölln, mehrere Fürsten, Bischöfe und Grafen, sind sämtlich in ihren derzeitigen Costümen mit bedeutenden Mienen und Umblicken dargestellt. Der Graf von Anspach sieht, sich in die Lippen beissend, aus dem Fenster; der Herzog von Baireuth dreht der ganzen Ceremonie unwillig den Rücken zu. Mehrere Gemälde von A. Dürer, M. Tuscher, M. Heer, J. Hertz, Valkenburg, P. Juvenal, sind des Hinaufsteigens nach dieser ziemlich hohen Veste werth.

Sonderbar ist die Vereinigung der Mauer mit dem Felsen. Es scheint, als hätte die Natur diesen Kitt versteinert, und mit Fels und Mauer zusammen geschmelzt. Eine große, gesunde Linde, welche hier auf der höchsten Höhe des Felsens ihre weiten Äste ausbreitet, wird von dem Volke als überaus alt und ehrwürdig betrachtet. Es heißt, Kaiser Heinrich II. habe solche an einem Heereszug siegreich als ein grünes Reischen am Hute getragen. Dieses sey von Kunigunden, seiner Gemalin, hieher gepflanzt und zu jener Linde erwachsen. Die Kapelle ruht auf vier weissen Marmor-Säulen. Mitten im Gewölbe ist ein dicker, feister Mönchskopf eingemauert. Die Sage erzählt, dieser Mönch, oder vielmehr der einstmalige Besitzer dieses Kopfs, habe mit dem Herrn der Hölle eine Wette geschlossen, des Inhalts, daß solcher, während der Mönch predigen würde, jene vier Säulen nicht nach Rom schleppen könne. Der schlaue Mönch habe den Teufel überlistet, indem er nur den Anfang, das Mittel und das Ende seiner Predigt hergesagt, worüber der böse Feind so erboßt, daß er in der Wuth eine der Säulen niedergeworfen, und den Mönch so angeblasen, daß sein Kopf angeschwollen, sich vom Rumpfe getrennt und ins Gewölbe gefahren sey. Um dieses Mährchen zu erhärten, zeigt man auf einen Bruch, den eine der Säulen erlitten hat.

An und in der Mauer ist die Figur eines Pferdehufs mehrmalen eingedrückt. Man erfährt hiebey, daß diese Spuhren von dem Pferde-Sprunge herrühren, durch welche ein Herr von St. Gallen über die beyden Mauern und den Graben setzte, und beym dritten Versuch den Hals brach. Im Rittersaale erstach Ludwig IV. Herzog von Baiern, einen Grafen von Ingelfingen im Zweykampfe. Von hieraus ist die Aussicht schön und mannichfaltig bis zum Vesthalten. Das Auge übersieht dreyzehn volle Stunden im Umkreise, in welchen Städte, Flecken, Dörfer, Klöster und Kapellen, von Wäldern, Fluren, Wiesen, Gärten und Heerden durchmischt, wie hingesäet liegen.

In Verhältniß der Größe, der Volkszahl, und der frühen

Civilisation, giebt es gewiß keine sittlichere, bessere und sanftere Menschen-Gattung, als die Bewohner Nürnbergs. Unter den Kauffleuten und Künstlern findet man aufgeklärte, wohl unterrichtete Männer. Gesunde, unverzerrte Vernunft trift man fast überall. Sie sind gastfrey ohne Prahlsucht; höflich ohne Kriecherey. Ihr Wohlwollen hat immer Gehalt, nie Schein. Das Gute, was der Nürnberger thut, geschieht nach dem Gebote seines guten Herzens, nie aus verstellter Eitelkeit. Der sogenannte Mittelstand ist arbeitsam, gottesfürchtig und fast zu höflich. Große Laster sind hier äußerst selten; häußliche, stille Tugenden, eheliches Glück, Verträglichkeit und Biederkeit fast allgemein...

Das weibliche Geschlecht ist gut gebildet, von zartem Wuchs und feiner Organisation; es giebt ungemein sanfte, liebevolle Gesichter unter den Nürnbergerinnen. In keinem Orte habe ich so viel schüchternes und jungfräuliches gefunden, als unter den Bewohnerinnen dieser Stadt. Sie tragen sich reinlich und nett, ohne Prunk und Zeigesucht. Ihr Geschmack ist einfach und anspruchslos, wie ihre Sitten und die bescheidenen Forderungen ihrer unverdorbenen Herzen.

Es fehlt Nürnberg an Menschen; nicht an Industrie oder Absatz. Dieser Menschen-Mangel kommt von den ungeheuern Lasten her, welche der Bürger dieser Stadt zu tragen hat. Diese haben eine Menge fleißiger Familien, ihre Vaterstadt zu meiden gezwungen; die sich in Fürth, Schwabach und den umliegenden Dörfern ansiedelten, wo sie im Verhältniß der Nürnberger Abgaben fast nichts entrichten.

Man kann uneingeschränkt behaupten, daß kein Mensch in Europa so viel von dem Seinigen dem Staat zahlt, als der Bewohner Nürnbergs. Jeder Bürger bringt jährlich fünf Sechstheile von seinen Einkünften der Stadt-Kasse zu, oder bestimmter, wer 4166 Gulden im Jahre einnimmt, trägt davon 3446 Gulden dem Staate ab... Trotz diesen unerhörten Abgaben hat die Stadt dennoch fünfzig

Millionen Gulden Schulden... Unbegreiflich ist es, wie einige zwanzig Patricier-Familien so vieles haben durchbringen können, da die Stadt ohne die grossen Abgaben der Bürger ein schönes Land-Gebiet hat, das wenigstens 8000 Bauernhöfe enthält...

Aber gehaßter, tiefer und inniger gehaßt, ist wohl keine obrigkeitliche Gewalt, als der Magistrat von Nürnberg von seinen Bürgern. Ich habe Väter zu ihren Kindern sagen hören: Wenn ihr eine Kirche vorbeygeht, so betet ein Vater Unser; kommt ihr beym Rathhause vorbey, so betet zwey. Andere haben seit Jahren Umwege gemacht, um nicht am Rathhause vorbey zu kommen. Sie sagen: Es ist besser, das Hochgericht, als unser Rathhaus zu sehen.

Es ist ein niederschlagender Gedanke, daß so viele tausend gutartige, moralische Menschen von ein paar Dutzend ihrer gewissenlosen Mitbürger despotisirt, beraubt und elend gemacht werden. Wer sich einen deutlichen Begriff von bürgerlicher Aristokratie, von städtischer Unterdrückung, Vorzugssucht und Eigengewalt machen will, der gehe nach Nürnberg, wo vier und dreißig Patricier-Familien 32 000 Menschen wie Leibeigene und Fröhner ihrer Habsucht, ihres Wohllebens und ihres dummen Stolzes behandeln.

Ernst Moritz Arndt
Schilderung eines politischen Dichters
1798

Der Schriftsteller Ernst Moritz Arndt (1769–1860), Sohn eines ehemaligen Leibeigenen, kämpfte für nationale Befreiung und demokratische Gesinnung. 1806 mußte er wegen seiner antinapoleonischen Flugschrift nach Stockholm flüchten. Als Privatsekretär folgte er 1812 Freiherr vom Stein nach Petersburg. Während einer Reise, die ihn von Bayreuth nach Wien führte, hielt er sich auch in Nürnberg auf.

Der Weg von Erlangen nach Nürnberg, der zwey kleine Meilen beträgt, geht auf einer schönen Chaussee immer durch ebnes und sandiges Land, welches links und rechts schöne Wälder kränzen. Aber trotz dem Sande ist der Boden trefflich bebauet und äusserst fruchtbar, und man sieht allenthalben gutes Getreide, Tabak, Weberdisteln und wechselnd Hopfenplätze. Schönere ziegelgedeckte und freundlichere Dörfer sah ich noch nicht, und diese wenigstens sind für das alte Nürnberger Regiment kein Vorwurf. Wir sahen links Krafthof liegen, welches den Blumenorden an der Pegnitz gehört, und weiterhin zeigte man den Pegnitzwald, wo in dem labyrinthischen Gehäge die Sänger und Sängerinnen dieses berühmten Ordens sich zuweilen ergehen, und die poetische Ader begeistern…

Nürnberg selbst hat, wenn man des Weges von Erlangen einfährt, ein großes Ansehen, wenn sie mit ihrer Burg, ihren Kirchen- und Thorthürmen, ihren Gartenhäusern und Vorstädtezierrathen in ihrer ganzen Weite vor dem Auge da liegt, und dieser Eindruck wird nicht getäuscht, wenn man einfährt; alles wimmelt da und lebt und webt, und die

Häuser drängen sich an einander in die Wolken empor, als könnten sie sonst die Menschen nicht fassen, welche Fleiß und Thätigkeit darin zusammengehäuft haben. Aber dieser erste Eindruck ist bald ausgelöscht, wenn man mehrere Tage in der Stadt herumgewandert ist, und diese Dinge und Menschen etwas schärfer aufs Korn gefaßt hat. Da ruft man mit einem wehmüthigen Gefühl aus: fuit Ilium fuimus Troes! Die hohen Mauern und Thürme sind denn freylich immer noch da, als Zeugen der ehemaligen Herrlichkeit, wovon viele andere Werke und Anlagen zeugen. Die Stadt mit ihren Vorstädten gehört unstreitig zu den größten Städten Teutschlands, und hat um ihre Ringmauern, mit Ausschluß der Vorstädte wenigstens anderthalb Stunden im Umkreise. Ihre Mauern und Gräben, die gewaltigen Zwinger schräge gegen die Thore, die Kirchen und das Rathhaus, die Springbrunnen und Wasserleitungen, selbst ihre gekünstelten, aber doch kostbaren Werke der Kunst sind Beweise, welches Blüthenalters sie einst genossen haben muß. Jetzt ist das freylich alles anders. Bis über die Ohren in Schulden, durch schlechte Wirtschaft und Verfassung lange mit ihren Patriciern in Prozesse verwickelt, sind sie nun noch mehr in die Klemme gekommen durch den König von Preußen, der seine Soldaten bis an die Thore der Stadt hat rücken und unter den Namen des Burggrafthums von Nürnberg, als Oberlandsherr, alle ihre Dörfer und Vorstädte hat besetzen lassen mit Ausnahme einiger Ämter, welche Bayern gefallen haben. Die Stadt selbst ist nach alter Art krumm und schief gebaut, und meistens mit engen Gassen. Alle Häuser, auch die neuen, haben etwas Schwerfälliges und beleidigen durch die Erker und vielen Schnörkel das Auge. In den lebhaften Gegenden der Stadt sind sie meistens auch zu fünf Stock hinaufgebaut. Dagegen findet man nach den östlichen und südlichen Mauern hinaus ganz erbärmliche Hütten und Schmutzwinkel, und öde und menschenleere Plätze. Daß ehedem viel Mahlerey und Geschmack an heiligen und bunten Geschichten in Nürnberg gewesen ist, das beweisen die Vorderseiten mancher Häuser, wo aus der Legende ganze Geschichten, seltener aus der profanen Mythologie, zum besten gegeben sind, mit gar zierlichen Inschriften. Dieses einfältige Geklexe entstellt auch oft ganz gute Häuser. Ich habe es schon gesagt, daß die mächtigen Zwinger innerhalb der Stadt vor den Thoren, und die Thürme der Kirchen ihr ein großes Ansehen geben; aber alles dieses verliert sich drinnen, weil man meistens wie in einem Kessel ist, und keine Aussicht über das Ganze genießen kann. Die öffentlichen Plätze sind für so eine Stadt meistens arm und enge, und die besten Gebäude zu sehr umbaut. Mitten durch die Stadt fließt die Pegnitz, worüber mehrere Brükken laufen, und die zu Mühlen und zum Umtriebe einiger Gewerke und Fabriken gute Gelegenheit giebt. Sie wendet sich nacher mehr westlich, bildet vor der Stadt schöne Wiesen und manche hübsche Parthieen, und fällt etwa dreyviertel Meilen davon hinter Fürth in die Rednitz. Ein tiefer doppelter Graben umzieht die Stadt, jetzt zu Gärten und an einigen Stellen selbst zur Weide umgeschaffen, denn Kühe graseten darin. Die Vorstadt Wöhrd, östlich vor der Stadt, könnte man allein schon ein Städtchen nennen; auch westlich und südlich hat sie noch ganz hübsche Gärten und Gartenhäuser, wo alles sich verlustiget. Um diese Vorstädte läuft ein großer Wall, der gleichsam die Aussenwerke der Stadt macht, nie aber zur Feste gedient haben kann, wahrscheinlich ein Werk des dreyssigjährigen Krieges.

Das Nürnberger Gebiet war sonst eines der größten in Teutschland für eine Reichsstadt. Aber es ward doch so übel regiert und verwaltet; die Patricier hatten so viele Güter und Exemtionen darin, und es gab so manche andre Verschuldungen einer schlechten Verwaltung, daß die Stadt immer mehr zerrüttet und verschuldet worden ist. Nun hat vollends der neue Markgraf von Anspach und Baireuth seine Rechte als Burggraf geltend zu machen gewußt, und also ihnen ihre Einkünfte noch mehr beschnitten, weil die Oberherrlichkeit so eines Mächtigen immer ein eignes Ding ist, wenn auch die Güter, wie es natürlich ist, als Privateigenthum den Nürnbergern bleiben. Die Iura regalia und was daraus in Nürnbergs Kasse floß oder fließen sollte, sind doch einmal verloren. Daß übrigens das Nürnberger Joch ein sanftes seyn mußte, davon zeugen die Dörfer um die Stadt und auf dem Stadtgebiete, die so elegant und nett, wie Städte gebauet sind. Das schönste Getreide wächst auf dieser Sandebene, Taback und Hopfen in Menge, und man findet nicht leicht schöneres Vieh, als um Nürnberg und Erlangen, so daß man oft versucht wird, an Holsteiner und Schweizerkühe zu denken. Von der Sorgfalt und Pflege, welche diesen Thieren zukommen, zeugen die zierlichen Halsbänder und Glocken, die alle nubilis aetatis um den Hals tragen.

Das Land um die Stadt ist flach und sandig und also wenig für das Vergnügen gemacht. Doch hat der Adel hübsche Landsitze auf mehrere Meilen um die Stadt, und in den Waldungen an den Ufern der Pegnitz sollen ganz feine Plätzchen und Gegenden zur Belustigung seyn. Tannenwälder sperren fast allenthalben die Aussicht in größerer oder geringerer Entfernung. In dem nächsten südöstlich von der Stadt, an der regensburger und bairischen Straße rechts, liegt mitten im Walde der Dutzendbrunn. Hier ist ein großer, runder See mit dunkeln Tannen und dürren Riedgrase rund umwachsen. Man macht Spazierfahrten darauf in einem lächerlich gebautem flachen Boote, fischt auch zuweilen darin. Vorn an diesem See nun hat man ein großes Gasthaus mit mehreren kleinen Nebengebäuden angelegt, nebst Garten und Promenaden in den Wald hinein, zum Theil an fließenden Wassern recht allerliebst. Hier sind allerley Erfrischungen und Essen zu haben und alle Tage, besonders Mittwochs und Sonnabends, ist Menschengewimmel da und gewöhnlich auch Musik, und oft großer und feuriger Tanz. Ich habe dort einige fidele Nachmittage gehabt, und mich der Geselligkeit und Freundlichkeit der guten Nürnberger gefreut. Auch unter den schönen Linden an den Ufern der Pegnitz und am Schießplatze giebt es recht anmutige Spaziergänge, und in den schönen Gärten und Gartenhäusern an dieser Seite vor der Stadt, sind für einen großen Theil der Nürnberger angenehme Tummelplätze des Vergnügens. Doch gefällt mir die Gegend ausser der Stadt zwischen der Burg und Wöhrd noch fast besser und auch da sind allerliebste Gefilde und Baumpflanzungen.

Die Burg, wornach der König von Preußen sich nicht umsonst auf alle Pfosten und Thüren benennt, und die ehedem Kayser und später die kleinen Burggrafen von Hohenzollern bewohnt haben, ist eine erhabene Gegend an der Nordwestseite der Stadt, die man hoch über die ganze Stadt ragen sieht. Sie stößt hart an die Mauer an und trägt noch die alten Burggebäude, worin einer der Ersten des Raths wohnen soll, gewöhnlich aber ein Kastellan hauset. Man geht schon vom Rathause an sanft und endlich ziemlich steil bergan, und wandelt längst der Mauer einen krummen Pfad in die Thüre ein. Als Gebäude hat die Burg gar keinen Werth, wohl aber, wenn man an die Zeiten denkt, wo die alten Beherrscher Germaniens hier zum Theil ärmlich und doch groß gewohnt haben…

Die Sebaldus- oder Dohmkirche ist unstreitig eines der schönsten altgothischen Gebäude. Man wird von einer tiefen Ehrfurcht und einem heiligen Schauder durchdrungen, wenn man in das tönende Dunkel eintritt, und die hohen und schlanken Säulen hinaufschaut, bis an die schwindelnde Decke. So steht man in einem Walde heiliger Tannen, durch deren erhabene Kronen ein mattes Licht des leuchtenden Himmels bricht. Alles hat hier den Anstrich des Alterthums und des Heiligen. Macht der kühne Aufflug der Säulen schwindeln, so versetzt die bunte Fenstermahlerey mit den blendendsten und lebendigsten Farben plötzlich tief in eine alte Welt, deren Sitten und Weise hier in den Personen und Dingen so lebendig dargestellt sind. Dies ist wirklich in seiner Art was Prächtiges und Seltenes, das man an keinem Orte in der Verschwendung und Pracht wiedersieht. Auch an dem hellsten Tag giebt es der

Kirche, trotz der Menge ihrer Fenster, ein dämmerndes Licht. Die Wände und Decken hat man, wie es scheint, absichtlich schwarz und dunkel werden lassen, um den Gedanken des Alten und Väterlichen recht tief in das Herz zu drücken. Das Ganze zusammen macht so einen rührenden Eindruck, als ich ihn in keiner andern Kirche je empfunden habe...

Die Lorenzkirche ist völlig so groß und hoch, als die vorige, macht aber bey weitem den Eindruck nicht. Sie ist erstlich viel heller und jünger von Ansehen, wenn sie es gleich nicht seyn mag; auch haben ihre Säulen nicht das Schlanke und Kühne der Sebalduskirche, mit welcher sie um den Vorrang streitet; denn auch diese ist eine Hauptkirche. Man hatte mir viel Herrliches von dem englischen Gruß in dieser Kirche vorgeschwatzt, so daß ich äußerst neugierig war, ihn zu sehen. Siehe, da ich nun eintrete, sehe ich diesen Gruß hoch über dem Altar, so hoch, daß ihn kein Mensch dort sehen konnte. Aber damit er durch das viele Anglotzen und Ankutzen (wie man fränkisch spricht) nicht zu viel verlieren möchte, hat man zur Vorsicht einen großen Sack darum geworfen; so muß der Teufel selbst ihn wohl ungesehen lassen...

Man zeigt auch noch gern die Egidien- oder Neue Kirche, welche ganz zierlich ist, und die Spitalkirche, nicht wegen ihrer Größe oder Zierlichkeit, sondern wegen mancher Raritäten. Vormals waren hier in einer eigen Schatzkammer die Reichsinsignien zu sehen. Sie sind aber in diesem Kriege fortgeflüchtet und dies schmerzte meine Neugier nicht...

Das Rathaus ist wirklich ein sehr schönes Gebäude, nur zwey Stock hoch über dem Erdgeschoß, und, wie es scheint, nicht ganz vollendet. Es ist jammerschade, daß es nicht einen bessern Platz hat. So wie es hier steht, sieht man es kaum, und die besten Schönheiten gehen dem Auge verloren. Es ist vor dem dreißigjährigen Kriege und zum Theil noch im Anfange desselben erbaut, und seitdem haben den Nürnbergern Muth und Lust gefehlt, es weiter durchzuführen. Im Innern ist ein offener Hof und um die Säle des zweiten Stocks läuft ein Säulengang herum – dessen Decken ganz zierlich al fresco bemahlt sind; doch sind sie zum Theil schon schimmlich und modrig von Ansehen, und möchten mit der Zeit mit ihren Helden und Streitrossen wohl den Leuten auf die Köpfe kommen. Man wandert nur durch eine schöne Reihe Säle, worin die Herren des Raths und die übrigen Kollegien ihre Sitzungen halten, und die mit Gemählden, Schildereyen und allerley Schnurrigkeiten ausgeziert sind. Man findet hier mehrere Gemählde von A. Dürer und Sandrart. Von letzterm ist das Friedensmahl merkwürdig; ein großes Stück, welches lauter Portraits enthält, nemlich: die Fürsten, Gesandten und Doktoren, die den Osnabrücker Frieden, wenn nicht alle abschlossen, doch abschmausten; alle im alten lächerlichen Kostum dargestellt, welches den Mahler nicht eben sehr begünstigt. Die meisten Gemälde hängen leider so übel und schattig, daß man die besten gar nicht sieht und sich tantalisch ärgert. Die beyden Menschenrepräsentanten von Dürer sind recht brav, wenn er gleich eine andere Eva hätte in petto haben können. Der Kampf des Herkules und Antäus hat einen außerordentlichen Ausdruck der Glieder, Muskeln und Gebährden. Es ist einem, als fühle man die Angst des Erstickten, so eine gräßliche Quaal, eine zu gräßliche, liegt auf seinem Gesichte. Peter der Große von Copeschi gemahlt, ist ein herrlicher Kopf, ganz die Idee gebend, wie die Geschichte diesen großen und schöpferischen Mann zeigt. Die Verhöhnung Christi ist auch ein wackres Gemählde. Besser indessen sind die unedlen und gemeinen Züge der Verhöhner ausgedrückt, als die stille in sich versunkne Kraft des Dulders.

Unten im ersten Stock sind mehrere Säle und Gemächer, unter andern der berühmte große Saal, worin Kaiser Maxens Triumph abgemahlt ist. Das Gemälde ist wie der Saal, groß und ungeheuer, doch bey weitem in seiner Art nicht so schön, sondern was solche Darstellungs- und Prachtstücke gewöhnlich zu seyn pflegen, bunt und lieblich dem Auge und dem großen Haufen schmeichelnd, der in allen Dingen das Grelle und Auffallende erhascht. Da sind Gott weiß wie viele Pferde vor dem Wagen geschirrt, denen eben so viele Tugenden mit mancherley Attributen zur Seite gehen. Abstrackte Dinge und Allegorieen sind fast immer unlieblich im Gemählde, und der Mahler thut durchaus besser, Sachen und Personen historischer Bestimmtheit zu wählen, bey jenen muß man, wie man hier weislich gethan hat, immer drunter schreiben, was jede Figur vorstellen soll.

Man sollte denken, es sey abgeschmackt, über die äußere Gestalt der Menschen in einer Stadt, oder Provinz viel zu bemerken, weil es allenthalben häßliche und schöne Menschen giebt. So ist es freylich, aber doch mit einem erstaunlichen Unterschiede, oft mit einem so auffallenden, daß man nicht begreift, wie es in der Entfernung von 5 bis 10 Meilen möglich ist; und doch ist es dies. Man vergleiche Erlangen mit Nürnberg, und man wird sich schon wundern. Man sehe die Nürnberger in den Häusern, auf den Gassen, auf ihren Tummelplätzen des Vergnügens, im Theater, und wo sonst noch, und immer dringt sich die unangenehme Bemerkung auf, daß es keine der schönsten Racen ist. Sieht man die Männer an, wie sie meist bleich und marklos dahergehen – es giebt freylich der dicken Bäuche auch, aber diese sind nicht selten ohne Mark und Kraft – mit mattem Blick und versunkenen Zügen, ohne Kraft und Leben in den Gliedern und in dem Antlitz, wie sie sie tragen; wie alles so abgespannt, so ohne Keckheit und Trotz und Großherzigkeit ist; so ist das ein sehr widriges Gefühl. So sind die Frauen und Mädchen in ihrem Geschlecht, ohne Ausdruck und Lebendigkeit, ohne Wohlgemüthigkeit und Grazie, ohne die Farbe der blühenden Jugend und den freundlichen Anstrich des ersten jugendlichen Lebens. Man findet mitunter manche hübsche und interessante Gesichter, aber dieses meist nur in der Ferne. Es fehlt das Stechende und Reizende, das kleine unsichtbare Flämmchen, das aus einem holden Gesichte leuchten muß, wenn es gefallen soll. Die meisten haben die langen hängenden Gesichter der Männer, die stummen Augen; wollte Gott, sie hätten auch die stummen Lippen! denn sie empfehlen sich schlecht durch ihre Zahnlosigkeit, wenn sie sie öffnen. Diesen Mangel tragen hier auch die meisten Männer mit ihnen und es ist ein Sprüchwort im Lande umher: die Nürnberger kannst du am Munde kennen. Ergöztend war es mir schon in Erlangen, wenn Fremde an der table d'hote waren, und die Stimmen flüsterten: der da und jene dort sind Nürnberger, sie haben keine Zähne. Daß diese Bemerkungen nicht allgemein seyn sollen, dagegen protestire ich im Namen von Nürnbergs Mädchen, und ihres alten Meistersängers Hans Sachs, der sich wohl auf einen feinen Körper verstand; auch hier habe ich recht hübsche Mädel gesehen, aber das sind Seltenheiten. Das Schminken fängt hier an sehr gemein zu werden. Ich sah es nachher im südlichen Teutschland überall mehr, selbst in kleinen Städten, als im nördlichen, so wie das schöne Geschlecht überall ungebildeter und doch nicht züchtiger ist, als drunten. Woher? das weiß ich nicht, und wenn ich's auch wüßte –.

Woher kömmt die viele häßliche Welt in Nürnberg? Ja da antwortet einer gescheidt. Vieles kann man sicher auf den Zunftgeist rechnen und die kranke krüppelhafte Verfassung. Die äußern Zwangsstiefeln des Geistes wirken gewiß mehr auch auf die äußere Gestalt, als mancher denkt, und rauben endlich allen Ausdruck von Kraft, ohne den keine Schönheit besteht. Einige meinen, das weichliche Leben thue das meiste; möglich, da es für die fleissige Klasse der sitzenden Arbeiter nicht paßt; aber es wirkt doch nicht so in Wien; indessen arbeitet man da auch nicht viel. Die Sitten sollen hier übrigens im Verhältniß gegen andre Städte Teutschlands von gleicher Größe noch ziemlich rein seyn, welches ich freudig bejahe, weil noch viel Anstand herrscht, der zu unsern Zeiten trotz aller Masken und Larven, die er verbirgt, doch gewöhnlich etwas beweißt.

Friedrich von Matthisson
Reiseerinnerungen 1802

Der Dichter Friedrich von Matthisson (1761–1831), dessen Gedichte »Adelaide« und »Opferlied« von Beethoven vertont wurden, gönnte sich auf einer Reise nach Basel einen Ruhetag in Nürnberg.

Sogleich nach meiner Ankunft in Nürnberg ging ich zum Professor Sattler, der von mehr als Einer vortheilhaften Seite in der Schriftstellerwelt bekannt ist, und dessen ausgezeichnete Verdienste um die Bildung und Läuterung des literarischen Geschmacks der nürnbergischen Jugend von seinen Mitbürgern einstimmig anerkannt werden. Er hatte die Güte mich in die Aegidienkirche zu führen, um van Dyks Abnehmung vom Kreutze zu sehen, welche von Kennern für das vorzüglichste Gemälde Nürnbergs erklärt wird. In dieser großen und edlen Komposition rührte mich das müde geweinte, mit einem unbeschreiblichen Ausdrucke des Schmerzes auf den Todten hingeheftete Auge der Mutter am lebhaftesten. Die kleine geflügelte, allerliebste Figur, welche, mit Thränen im Blicke, die Hand des Leichnams ergreift, soll, allem Vermuthen nach, einen Engel vorstellen; aber es ist kein Engel, sondern Anakreons, von einer Biene verwundeter Amor, so schön und lieblich, als er nur immer der Einbildungskraft des tejischen Greises vorgeschwebt haben mag. Hat je eine Gemäldefigur ihre rechte Stelle verfehlt, so ist es wol diese.

Ich konnte unmöglich die Vaterstadt Albrecht Dürers verlassen, ohne wenigstens einige seiner Werke kennen gelernt zu haben. Da meine Zeit beschränkt war, so sahe ich nur was man auf dem Rathhause von ihm aufbewahrt. Ich bewunderte die herrlichen Proportionen in den Figuren von Adam und Eva, die in der nämlichen Stellung unter dem entscheidenden Baume stehen, wie wir sie gewöhnlich auf den alten Bibelholzschnitten vorgestellt finden. Der Faltenwurf im Mantel des Apostels Paulus, der neben dem Evangelisten Markus stehend abgebildet ist, verdient allen angehenden Künstlern zum sorgfältigsten Studium empfohlen zu werden. Albrecht Dürers eigenes von ihm selbst gemaltes Bildniß soll, der Tradition zufolge, sprechend ähnlich seyn. Eine ächtdeutsche Kernphysiognomie, voll Mannsinn und Biederkeit.

Im Gasthofe kam mir eine gereimte Beschreibung der Stadt Nürnberg zu Gesichte, die von einem Rothgerber herrührt, und mit großer Genauigkeit alle Thore, Brücken, Thürme, Brunnen, Straßen und Plätze aufzählt, auch des von Harsdörfer gestifteten, weiland so berühmten Blumenordens an der Pegniz Meldung thut:

Ein Fluß fließt durch die Stadt mit Eil
Und theilt sie in zwei gleiche Theil;
Die Pegniz wird der Fluß genannt,
Sein Blumenorden ist bekannt.

Man sieht hieraus, daß der Geist des braven Hans Sachs noch nicht gänzlich von Nürnberg gewichen ist, und die ehedem dort blühende Meistersängerei hin und wieder noch einen schwachen Schößling treibt.

Joseph Röckl
Eine pädagogische Reise 1805

Im Auftrag der Bayerischen Regierung unternahm der Pädagogik-Professor Joseph Röckl aus Dillingen eine Reise durch Deutschland, bei der auch ein Aufenthalt in der »ehemals berühmten Noris« vorgesehen war.

... In dem Erlangen nahe liegenden Nürnberg hielt ich mich noch einige Tage auf. Wenn je eine Stadt in Deutschland, so führt diese auf große Erinnerungen. – Jahrhunderte lang ein Hauptsitz des deutschen Handels, des deutschen Kunstfleißes, der Wissenschaften, der Industrie, der Gewerbe und des Reichthums – eine Stadt, wohin sich Luther, Melanchton, Erasmus, Hutten und die Häupter der Reformation so oft sehnten; wo Kaiser, Fürsten und die Blüthe des deutschen Adels so oft zusammenströmten; eine Stadt, deren öffentliche und Privatgebäude, deren Schlösser, Burgen, öffentliche Plätze, Straßen, Gärten und zahlreiche Landhäuser – den Reisenden so laut an ihre ehemalige Größe und Macht erinnern, wie viel Stoff hätte mir dieses ehemalige berühmte Noris dargeboten, auch jetzt noch im Schatten seiner früheren Größe, mit mannigfaltigen belehrenden Reflexionen zu wandeln. – Allein der Sturm der Zeit schien meine schnellere Abreise nach München zu fordern. –

Schon ging das Gerücht, daß die Österreicher Miene machten über den Inn zu gehen und in Bayern einzubrechen. – Ich besah nun sehr eilig einige Merkwürdigkeiten der Stadt. Der humane Stadtbibliothekar Kiefhaber hatte die Freundschaft, mein Führer zu seyn, und wenn es ihm an Zeit gebrach, mir ein anderes Geleit zu besorgen. – Das Schloß und die Festung, das Zeughaus, das deutsche Haus etc. fesselten vorzüglich mein Gemüth. – Ich besuchte auch noch einige Schulen. – Ich staunte in einer lateinischen Klasse einen Professor (wenn ich nicht irre mit Namen Weiß) zu finden, der achtzig Jahre alt bey meinem Eintritt in den Hörsaal seinen Schülern eben den Virgil vorlas. – Der Veteran sagte mir, daß er den Virgil schon über 40 Jahre vorlese, und ihn auswendig wisse.

Ich wurde durch Kiefhaber in ein sehr ansehnliches Haus in Nürnberg, nemlich zu einer ehrwürdigen Dame – der verwittibten Senators Frau von Strommer, geführt. Dieselbe feyerte ihren Geburtstag. – Mehrere vornehme Patricier erschienen dabey in Galla. – Die Antiquität der alten Reichsstadt spricht sich noch in dem antiken Kleiderschnitte ihrer Führer aus. – Unwillkürlich drang sich mir der Gedanke auf, wie viel wohl vornehme Patricier

7 So sah der Hauptmarkt mit Rathaus und dem Schönen Brunnen im 17. Jahrhundert aus.

nothwendig gewesen seyn werden, um die ungeheure Nürnberger Staatsschuld – zu der entsetzenden Summe von mehr als 14 Millionen Gulden anzuhäufen. –

Ich verließ Nürnberg mit dem lebhaften Vorsatze, in diese nach so vielen Beziehungen interessante Stadt noch einmal eine besondere Reise zu machen, und in einer ruhigern Zeit mit mehr Lust und Wonne unter ihren erhabenen Denkmälern aus der grauen Vorzeit zu wallen. –

Ich war noch nicht aus dem Umkreise der großen Stadt, als die Manen einiger Kraftgenies, die Nürnberg in ihrem Schoose trug – mich zu umschweben schienen. – Der deutsche Raphael, Albrecht Dürer erschien in meiner Seele. – Die berühmten Männer Preißler, Denner, Regomentan, Guttenberg etc. ergriffen mein Gemüth.

Gotthilf Heinrich von Schubert
Briefe eines Philosophen 1806

Der Naturforscher und Philosoph Gotthilf Heinrich von Schubert (1780–1860), dessen Natur- und Geschichtsphilosophie starke Wirkung auf die Romantik ausübte, beschrieb seine Eindrücke vom Nürnberg-Besuch in einem Brief an seinen Freund F. A. Köthe, Superintendent in Allstädt.

Mittags um 2 kamen wir endlich in der alten großen ehrwürdigen Stadt an. Wer sie zum ersten male sieht mit ihren mannigfaltigen Schnörkeln, fast jedes Hauß mit Bildern bemahlt, hundert Läden voll Spielzeug und Lebkuchen, die herrlichen Brunnen, auf den machts einen wunderbaren Eindruck. Selma (und fast auch wir) schrien vor Freuden laut auf und uns Alten wars so wunderlich, wie einst in der Kindheit beym Weihnachtsbescheeren. Eine seltsame Stadt mit ihren uralten Kirchen, bunten Glasscheiben, in jedem Hauße und in jedem Winkel der Kirchen Bilder, Statüen und Schnitzwerk, und mit ihren kindlich guten altdeutsch treuherzigen Bewohnern!

Seit vorigen Sonnabend sind wir denn auch in unsrem neuen Logis. Ein kleines Häußchen, noch wie fast alle in Nürnberg die Stuben mit Holz getäfelt, ungeheuer große grüne Öfen u.s.w. Doch übrigens bequem. Das Häußchen ist zwar gerade nur für unsre Bedürfnisse berechnet, doch ists unser. Es ist ein Gärtchen dran, klein, aber hübsch mit seinen blühenden Maulbeerbäumen, mit seinen Blumenbeeten, Rosen und Weinstöcken, und seinen wenigen Obstbäumen, die uns noch zu den Feyertagen mit Blüthen erfreuen werden. Ists auch klein, so ists doch unser, und eine Handbreit eigen Land freut einen (ich hätte es nie so gedacht) mehr als eine Hufe die nicht unser ist. Übrigens fehlts nicht an Bade- und Waschstube, großen Keßeln, Hüner und Schweineställen, Vorrathskammern, schönem Keller u. dgl.

Die Stadt ist freylich ungeheuer groß, und ob ich gleich ganz nahe am Thor wohne habe ich doch sehr lange zu laufen ehe ich ins eigentlich einsame Freye komme. Da ist aber auch schon alles so grün und blühend! Zum ersten Mal ist mir der grüne Donnerstag hier ganz grün gewesen! Die Gegend hat viel ähnliches mit der Freyberger, auch darin, daß sie, ganz in der Nähe kahl und sandig erscheinend, in einiger Entfernung recht schöne Parthien hat, am Pegnizflüßchen. Eure schönen Gärten dürft ihr freylich hier nicht erwarten. Der berühmte Schmaußengarten ist voll alter Statüen und Springbrunnen, beschnittne Gänge und Baumplätze, hat aber doch ganz die Tracht des 17ten oder gar 16ten Jahrhunderts (die Statüen sogar haben lange lange Lockenperücken.)

Joseph Freiherr von Eichendorff
Der erste Blick durchs Fenster 1807

Der bedeutende Dichter der deutschen Hochromantik, Joseph Freiherr von Eichendorff (1788–1857), stammte aus einer aristokratischen katholischen Familie. Er studierte Jura und Philosophie in Halle und hatte dort die erste Begegnung mit den romantischen Dichtungen. Am 14. Mai 1807 kam er in Nürnberg an.

Wurde ich aus einem schönen Traum von *Lubowitz* früh zeitig angenehm gewekt durch Nachtigallen und schön überrascht beym ersten Blik durchs Fenster von der Schönheit *Nürnbergs*. Häuser im alten Geschmak (Thürmchen und Vor*castelle*) aber hoch und schön und meist farbig. Die Straßen sehr breit und reinlich. Überall eine eigne Heiterkeit. In der Mitte durch fließt die *Pegnitz* (d. ihren Blumenorden berühmt) über die viele herrliche Brüken führen. Ich gieng mit *Wilhelm* auf Entdekungen. Der schöne heitre Markt, in dessen Hintergrunde die altgothische große *Lorentz*kirche und links eine uralte schöne Waßerkunst, zu beyden Seyten lustige Reyhen von Bauten, welches alles wir gleich aus der Gukmäste erkannten, wo es sehr gut getroffen. In den erhabnen Hallen der alten herrlichen Kirche *St. Sebald* (mit besonders schöner Fenstermahlerey) wurden wir wirklich erbaut. Darauf eilten wir auf das hiesige Schloß oder Veste das eines der merkwürdigsten Überbleibsel des deutschen Alterthums ist. Es hat eine himmlische Lage auf einem Berge neben der Stadt, der vorn mit hohen Bäumen bepflanzt ist, und ist gantz auf Felsen erbaut und mit Wällen und Mauern umgeben. Die Bauart ist durchaus im ältesten Style. Auf einem gepflasterten Mauerwege kommt man durch 3 kleine Höfe, in deren lezterem Mitte ein großer uralter Baum prangt, der schon mit Ketten umwunden ist, aber noch grünt. Die Hellebarden am Thore. Bald im ersten Gemache der Ritter *Hepp von Galla* aus Franken, der einst die Stadt *Nürnberg* bekriegte, in Lebensgröße und in seiner wirklichen eignen Rüstung. (Die großen Spitzen an den Füßen.) Rittersal mit 3 Säulen in der Mitte voll alter Kupfer. Kaiserkapelle, wo der eingemauerte Kopf eines Geistlichen (Sage) mit der Bethloge für den Kaiser. *Audientz*sal, wo mehrere Gemählde von *Albrecht Dürer* als: *Jesus* und *Nicodemus, Jesus* und *Paulus* und das *Portrait* Kaiser *Maximilians.* Nebenan der *Chur*fürstensal, wo eine ungeheuere schöne *Charte* von *Wien,* und der künstliche Hohlspiegel etc. Herrliche Aussicht aus dem Zimmer, wo sich immer die Kaiser aufzuhalten pflegten, auf die Wälle, die in niedliche Gärten verwandelt worden, und in ein weites schönes Thal bis *Erlangen.* Im 2t Hofe unter einem Baume gewesner Freyplatz für Verbrecher, auch herrliche Aussicht von den Zinnen über die gantze Stadt. Fünfekigter Heydenthurm unter *Nero* gebaut. Abdruk von Roßhufen an der Mauer, wo obenerwähnter *Galla* mit dem Pferde über den Wall der Gefangenschaft entsprungen. Kaiserbrunnen, aus dem wir getrunken. Von hier in das alte große Rathhaus, wo der ungeheuere Rathssaal (schon *ruinirt*), die *Sessions*stube mit denselben *Dürerschen* Gemählden im Großen, und einer alten *Stuccatur*deke auf dem Gange, worauf ein Turnier, das einmal hier auf dem Markt gegeben worden, abgebildet. Mit Ehrfurcht schritten wir über diesen klaßischen Boden, und es war, als müßte überall ein Ritter mit wehendem Helmbusch die Straße herabgesprengt kommen. Zu Mittag am *Table d'hotes.* Höflicher Wirth. 4 *negligeante* französ. Offiziers, die mitspeißten. Nachmittag verließen wir das schöne *Nürnberg.*

Per Daniel Amadeus Atterbom
Ein schwedischer Dichter erlebt Nürnberg 1817

Der Dichter und Literaturhistoriker Per Daniel A. Atterbom (1790–1855) war der programmatische Führer der romantischen Bewegung und Schwedens erster moderner Lyriker. Auf dem Wege nach Italien unterbrach er seine Reise für zehn Tage in Nürnberg.

Albrecht Dürers ehrwürdige Stadt habe ich gewiß nicht vergessen; im Gegenteil kann ich sagen, nachdem ich mich hier in München nun so ziemlich umgesehen habe, daß mir, wenn Schelling und Baader nicht hier wohnten, Nürnberg keineswegs durch den Ort ersetzt werden würde, an dem ich mich gegenwärtig befinde. Dort erst, im Mittelpunkt Deutschlands, öffnete sich mir das reiche, warme, jahrhundertelang verkannte, doch allen verwandten Seelen noch immer gleich freundlich schlagende Herz im alten Leben und der alten Kunst des tiefsinnigsten Volksstamms Europas, welches, wie es scheint, jetzt glücklicherweise wieder auflodert bei allen besseren Söhnen Deutschlands; ja, wenn man genötigt ist, das stolze Köln, das herrliche Rheinland beiseite zu lassen – ich bete täglich zu Gott, daß ich es auf meiner Rückreise besuchen kann –, dann geht meiner Überzeugung nach der für Skandinavier einzig richtige Weg nach Italien eben durch diese altdeutsche Reichsstadt, deren sterbende Majestät noch immer, trotz ihrer merklichen Schwindsucht, von allen wahren Freunden der Geschichte und der Künste die ihr zukommende Huldigung erheischt...

Morgens um 7 Uhr angekommen, galt unsere erste Sorge natürlich dem Notwendigsten, nämlich nach einer langwierigen und zu dieser Jahreszeit wenig gesunden Nachtreise ein wenig auszuruhen; und so waren wir erst gegen Mittag zum Umhergehen bereit. Gleich an dem Ort, wo wir wohnten, im Gasthaus »Zum Roten Roß«, begegnete uns eine historische Sehenswürdigkeit, und diese war – eben das Gasthaus selbst. Es hatte Ottavio Piccolomini und Carl Gustav Wrangel zu seinen früheren Gästen gezählt. Eine gute Bauweise im alten Stil, eine geräumige Galerie, die vom ersten Stockwerk aus nach innen um den Hof lief, machte es der Herrlichkeit einer solchen Ehre würdig. Dieser steinerne Gang erschien mir oft recht angenehm, zumal von dem an der einen Seite befindlichen Speisesaal die Tafelmusik zu hören war.

Der Fluß Pegnitz fließt ungefähr mitten durch die ansehnliche Stadt, deren gegenwärtige Einwohnerzahl, etwa 28000 Menschen, nicht dem aus glücklicheren Zeiten beibehaltenen Umfang entspricht. Von den dadurch entstandenen beiden Hälften wird die eine die Lorenz-, die andere die Sebaldseite genannt, nach den beiden ältesten Hauptkirchen Nürnbergs, die diesen Heiligen zum Gedächtnis gebaut worden sind. Auf der Sebaldseite lag unser Gasthaus. Der genannte Fluß, nicht groß, eher unter Mittelmaß, bildet gleich bei seiner Mündung eine kleine Insel, und weiter in der Stadt noch zwei andere. Die erste, die den Namen Schütt trägt und damit die Art ihrer Entstehung genügend bezeichnet, ist mit Lindenwegen bepflanzt und zum öffentlichen Spazierplatz bestimmt, welcher in den Sommermonaten sehr angenehm sein dürfte. Wahrscheinlich erinnert dich der Fluß Pegnitz an die poetische Gesellschaft der »Pegnitz-Schäfer«, die sich zuweilen auch »der Pegnitzsche Blumenorden« nannte und die der Sage nach noch weiterlebt, wenn nicht ein Blumen-, so doch wenigstens ein Grasleben an seinen Ufern. Dagegen weiß ich nicht, ob dir bekannt ist, daß die Pegnitz-Schäfer, die in ihren guten Tagen auch ein schwacher Ersatz für die verlorene Zunft der Meistersinger waren, im 17. Jahrhundert einen am Ufer gelegenen Hain besaßen, das Poeten-Wäldchen genannt, den ihnen die Stadt in der Nachbarschaft für ihre Zusammenkünfte und einsamen Beschäftigungen gestiftet hatte. Da aber auch andere, prosaische Fußgänger diesen ihren arkadischen Versammlungsort genießen wollten, wählte man sich einen anderen, der ein Stück davon entfernt, obwohl ebenfalls in der Nähe Nürnbergs gelegen war; dieser letztere bekam den bedenklichen Namen »Irrhain«, und dort haben sie sich so wohl gefühlt, daß sie sich sogar Hütten bauten, wie es die Jünger Christi auf dem Tabor tun wollten. Der »Poeten-Wald« ist zwar verschwunden, und man muß sich damit begnügen, ihn auf einigen alten Kupferstichen zu sehen; der »Irrhain« soll dagegen noch bestehen. Die Pegnitz war uns übrigens schon persönlich bekannt; bei Creussen, nahe am Fuß eines Berges, der das alte halb zerstörte Schloß Böhmenstein trägt (du erinnerst dich vielleicht von meinem letzten Brief, daß wir es besucht haben und man uns dort zu Engländern erklärte) bei Creussen scheint er einem kleinen Sauerbrunnen zu entspringen, welchen man als seine Quelle ausgibt und dem Reisenden als große Merkwürdigkeit zeigt, weil der Strom einige Schritt davon entfernt bereits so stark ist, daß er eine bedeutende Mühle in Bewegung setzt. (Allerdings behaupten die Gelehrten, daß der wirkliche Ursprung etwas weiter entfernt liegen und aus zwei kleinen Quellen bestehen soll; eine diesbezügliche Untersuchung wird uns beiden wohl gleichgültig sein.)

In älterer Zeit hielt man auf diesem Fluß, innerhalb der Stadt, mit großem Pomp eine Art Fischer-Turnier (Fischerstechen) ab, ungefähr wie noch heute die Gondolieri in Venedig, ein Fest, das zum letzten Mal im Jahre 1704 gefeiert wurde. Ein anderer Fluß, die Rednitz, an dessen Ufer Wallenstein sein berühmtes Lager hatte, nimmt, nicht weit von Nürnberg, die Pegnitz in sich auf. Der Ort der Vereinigung liegt bei der von Juden wimmelnden Stadt Fürth, die in Tiecks »Phantasus« treffend ein »kleines Nord-Amerika« genannt wird, wobei ihre weißverputzte moderne Glätte und das Geklapper ihrer zahllosen Fabriken mit dem dunklen, romantischen Nürnberg verglichen werden. – Von den sieben Steinbrücken, die über die Pegnitz führen, ist nicht die Kaiser-Brücke die vornehmste, trotz ihres schmucken Namens, sondern die Fleisch-Brücke, ein wirklich stolzes Bauwerk, aus einem einzigen sehr flachen Bogen bestehend, von 100 Fuß Länge und 50 Fuß Breite; oben im Gewölbe ist sie nur vier Fuß dick und schwingt sich mit ebensolcher Leichtigkeit wie Kühnheit über den Fluß. Diese Brücke wurde im Jahre 1598 erbaut; der Name des Meisters ist Peter Carl. Neben ihrem Eingang liegt ein riesiges Schlachthaus, über dessen Tor ein steinerner Ochse in Lebensgröße ruht, mit folgender Unterschrift, die das ganze Gepräge des Volkswitzes jener Zeit trägt, dessen Unschuld überall mit unbekümmerter Freude öffentlich auftrat:

»Omnia habent ortus suaque incrementa, sed ecce
Quem cernis, nunquam bos fuit hic vitulus.«

Eine Brücke hat den Vorzug, die steinerne Brücke genannt zu werden, da sie die älteste von all ihren Geschwistern ist. Sie ist im Jahre 1457 gebaut; bis in jene Zeit waren die reichen Nürnberger zu bescheiden, um sich etwas so Prächtiges anzuschaffen wie eine Brücke, die ganz und gar aus Steinen gebaut ist.

Bald hier, bald dort, vor seltsamen Gebäuden, Bildwerken, Fenstern mit runden oder vieleckigen bemalten Scheiben stehenbleibend, wanderten wir über eine Menge von Märkten und offenen Plätzen, die wohl zu Dutzenden zählen. Viele sind mit kunstvollen Springbrunnen geschmückt. Es dürfte kaum eine andere Stadt in Deutschland geben, die eine solche Vielzahl und Kostbarkeit an Wasserwerken vorzuzeigen hat, welche größtenteils durch verborgene und mühsam angelegte Leitungen unterhalten werden. In großen Städten weiß ich nichts Erquickenderes für das Gemüt als eine solche Menge frischen und plätschernden Wassers auf den offenen Plätzen, wo ein bedrängendes Menschengewimmel leicht ein Gefühl der Trockenheit und Schwüle vermittelt oder auch ein weniger besuchter Bereich zu stillen Betrachtungen beim Geplätscher einlädt.

Der vortrefflichste von Nürnbergs Springbrunnen ist zweifellos der am Markt, der mit allem Recht den Vorzug hat, der Schöne Brunnen genannt zu werden. Er steigt pyramidenförmig empor, im gotischen Stil, wenn auch ein wenig schwer, innerhalb eines achteckigen, kräftig gearbeiteten Eisengitters; in das Becken dahinter spritzen sechzehn Köpfe unaufhörlich Wasser; oben sieht man die Bilder von Moses und den Propheten, weiter unten die von neun berühmten Helden und sieben Kurfürsten. Die neun Helden sind in eine heidnische, eine jüdische und eine christliche Dreizahl geteilt: Hektor, Alexander und Julius Cäsar; Josua, David und Judas Mackabeus; Chlodvig, Karl der Große und Gottfrid von Bouillon. Diese Bilder sind ein Werk des geschickten Bildhauers Sebald Schonhover, und der Brunnen ist von seinen Freunden, den Gebrüdern Rupprecht erbaut, im Jahre 1361...

Karl von Hase
Eine heilige Stunde 1820

Der Kirchenhistoriker Karl von Hase (1800-1890) begeisterte sich in Nürnberg besonders für die Gotteshäuser der Stadt.

Da sitz ich in der getäfelten Stube mit den kunstreichen Schnitzwerken, gegenüber der erhabene und feierliche Dom des heiligen Sebaldus, und ist mir wohl und wundersam zu Mute hier unter den Malen langvergangener Tage...

Noch als Kind, wenn der heilige Christ die schönen Spielsachen und die noch schönern Lebkuchen, alle von Nürnberg, brachte, dachte ich mir oft jenes Nürnberg so lieblich und wunderbar wie den Himmel mit seinen Englein. Und nun unter diesen Erinnerungen, die das Herz wie teure Angedenken einer schönern Zeit so treu bewahrt, zog ich durch die düster gewölbten Tore in die alte Reichsstadt. Wie reden doch die bunten Häuser mit den gotischen Schnörkeln, den frommen, einfältigen Bildern voll glänzenden Farben auch von einer holden Kindheit unseres Volkes, von einer traulichen Wohlhäbigkeit, die sich in so heiterm Spiel und Glanz gefiel...

Eine heilige Stunde lebte ich in der Sebaldus- und Lorenzkirche. In Regenbogenfarben fiel die Sonne durch die buntgemalten Scheiben. Es war eine Dämmerung und doch ein wundersames Licht, etwa wie in Correggios Heiliger Nacht. Alles redete von verschwundenen Jahrhunderten, von den Menschenaltern, die vorübergegangen, von den Tausenden, die hier dem Herrn gedient hatten und nun schauten, was sie geahnt hienieden. In jugendlicher

Farbenfrische strahlten noch Dürers drei Bilder. So war es der Vorzeit Brauch, daß die Kunst nur Göttliches malte und diente nur dem Himmlischen, so ehrte Meister Albrecht seine Vaterstadt, so seine Vaterstadt ihn. Lange sind die Mitbürger dahin, aber er lebt, wird ewig leben, auch wenn einst kein begeisterter Enkel mehr vor seinen verblichenen Bildern kniete.

Die Orgel brauste ihre vollen Akkorde noch wie sonst. Andächtig faltete ich die Hände, dachte mir die alten Reichsstädter noch um mich her, dort den Bürgermeister mit dem hohen Rate, hier die sittsamen Hausfrauen, da die Jungfrauen, die goldnen Locken aus den Schleiern fallend. Die Predigt hallte wie eine Stimme in der Wüste recht sonderbar durch die hohen Gewölbe. Erbaut, wie es wohl sonst die lieben frommen Menschen waren, trat ich aus dem einen Tempel in den anderen, in den Frühlingsgarten voll fröhlicher Menschen.

August von Platen
Notizen eines Studenten 1820

Der Dichter Graf August von Platen (1796-1835) studierte ab 1819 in Erlangen. Während dieser Zeit erkundete er auch das nahe Nürnberg und notierte seine Eindrücke in seinen Tagebüchern.

Wir kamen um neun oder halb zehn Uhr abends in Nürnberg an. Stachelhausen ging in den »Wilden Mann«, wo sein Vater absteigt, und ich zu Hermann, bei dem ich anfangs seine Mutter und Schwestern allein antraf. Ich wohnte bei ihm, und den anderen Morgen gingen wir nach dem Dutzendteich, und ich las den »Rhampsinit« vor... Ich aß im »Wilden Mann«, wo ich Stachelhausen zu finden hoffte, der aber, um ein Geschäft für seinen Vater abzumachen, nach Erlangen gefahren war. Ich sah seinen Vater, jedoch ohne mit ihm zu sprechen. Die ersten Nachmittagsstunden, wo Hermann im Gymnasium zu thun hatte, benutzte ich zu Spaziergängen in der Stadt. Ich ging zuerst in die Sebalduskirche, wo eben eine Taufe war, die mir den Eintritt offen hielt, wo ich aber weniger gern verweile, da mich das dortige geschätzte Kunstwerk, das Grab des heiligen Sebaldus, ziemlich kalt läßt. Von da aber ging ich in die Lorenzerkirche, wo ich mich von ganzer Seele an diesen hohen herrlichen Hallen, an diesen gigantischen Säulenbündeln, an dieser edlen Form der Bogen, an diesem heiligen Halbdunkel und den Glasmalereien erfreute. Wie fällt doch bei dem Anblick einer solchen Kirche jeder Gedanke an die gotische Schnörkel und so weiter weg! Später ging ich mit Daumer, den ich nach langer Zeit wieder sah, mit Hermann und Wilhelm Fabri zum Baden.

Dann als es Abend geworden war, begleitete mich Hermann noch eine Strecke vor die Stadt, denn ich kehrte nach hierher zurück.

Gotthilf Heinrich Schubert
Erzählung eines reisenden Gelehrten
1822

Professor Gotthilf Heinrich Schubert, Bergrath aus Erlangen, beschrieb Nürnberg in seinem »Wanderbüchlein eines reisenden Gelehrten«.

So wie man sich, besonders an einem Wochenmarktstag, so wie heute, der Stadt nähert, wird das Leben um einen her immer bunter und fröhlicher, Wagen (mit Landleuten und ihren Feldfrüchten) an Wagen, dazwischen die schön glänzenden, metallenen Gefäße mit frischer Milch, die reichen Felder oder vielmehr Feldgärten, die da der redliche Menschenfleiß mitten in den öden Sand hineingebaut hat. Kommt man nun vollends hinein, in die alte, große, reinliche Stadt, und bleibt eine Zeitlang drinnen, so bemerkt man wohl bald, daß man hier an einem Orte ist, den Gott gesegnet hat: zwar nicht mit Weinbau oder mit Goldbergwerken, oder mit großem Fang an Seefischen, aber dagegen mit vielen fleißigen, fröhlichen Menschen, bei denen auch noch Gottesfurcht wohnet und treuherziger Bürgersinn.

Es war am dritten September 1822, noch hübsch frühe, an einem heitren, lieblichen Morgen, als wir, in Begleitung unsrer lieben Kinder, durch den großen Wald, nach Nürnberg zufuhren.

So von hinten (Norden) her, nimmt sich die Stadt freilich nicht so schön wie von der Seite oder von vornen (von Ansbach oder Ellingen oder Regensburg her) aus, denn sie liegt da großentheils hinter der alten Kaiserveste und ihrem Felsenberge verborgen, und nur die Thürme der beiden Hauptkirchen und der westlichste Theil der Stadt und Vorstadt, fallen deutlicher in die Augen. Wir gehen indeß gleich zum Vestner Thor hinein, auf den Vorplatz der alten Kaiserburg, da haben wir schon einen ziemlich freien Ueberblick über die Stadt und den benachbarten Pegnitzgrund, so wie nach Osten auf die Berge.

Man sieht es doch, so wie man hineintritt, der alten Stadt sogleich an, daß da einmal Menschen gewohnt haben, und noch wohnen, die recht gern und viel gemahlt haben. Fast überall an den hohen Häusern, besonders in den noch in ihrer alten Tracht gebliebenen Nebengassen, bunte Mahlereien, welche meistens Gegenstände aus der heiligen Schrift, öfters aber auch den Handwerksmann in seinem Tagewerke darstellen. Nun wir sind ja auch hier in einer altberühmten, deutschen Vaterstadt der Künste und Künstler, und gleich da unten rechts, in einer der nächsten Gassen, steht das Haus, das der wackre Albrecht Dürer bewohnt hat, und gegenüber, in dem schönen großen Hause, wo der Rittersmann in Stein gehauen daran ist, hat Sandrart gewohnt.

Johann Heinrich Meynier
Lehrreiches für die Jugend 1823

In »Rinaldo's Reisen durch Deutschland«, einem »Unterhaltungsbuch für die Jugend zur Beförderung der Vaterlandskunde« schildert J.H. Meynier auch die größte Stadt Frankens.

...Auch in Nürnberg regte sich schon derselbe Verschönerungsgeist. In zwei Stunden fuhren wir von Erlangen aus dahin, ob man gleich fünf Poststunden rechnet. Wir fanden das Aeußere dieser alten Stadt durch eine Menge Gärten und Gartenhäuser geschmückt, die meistens das Eigenthum wohlhabender Kaufleute sind. Hier bringen sie mit ihrer Familie die Sommermonate oder doch wenigstens ihre Feierstunden während der schönen Jahreszeit im Genusse der reinen Landluft zu. Mehrere hübsche Anlagen, besonders Spaziergänge um die Stadtmauern, sind aber auch der Gesamtheit der Einwohner gewidmet. Mit Lust verlassen sie daher gegen Abend ihre rauchige, einengende Stadt und schwärmen hinaus in das Freie. Nicht leicht haben andere Stadtbewohner mehr Sinn, als die Nürnberger, für das sogenannte Ländlein. An Sonn- und Feiertagen wollen Sie daher zu Tausenden hinaus in die Gärten und die umliegenden Dörfer; wer nicht zu Fuß gehen kann, der miethet sich ein Pferd, oder eine Kutsche, oder einen Leiterwagen. Da essen und trinken sie nun nach Herzenslust, machen Schwänke in Hanns Sachsens Manier, oder Späßchen nach altem Nürnberger Geschmack, wie sie Grübel, in seinen Gedichten, so wahr und naiv beschreibt, und wenn sie sich satt genug gegessen, getrunken und gelacht haben, so ziehen sie jubelnd und schreiend in bunten Gesellschaften wieder nach Haus und freuen sich noch in der Erinnerung ihres so seelig verlebten Tages.

Die Stadt Nürnberg ist befestigt. Starke Mauern und tiefe Gräben, jetzt zu Gemüsegärten eingerichtet, ziehen sich um die Stadt, und an den Hauptthoren stehen große, runde, feste Thürme, aus denen ehemals drohend eine Menge Kanonen Freund und Feind angähnten. Die Franzosen leerten aber in den Kriegsjahren das Zeughaus aus, und bemeisterten sich auch dieser Feuerschlunde, denen sie eine andere Bestimmung gaben.

Wir hielten an einem Sonnabend unsern Einzug in Nürnberg durch das sogenannte neue Thor. Das Gewühl von Menschen, das sich in den Straßen auf und ab trieb, die Menge Frachtwagen, die ab- und zufuhren, oder vor den Gasthöfen hielten, die vor den Häusern aufgestellten Tonnen, Kisten, Ballen: Alles verkündete, daß wir uns in einer großen Handelstadt befanden. Nürnberg ist zwar nicht mehr, was es in dem Mittelalter war; noch immer ist es aber doch von dem alten Handlungsgeiste belebt. Fast jedes Haus in den gangbarsten Straßen enthält einen Laden, oder ein Gewölbe, selbst auf den Steinen vor den Häusern sind Waren ausgestellt; wer nicht viel zu verkaufen hat, der verkauft wenig. Die Lehrlinge der Kaufleute und ihre Ausläufer rennen hin und her, die Einen mit Paketen unter dem Arm, die Andern mit Briefen in der Hand. Noch Andere lassen Waaren auf- oder abladen: Alles scheint mit nichts als Handlungsangelegenheiten beschäftigt. Am größten aber ist das Gewühl in der Gegend des Mauthamtes, des ehemaligen Zeughauses.

Nürnberg hat alte hohe Häuser und krumme, zum Theil sehr enge Straßen und viele finstere, schmutzige und stinkende Gäßchen. Doch finden sich auch Ausnahmen, wohin besonders die sehr schöne und ansehnliche Straße von der Laurenzer Kirche gegen die Post gehört. Die Häuser der Stadt überhaupt sind vier, auch noch mehr Stockwerke hoch. Meistens haben sie kleine Fenster und viele ein sogenanntes Chörlein oder einen Erker gegen die Straße.

Schöne ansehnliche Gebäude sieht man sehr viele, nicht aber eigentliche Paläste. Der schönste Bau ist unstreitig das drei Stock hohe und mit kleinen Thürmchen gezierte, ganz massive ehemalige Rathaus, von dem jetzt das Stadtgericht Besitz genommen hat; es steht aber von anderen Gebäuden so sehr eingeengt, daß es nicht ganz von vorne übersehen werden kann. Sehr sehenswerth ist in demselben der große Saal, in dem die ehemaligen Ratssitzungen gehalten wurden, mit Dürers Ehrenpforte Kaiser Maximilians in Fresko. Unter diesem Prachtgebäude sind furchtbare unterirdische Gefängnisse, die Löcher genannt, von denen aber, soviel ich weiß, unter der milden bairischen Regierung kein Gebrauch mehr gemacht wird; so wenig als von der Folterkammer. Die Gefangenen entbehrten da fast ganz des tröstlichen Tageslichtes und schmachteten in immerwährendem Dunkel.

Nicht weit von dem Rathause ist die alte, ehrwürdige, von außen ganz rußige Sebalder Kirche, ein herrliches, majestätisches Gebäude, nach der St. Stephanskirche zu Wien vielleicht der schönste, gothische Tempel in Deutschland. Ihr Inneres ist von schwindelnder Höhe. Wir sahen in derselben das aus Metall gegossene Grabmal des heiligen Sebaldus und einige vorzügliche Gemälde. Nach dieser ist die Lorenzerkirche mit ihren Glasmalereien die größte und vornehmste. Die Frauenkirche, äußerlich ein sehr schönes Gebäude, ist jetzt zum katholischen Gottesdienste eingerichtet, in ihrem Innern aber durch den buntesten Ungeschmack verunziert. Unter allen Nürnberger Kirchen ist die Egydienkirche die neueste. Sie prangt mit einem Altarblatte von van Dyk.

Nichts ist interessanter, als an einem Sonnabende das Thun und Treiben der Nürnberger auf dem großen Herrenmarkte zu sehen. Die halbe Frauenwelt aus den mittleren und unteren Ständen ist an diesem Tage hier versammelt, und läßt sich in seiner Nürnberger Mundart theils marktend, teils schimpfend auf eine sehr erfreuliche Art vernehmen. Man sieht hier auch die Bürgermädchen und

Weiber, die Mägde und Bäuerinnen in dem mannichfaltigsten Kostum, und es gewährt einem Fremden kein geringes Vergnügen, sie mit einander sprechen und ihre Gedanken austauschen zu hören. Die Nürnberger Bäuerinnen sind besonders unerschöpflich an Schimpfnamen der seltsamsten Art. Reizt man sie zum Zorn, so brechen sie damit los wie ein Waldstrom. Oft machen sich daher die Erlanger Studenten, wenn sie nach Nürnberg kommen, das Vergnügen, der schlimmsten unter ihnen mit dem Fuß die Körbe umzustoßen. Mehr bedarf es nicht, sie in Wuth zu setzen: Du Flegel, du Lausiger, du Batziger, du krummes Sesselgestell, du Leuchterkörblesgesicht, du hölzernes Gelächter, du Anklopfer zu St. Sebald, du papiernes Ofengeländer usw. Die Studenten geben ihr einige Nürnberger Schimpfworte, die sie sich gemerkt haben, dagegen und nun wird das Weib rasend und es entsteht eine Scene zum Todtlachen, die nicht eher ein Ende nimmt, als bis die Angreifenden das Schlachtfeld räumen. –

Die Nürnberger Bäuerinnen zeichnen sich aus durch die ihnen eigene Tracht, besonders kurze, dicke, faltenreiche, schwarze Röcke, grüne Strümpfe, einen roten Brustlatz und eine besondere Art von Backenhauben.

Unzählige kleine Krämerstände sind rings um den Marktplatz aufgeschlagen, in denen Jeder die Kleinigkeiten findet, deren er bedarf. Ansehnlichere Kaufmannsgewölbe mit Waaren aller Art befinden sich in der Nähe. Die Nürnberger Messen aber sind ganz unbedeutend und mit den Frankfurter und Leipziger gar nicht zu vergleichen.

Wir bestigen gleich am Tag nach unserer Ankunft die Feste oder das Schloß, das sich auf einem hohen Hügel erhebt. Hier in diesem merkwürdigen Gebäude wurde von Karl IV. das berühmte Gesetz der goldenen Bulle gegeben, hier weilten öfters Deutschlands merkwürdigste Kaiser. Die Aussicht von dieser Höhe herab ist reizend und von weitem Umfange. Die Festungswerke bestehen in dikken Mauern, Basteien, hohen Thürmen und tiefen Gräben. Die Zimmer im Innern sind altmodisch gebaut und möbliert. Sie enthalten die städtische zahlreiche Gemähldesammlung, aus der aber die besten Stücke nach München gewandert sind. In einem alten Thurme, der am Eingange der Burg auf einem Felsen steht, zeigte man uns einen tiefen in den Felsen gehauenen Brunnen, der gutes sehr kaltes Wasser hat. Wir zählten bis auf dreißig, ehe ein hineingeschüttetes Glas Wasser das untere Wasser erreichte. – Der Festungszwinger ist nunmehr ein Vergnügungsort der Nürnberger, die sich hier bei frischem Bier und Mundvorrath aller Art gütlich thun, und bei stillem Wetter der schönen Aussicht genießen.

Noch immer ist Nürnberg die alte gewerbsame Stadt, die nicht nur Deutschland, sondern ganz Europa, ja selbst die anderen Welttheile mit ihren Waaren und Kindertand versieht. Beständig sind eine Menge Fabriken in Eisen-, Stahl- und Messingdraht usw. im Gange. Man verfertigt eine große Menge Eisen- und Rothgießerwaaren, mathematische Instrumente, Kupfergeschirr, schöne Drechslerarbeiten, Spiegel, Saiten, Tabaksdosen, Nadeln, Farben, Siegellack, Papier usw. und unaufhörlich sind Zeichner, Kupferstecher, Stempel- und Siegelschneider, Kupferdrucker und Künstler aller Art in Thätigkeit. Jetzt, da sie sich nicht mehr, wie sonst, von unerschwinglichen Abgaben gedrückt fühlen, und ihr Handel von der Regierung begünstigt und befördert wird, können sie endlich mit mehr Behaglichkeit der Früchte ihres Kunstfleißes genießen.

Wir machten von Nürnberg auch Ausflüge nach dem nahen Schweinau, wo eine Menge Bleistift- und Dosenfabriken sind, nach dem Dutzendteich, dem Peter, dem Hummelstein und anderen Vergnügungsorten der Nürnberger, auch nach Fürth, eine Stunde von Nürnberg, einer offenen Stadt, deren Bewohner mit den Nürnbergern an Kunstfleis wetteifern, und eine Menge Spiegel, Brillen, Rechenpfennige, Bleistifte, Blattgold, Sackuhren und Uhrschlüssel, messingene und bleierne Soldaten, Stockknöpfe, Arbeiten von Horn und Elfenbein, buntes Papier, Oblaten und Kindertand, Alles um einen Spottpreis liefern. Die Hälfte der Bewohner von Fürth, oder wenigstens das Drittel, sind Juden, die sich von Schachern ernähren, oder auch bedeutendere Handlungsgeschäfte mit schlechten, aber wohlfeilen Waaren treiben. Den alten Theil dieses merkwürdigen Ortes, der 15000 Einwohner, also halb so viel als Nürnberg enthält, fanden wir unregelmäßig gebaut, der neue Theil aber hat schöne breite Straßen und große ansehnliche Häuser. In den vornehmsten Gasthäusern, wie z.B. der Prinz von Preußen und das brandenburgische Haus, trifft man immer gute und besonders während des großen vierzehntägigen Marktes, der um Michaelis gehalten wird, sehr zahlreiche Gesellschaft an, an deren Seite man vergißt, daß der größte Theil der Bevölkerung dieser Stadt aus Juden und Gesindel besteht.

Wir konnten und wollten Nürnberg nicht verlassen, ohne vorher das Bestelmeiersche Magazin zu besehen, wo man Alles, was Nürnbergische Kunst und Nürnberger Fleiß vermag, beisammen sieht, nur mit Ausnahme der gröberen Arbeiten. In der schönsten Ordnung sind hier viele Tausend Gegenstände von dem geringfügigsten Kinderspielwerk bis zu den kostbarsten Hausgeräthe zusammengestellt, und bei weitem das Meiste ist die Arbeit Nürnberger oder Fürther Künstler, und von ihnen entweder selbst erfunden, oder den Ausländern auf das glücklichste nachgeahmt. Nur wenige Stücke des Neuesten und Schönsten, was zu Paris und London an Zimmer-, Haus- und Küchengeräthe, Reisebedürfnissen und dergleichen erscheint, läßt Bestelmeier als Muster für die städtischen Künstler kommen; sein ganzer Mehrbedarf ist ihre Arbeit, worin sie oft, wird anders ihre Mühe belohnt, die Ausländer an Feinheit und Pünktlichkeit übertreffen. Nur die Nachbildung solcher Dinge, wozu ihnen der erste Stoff fehlt, wie z.B. englisches und französisches Porzellan, ist ihnen unmöglich.

Wir lernten die Nürnberger überhaupt nicht nur als ein sehr kunstreiches, betriebsames und frohsinniges, sondern auch als ein gutmüthiges, ehrliches, gefälliges Völkchen kennen, dem wir von Herzen die Rückkehr seines vorigen Wohlstandes wünschten.

Nach einem Aufenthalt von vier Tagen setzten wir unsere Reise nach Regensburg fort.

Die Umgebungen von Nürnberg sind nichts weniger als schön, besonders auf der Seite, wohin uns jetzt unsere Straße führte. Wir sahen fast nichts als Sandland und Tannenwaldungen, untermischt mit einzelnen Dörfern und Gebäuden. Der St. Lorenzer Wald, der eine gute halbe Stunde von Nürnberg anfängt, erstreckt sich bis über eine Stunde über Feucht....

Malla Montgomery-Silfverstolpe
Reisejournal einer Schwedin 1825

Das »romantische Deutschland« suchte die schwedische Adelige Malla Montgomery Silfverstolpe auf ihre Reise in den Jahren 1825/26. Am 22. August des Jahres 1825 traf sie in Nürnberg ein und nahm im Gasthof »Zum roten Roß« Quartier.

Gegen sechs Uhr erblickten wir das alte Nürnberg auf einer grossen, fruchtbaren, schönen Ebene, umkränzt von hohen, fernen, blauen Bergen. Die Anhöhe, auf der Wallenstein sein uneinnehmbares Lager hatte, ist die einzige, die aus der Nähe zu sehen ist. Ich begann mich unpäßlich zu fühlen, und Adolf hatte den Ärger, ein grosses Paket Musikalien zu vermissen, das vermutlich in der »Wasserdiligence« oder auch in Mainz vergessen worden ist. All dies trübte unsre gute Laune, und der Abend gestaltete sich nicht so angenehm, als er dadurch hätte sein können, dass Geijer sehr lebhaft über Genie sprach. Die Nacht im Gasthof *»Zum roten Roß«*, demselben, wo Gutav Adolf der Grosse und später Axel Oxenstierna gewohnt haben, war für mich recht qualvoll. Die Herren waren dann den ganzen Vormittag aus, um sich umzusehen. Ich fühlte mich zu allem unfähig! Am Nachmittag kam Amalias Vetter, Baron von Haller, zu uns. Er verschaffte mir sogleich durch einen Arzt passende Medikamente, worauf die Schmerzen nachliessen.

Da ich mich besser fühlte, kam Baron von Haller in einer Kalesche und holte mich und Geijer ab, um uns die Stadt zu zeigen. Wir fuhren zur alten Festung, der »alten Burg«, die schön auf einer Höhe liegt und die Stadt beherrscht, welche sich von dort gut ausnimmt, altehrwürdig und dabei fröhlich! Über eine schlechte alte Holzbrücke, die über den breiten, tiefen, jetzt mit grossen Laubbäumen bestandenen Burggraben führt, gelangten wir in die Burg, die jetzt eine Bildergalerie und Malschule ist. Im Kaisersaal sind die vier Apostel, Markus, Paulus, Petrus und Johannes von Albrecht Dürer, schöne Gestalten, auch das Porträt des Malers, eine Kopie des Selbstporträts in München. Ein grosses Bild von Landrart stellt die grosse Mahlzeit dar, zu der alle Fürsten und Gesandten beim Exekutionsrezeß im Jahre 1650 versammelt waren. Es sollen lauter Porträts sein. Wir sahen noch viele andere Bilder älterer und jüngerer Meister. Von Lukas Cranach zwei, die seine Geliebte vorstellen. Er hat mit ihren Reizen nicht gegeizt, sie ist ganz ohne Feigenblatt. Ein Bildnis unseres grossen Gustav Adolf betrachteten wir eingehend. Es ist gelegentlich seines Aufenthaltes in Nürnberg gemalt, und der es uns zeigte, wusste zu erzählen, dass Bernadotte, als er Anno 1806 mit der französischen Armee dagewesen war, es mit besonderem Wohlgefallen betrachtet habe. Und hätte er nicht so rasch mit der Armee aufbrechen müssen, so hätte er es wahrscheinlich kopieren lassen. Oberhalb dieses Porträts hängt das Wallensteins.

Von der alten Feste fuhren wir bei schönsten Wetter in der Stadt herum, besahen von aussen einige Kirchen und verschiedene Brunnen und Fontänen, worunter eine aus Sandstein wie ein in Elfenbein geschnitztes Kunstwerk ist, so schön und fein und leicht. Baron Haller begleitete uns nach Hause und blieb dann lange und unterhielt sich mit Geijer über Sprachen – interessant zuzuhören. Er sprach auch von Kernell, den er mehrmals gesehen und der ihn sehr gefesselt hatte.

Den 23. August. Als ich heute morgen aufstand, fühlte ich mich erheblich besser. Geijer war schon um 5 Uhr früh nach Fürth gefahren, um Wallensteins altes Lager zu besichtigen. Als er zurückkam, gingen wir aus, um Kirchen anzusehen. Ein Archivar, an dessen Namen ich mich nicht erinnere, kam und führte uns zuerst ins Rathaus, wo wir einen Archivsekretär trafen, der für uns in unserer Eigenschaft als Schweden besonderes Interesse fasste. Diese Herren waren überaus artig und machten mir Komplimente über meine Art, deutsch zu sprechen, und mein Kunstverständnis, unverdientes Lob, welches mich bloß überzeugte, dass das einfältige Aussehen dieser guten Herren kein leerer Schein gewesen war.

Ich ging dann mit einem Lohnbedienten in die San Lorenzokirche und sah die schönsten gemalten Fenster, die ich noch je gesehen. Ein grosses Buch, in einem Kloster geschrieben und prächtig auf Pergament ausgemalt, wurde mir gezeigt, auch ein Sakramentsabernakel, von Adam Krafft verfertigt und der Lorenzokirche von einem Imhoff dediziert. Das Imhoffsche Wappen, »das niedliche kleine Ungeheuer«, fand ich an vielen Stellen in der Kirche vor. Auf dem St. Egydieplatz vor der Sankt Egydiekirche sah ich das ehemalige Imhoffsche Haus, in dem Gustav Adolf zuerst wohnte, als er im Jahre 1630 nach Nürnberg kam. Des berühmten Schuhmachers und Poeten Hans Sachsens Wohnhaus sah ich auch, als meine Herren zurückgekommen waren. Sie gingen mit mir in das kleine Kämmerchen, wo er bald Schuhe machte, bald Verse schrieb. Auch Albrecht Dürers Wohnung wurde mir gezeigt. Die Strassen heissen noch nach diesen beiden grossen Männern Nürnbergs, die mit Peter Vischer, Künstler und Schmied, und dem Bildhauer Adam Krafft den Stolz der Stadt bilden.

Carl Julius Weber
Deutschland oder die Briefe eines in Deutschland reisenden Deutschen
1826

Der aus einer Beamtenfamilie stammende Carl Julius Weber (1767–1832) interessierte sich schon während seiner Schulzeit für Reisebeschreibungen, die er sammelte und las. In Erlangen studierte er Rechtswissenschaft. Da seine Bemühungen um ein akademisches Lehramt fehlschlugen, nahm er eine Hauslehrerstelle am Genfer See an. 1820-24 Abgeordneter in der Ständekammer in Stuttgart und Verfasser umfangreicher Abhandlungen über geschichtliche und religiöse Themen. Häufige Reisen durch die deutschen Länder, die er in dem Werk »Deutschland oder die Briefes eines in Deutschland reisenden Deutschen« schildert.

Nürnberg liegt vor mir in seiner ganzen alterthümlichen Schöne. Hamburg, Lübek, Bremen, Augsburg und selbst Frankfurt haben alle noch etwas Alterthümliches, aber Nürnberg am meisten. Seine vielen Thürme, wenn es auch gleich keine 365 sind, die alte Burg auf der Höhe, die rothen Mauern mit den 4 malerischen runden Riesenthürmen an den Thoren etc. füllen die Phantasie mit Bildern der Fehden- und Faustrechtszeiten. Die Stadt zählt auch viele unterirdische Gänge zu denen man vom Rathhause aus gelangen kann, und sonsten sehr geheim gehalten wurden; Magistratus traute der Bürgerschaft nie recht, und wußte, warum? Nürnberg imponiert mächtig von Außen, aber wehmüthig ruft man im Innern: Fuit ilion! fuimus Troes!

Das unvollendete, aber dennoch schöne Rathhaus von 3 Geschossen und 275′ Länge gefällt, und seine unterirdischen dumpfigen Geschosse, die zu Gefängnissen dienten, erfüllen mit Grauen. Die besten Dürer, die sonst Reisende dahin zogen, sind fort, aber Etwas, was selbst Senatus populusque romanus nicht hatte, verdient unsere Aufmerksamkeit – das Turnier in Stukatur, in der oberen Gallerie. Die Figuren sind in Lebensgröße, und ein Gemälde gibt lange nicht diese Anschaulichkeit, daher es wohl in den trefflichen Kupferalmanachen, die bei Riegel und Wiesner erschienen, und jedem Freunde Nürnbergs so willkommen waren, abgezeichnet oder verewigt seyn sollte, neben einem der malerischen vier Thürme. Das herrliche Kunstwerk von bloßem Gyps ist der Witterung ausgesetzt, könnte unversehens verschwinden, und vertiefte Kunstliebhaber der 19. Jahrhunderts leicht in einem Turniere erschlagen werden, das im Jahr 1434 gehalten worden ist!

Das große Gemälde Sandrarts – ein Friedensmahl, mit 50 Personen, alle nach dem Leben gemalt, ist nach der Gallerie gebracht worden, im Hofe aber der Delphin mit einem Kinde auf einem Brunnen, sehenswerth, wie die hölzernen Figuren über der Rathsstubenthüre; zur Rechten des Richters steht ein Reicher mit dem Teufel, und zur Linken ein Armer begleitet von einem Engel. Es ist in der That Schade, daß unsere Zeit weder Teufel noch Engel mehr glaubt, ohne moralischer geworden zu seyn! In diesem Rathszimmer, das ziemlich finster ist, steht auch Bonum publicum, suprema lex, und wer will den Patriziern nachsagen, daß sie diesem Gesetz nicht nachlebten, treulich und ohne Gefährde? Das Rathhaus blieb unvollendet – nicht aus Mangel an Geld – sondern aus Mangel an Steinen; wegen eines mit Brandenburg ausgebrochenen Zwistes, konnte man sie nicht mehr in der Nähe haben, und daher steht da, wo die Facade abbricht, in einer Nische ein Hund, woher die Redensart kommen soll »Hier liegt der Hund begraben!«

Herrlich sind die beiden altdeutschen Kirchen zu S. Lorenz und S. Sebald, und nie bin ich vor dem Portale der erstern vorüber gegangen, ohne stehen zu bleiben. Fast nirgendwo sind die Thürme unserer gothischen Kirchen vollendet, hier sind sie es, was mir immer ein Hauptbeweis des hohen Wohlstandes des alten Nürnbergs gewesen ist. Mit tiefer religiöser Ehrfurcht betritt man ihr heiliges Dunkel, die hohen gen Himmel strebenden Säulen, die bunt gemalten Fenster, die nur ein schwaches Licht durchlassen, das alterthümliche Grau, die vielen Wappen an Wand und Decke, verstärken die Wirkung – am Altar brennt das ewige Licht, von einem Tucher gestiftet – solche altdeutsche Kirchen predigen ohne Prediger!

Das sogenannte Sakramenthäuschen mit der Leidensgeschichte, das Meister Kraft mit seinen beiden Gesellen auf den Schultern trägt, ist von hoher Kunst. Man glaubt, was Sandrart sagt: »Adam Kraft hatte eine besondere Wissenschaft, harte Steine zu erweichen, in Formen zu gießen, und dann wieder zu härten« – Zu S. Lorenz hängt auch vom Gewölbe herab der Englische Gruß von Veit Stoß mit Figuren von 7′ Höhe – aber im Sacke! Meister Kraft's Basreliefs auf den Stationen nach S. Johannis Kirchhofe, sind von gleicher Kraft. Diese Stationen ließ der Nürnberger Ketzel fertigen, genau nach dem Original zu Jerusalem, wovon er selbst das Maaß genommen hatte, und da er es verlor, so reißte er zum zweitenmal nach Palästina 1488! Oft stand ich vor dem zweiten wohl erhaltenen Basrelief, wo die Kriegsknechte hohnlächelnd auf den Heiland losschlagen, wie in Stein verwandelte Teufel, und gedachte ähnlicher Scenen deutscher Kriegsknechte aus meiner Jugendzeit auf deutschen – Paradeplätzen!

Herrlich ist das Grab S. Sebalds mit vielen Figuren von Messing, von Vischer nach Dürers Zeichnungen, und so auch das hölzerne Kreuz von Veit Stoß, und der Taufstein, den K. Wenzel soll besudelt haben. Diese unziemliche Ausleerung sezte ihn in den Augen des Volks schon ab ovo in die Reihe derer, »die da thäten, was dem Herrn übel gefiel.« In Adam Krafts Abendmahl sind die Apostel lauter damalige Rathsherren mit Gesichtern voll Ausdruck, vorzüglich das runde Vollmondsgesicht, das mit so viel Heishunger das Osterlamm zerlegt, wie den seltensten Braten! Und überall die herrlichsten gemalten Glasscheiben. Neben diese beide gothischen Kirchen darf sich auch die neuere S. Aegidienkirche stellen, mit dem schönen Altarblatt van Dyks, und noch mehr die neueste deutsche Hauskirche, wenn sie vollendet wäre – ein Werk des Canonicus von Lippert, ganz im italienischen Geschmack mit der stolzen Kuppel, und dem vergoldeten Ordens-Kreuz!

Der schöne Brunnen, der nie aufgerichtet, und bekanntlich unter die Abderitenstreiche des Raths gezählt wurde, 180 Centner schwer, mit Neptun und seinem ganzen Hofe, 28′ hoch, und eben so breit, ein Werk Schweigers, wurde für 66.000 fl. nach Petersburg verkauft. Aber es gibt noch einen schönen Brunnen auf dem schönen Markte, dessen Größe durch die Reihe der stehenden Buden verkleinert wird – die stolze, jezt ausgebesserte steinerne Pyramide mit einer Menge Figuren von alten Propheten und Helden, Heiden und Christen, nebest den sieben Kurfürsten. Nicht minder schön ist der Brunnen vor der S. Lorenz-Kirche, Jungfern-Brunnen genannt, obgleich gegen die Regel – alle Jungfern daran aus ihren Brüsten – Nasses von sich geben! Die oberste Figur ist die Gerechtigkeit, deren Wage aber stark beschädigt ist, und hinter ihr steht ein Kranich, das Symbol der Wachsamkeit – aber die Patrizier waren einmal keine Kraniche!

Der Markt ist schon allein interessant durch das herrliche Gemüse, und die sogenannten grünen Weiber, die es verkaufen, die wahren Poissardes der Nürnberger Welt. Die Erlanger Studenten versäumten ehemals nie ihren Weg über den Markt zu nehmen, einige Körbe umzustoßen, und die Kraftsprache dieser Weiber hinter sich herschallen zu lassen. Es ist eine Lust, den Blumenkohl, die Spargel und das Wurzelwerk zu sehen, die Petersilienwurzel und Rindfleisch – hier Peiterlesflasch genannt, habe ich nie verschmähet. Am lustigsten ist der Markt am S. Thomastag vor Weihnachten, denn da ist der Kindla's Markt!

Die Heiligen Sebald und Laurentius waren, und sind die Schutzpatronen Nürnbergs. Sebald soll als Bekehrer der hiesigen Heiden mit Bonifacius nach Deutschland gekommen und Bruder Ewald geheißen haben; nach andern aber war er ein deutscher Eindsiedler, Säwald, und ein Nürnberger Knoblochsbauer. Nach der Sage machte er einem Bauern, der seine verirrten Ochsen in der Nacht nicht finden konnte, und ihn anrief, die 10 Finger leuchten, wie 10 Laternen, und da man ihm kein Feuer anmachen wollte, holte er sich vom Dache – Schindeln? – nein! die ersten besten Eiszapfen, und machte damit das schönste Feuer – folglich war er ein Heiliger Comme il faut! Noch nach seinem Eintritt schlug er einem naseweisen Mönch, der ihn am Bart zupfte, ein Auge aus, und drei aus seiner Kapelle gestohlene Opferkuchen verwandelte er in Stein, wie denn auch einer dieser Steinkuchen in der Kirche aufgehängt ist, und schwerlich wird gestohlen werden!

Weit höflicher war S. Laurentius, und daher auch weit geeigneter zum Patron der so höflichen Nürnberger. Er erinnerte die Henker, die ihn auf dem eisernen Roste braten ließen, daß es nun Zeit sey ihn auf die andere Seite zu wenden, denn auf der einen sey er nun gar! Sollte es daher rühren, daß die Norddeutschen von einem tiefen Bückling sagen »eenen krummen Lorenz maaken.«

Interessant ist die Veste, oder die alte Burg schon wegen ihren Alterthums, die Wohnung manches Kaisers, so wie der alten Burggrafen. Die Veste ist ganz auf Felsen gebauet, uralt sind ihre Mauern und Thürme, der runde Thurm, der Lueg ins Land, und der fünfeckigte Thurm, der vom Jahr 1367 seyn soll, aber die alten Linden sind abgestanden. Joseph stieg auch herauf, sah die kleinen schlechten Zimmer mit eben so schlechten Mobilien und Bildern, ließ den gelbwollenen Vorhang eines Kaiserbettes durch die Hand laufen, und sagte: »Wir haben mehr als die Alten, aber sie waren genügsamer, und so doch reicher!« Die Hauptsache ist die schöne Aussicht, daher auch jeden Sonnabend im sogenannten Zwinger, zahlreiche Gesellschaft und Musik der Garnison angetroffen wird. In dieser flachen Sandgegend erwartet man diese Aussicht nicht – der entfernteste Punkt ist die zerstörte Veste Rothenberg, sonst das bairische Spandau ... Mein Führer machte mich auf alles aufmerksam, und wiederholte mehrmals: »Es ist etwas Ueberaußes!«

Unter die Merkwürdigkeiten gehören denn auch die Spuren des Hufschlages im Graben, die der berüchtigte Eppelin von Gailing machte, als er über den Stadtgraben wegsezte! Dieser Placker drangsalirte das gute Nürnberg so sehr, als Götz von Berlichingen, am meisten jedoch die Burggrafen, nachdem sie Markgrafen von Brandenburg geworden waren. Der erste dieser Burggrafen war ein Conrad von Hohenzollern und was dieses Haus in seinem Burggrafenamte alles zu finden wußte, ist sattsam bekannt. Die Nürnberger unterließen zwar nie bei jedem neuen Eingriffe zu husten und zu protestiren, es kam aber dabei weiter nichts heraus, als das Sprüchwort: »Mit Richten, sagen die Herren von Nürnberg.« Woher aber ein zweites Sprüchwort? »Die Nürnberger hängen keinen, sie hätten ihn denn vor« weiß ich nicht. Es muß älter seyn, als die erbauliche Sitte des Aufhängens in effigie, denn die Nürnberger hatten nie Mangel an guten Malern, und auch an ächten – Galgen-Malern!

Die Pegnitz theilt die Stadt in die S. Seb lader- und S. Lorenzer-Seite, und unter den 7 Brücken ist die sogenannte A B C-Brücke (von den 24 mit Buchstaben bezeichneten, hier gestandenen Buden) und die Fleischerbrücke, die schönste. Diese hat gleich dem Rialto Venedigs, nur einen Bogen, und der gut gerathene steinerne Ochs in Lebensgröße mit der Inschrift »hic Bos nunquam fuit Vitulus« hat den Nürnberger Witz ins Geschrei gebracht. Dieser Ochs ist ein Wahrzeichen der Stadt, wie der Ring am schönen Brunnen, der unter den vielen Ringen sich allein herumdrehen läßt. Ein noch mystischeres und beliebteres Wahrzeichen war das Frescogemälde einer Riesin, die einen kleinen Schuster an einen Ort steckt, wohin manche zur Zeit der Douaniers am Rheine – Caffee und Zucker steckten! Zur Zeit des so beliebten Deutschfranzosen existirte diese öffentliche Obscönität noch vollkommen, denn er sagt:

Nock en Warsig is an ander Aus kemahl,
wie es klen Schuster sik bei Riesenfrau verfall,
als er nahm Maaß su Schu, er bück sich an ihr Leib
da thu sein ganse Kop und Arm drinn stecken bleib!

Nürnberg könnte man in einer Stunde umgehen, und zwar seit den neuen Anlagen im Schatten, wenn der Weg nicht am Wöhrder-Thor abbräche, und man dann einen großen Umweg durch die Vorstadt Wöhrd machen müßte, um wieder zum Frauenthor zu gelangen. Es ist Schade! die alten Mauern und Thürme sind so interessant, daß man gerne in ihrer Nähe bleiben mögte, aber die Sache hat Schwierigkeiten; man müßte nicht nur Gartenbesitzer entschädigen, sondern auch eine Brücke über die Pegnitz führen, und das aerarium hat nöthigere Ausgaben. Die vier Riesenthürme wiegen allein 100 andere Thürme auf, vor denen ich nie vorübergehen kann, ohne stehen zu bleiben und ihnen mein Compliment zu machen. Die Insel Schütt (wohin sonst aller Schutt gebracht wurde) ist jetzt Paradeplatz und angenehmer Spaziergang mit Alleen und einem Wildbad; die Plätze vor den Kirchen S. Lorenz und S. Jacob, gegenüber der Caserne (sonst deutsches Haus) sind gleichfalls geräumt, und mit Bäumen besezt, die alten Chörleins an den Häusern, und die vielen Buden in den Straßen hingweggeräumt – überhaupt das alte Nürnberg unter Baiern so heiter geworden, wie das bairische Himmelblau!

Nürnberg war übrigens in Hinsicht der Reinlichkeit stets holländischer Natur, die Frauen stöbern wenigstens einmal in der Woche das ganze Haus von oben bis unten, könnten aber den weißen Sand allenfalls weglassen. Sie haben ihre Prunkzimmer, von denen nur bei großen Gelegenheiten Gebrauch gemacht wird, die Straßen sind sehr reinlich, und ihre vornehmern Schwestern Hamburg und Frankfurt könnten hier manches lernen. Diese Reinlichkeit scheint so charakteristisch, als eine gewisse Nürnberger Physiognomie, die sich in einem länglichten Gesicht zeigt neben schlechtem Zahnwerk (sollten an diesem die Lebküchler und Zuckerbäcker Schuld seyn und an jenem die Patrizier? Man sagt von der Bestürzung, daß sie – lange Gesichter mache) bei schlechtem Zahnwerk zeigt man nicht gerne die Zähne, und hat noch weniger Haar darauf – dafür wird auch in jener Welt weniger Zähnklappern seyn. Die Nürnberger haben einmal vor anderen Reichsstädten eine gewisse Stadtphysiognomie, die sich in einem gewissen je ne sais quoi ausspricht, das aber öfters gesehen werden will. In dem lebendigern Hamburg und Frankfurt ist schon alles vermischter, vielleicht tritt auch der Fall in Nürnberg ein, bei der starken Garnison, und es geht ein Mittelschlag hervor aus den bairischen Rundköpfen und den nürnbergischen Langköpfen.

In Nürnberg stieß ich auf ein Cappadoum, Herzgäßlein, Katzenberglein, Hundsgäßlein und Kehrum (eine nicht üble Benennung für Cul de Sac-) ich stieß auf eine Mausefalle, Sausakhof, Wespennest und Kindlasfresser – es waren hier Ungeheuer angemalt, die Kinder aus der Tasche fraßen, als wären es Lebkuchen. Einige Wein- und Bierschenken heißen zum Löchlein, gläserner Himmel, nakkenden Bauch, goldenen Laus, Ofenloch, Himmelsleiter, Mondschein, zur Gerechtigkeit etc. dafür gibt es aber auch jezt eine Tucher-, Dürer-, Hans-Sachs- und Grübelsgasse, so gut als zu Paris einen Quai Voltaire, und Straßen Rousseau, Moliere, Corneille, Racine, Bouffon etc. Auf dem Saumärkt (Trödelmarkt) kann man auch Gemälde, Kupferstiche und alte Bücher kaufen, und hier ist auch eine kleine Wirtschaft zum Schiffchen, vom Volke genannt zur H....f...!

Unter den Gasthöfen behauptet das rothe Roß noch immer den ersten Rang, das ehemalige Bitterholz aber hat sich in den bairischen Hof umgewandelt, der mit dem Roß rivalisieren darf. Ich traf hier stets treffliche Gesellschaft, in der ich mir besser gefiel, als in der alten guten Gesellschaft des Bitterholzes, oder des steifen Corps diplomatique des fränkischen Kreises – mit größeren Ansprüchen, als alle Gesandten zu Wien und Berlin nicht zu machen pflegen. Kein Wunder! habe ich doch Kreisberichte gelesen, wo nicht nur viel vom sich Hergeben die Rede war, sondern auch den hohen Committenten gesagt wurde, daß man zwar noch manches wisse, aber noch zur Zeit unterthänig nicht von sich geben dürfe! Diese stozen Berichterstatter hielten sich für große Männer, thaten aber weit geheimer als große Männer, daher ich unter das Bildniß eines solchen schrieb: Apocalyps. XVII. 5. Manche thaten selbst mit Dingen geheim, die schon in der Zeitung stunden, und waren ächte Gegenstücke zu dem sardinischen Minister Graf Vitry, von dem sein Secretair, als man sich nach des Grafen Befinden erkundigte, wo er schon todt war, schrieb »Se. Excellenz sind nicht mehr am Leben, wollen aber nicht, daß man es wisse!«

Nürnberg, das nach Wien das erste Caffeehaus in Deutschland hatte, zählt deren nur 3, und nicht von besonderer Eleganz, dafür aber gegen 400 Wein- und Bierhäuser. In diesen Bierhäusern ist das Rinnerl stets besezt, und im Mondschein (von einem Wirthschild-Maler wird man nicht die Kunst eines van der Neer verlangen?) zu Gostenhof traf ich die Gesellschaft in solchen Rauchwolken, daß ich, wie der Kaiser zu Frankfurt, meinen Freund suchend, rufen mußte »Ist kein Dalberg da?« Er erkannte meine Stimme, und trat aus dem Nebel. Der Wirth zum Schmalzkübel, wo der Erlanger Wagen abgeht, hat seinen unästhetischen Kübel in einen goldenen Anker verwandelt, von dem ich wünsche, daß er fest halte, und vergessen darf ich nicht meinen so gefälligen und billigen Gastwirth zum wilden Mann, Herrn Poststallmeister Eckart, der alle seine Postillons zu Virtuosen bildet, daß es eine Lust ist mit ihnen durch die Wälder zu fahren; dafür kann man sich ja im Schlafzimmer etwas gefallen lassen, wenn sie gerade ein neues Stückchen einprobiren!

Nie ging ich um Nürnbergs Mauern, ohne bei der Schwedenschanze zu weilen, wo Gustav und Wallenstein sich so lange gegenüber standen, ohne es zu wagen, und

Wallenstein soll über 15000 Weiber im Lager gehabt haben, weil er mit Cäsar glaubte, daß die liederlichsten Soldaten sich am besten schlügen, und überhaupt von Soldatenfreiheiten Ideen hatte, die Gott sey Dank unsere Zeiten nicht mehr haben. Und so verließ ich auch nie die Stadt ohne mir zu S. Johann ein memento mori mitzunehmen. Der Gottesacker ist reich an Monumenten, meist mit schönen Wappen von Bronz versehen, mein Besuch galt aber zunächst *dem Raphael der Deutschen* – Dürer – Sandrart, der durch seine Academie so viel zum besseren Kunstgeschmack beitrug, und Hans Sachs, der uns so viel als Chaucer und Marot wäre, wenn er nicht auch – Schuhe gemacht hätte. Von Sandrarts Grabe schrieb ich mir doch die Inschrift ab:

Liberos nullos, sed libros plures reliquit, cum et liberis et libris aeternitas propagetur!

Ueberall lasten ungeheure Steine auf den Gräbern, und die Nürnberger müssen nothwendig, wenn die lezte Posaune erschallet, später vor Gerichte komme, als wir andern – die Patrizier werden ohnehin nicht eilen!

Es macht mir stets Freude, den Fleiß der Nürnberger zu sehen, und wie mag es erst da gewesen seyn, wo der Welthandel über Nürnberg ging, und die Stadt im Verhältniß stand zu den Bewohnern! Die Menge alter Rathsbefehle gegen Kleiderluxus, Kutschenfahren, Schmaußereien etc. beweisen den alten Wohlstand... Noch blühen aber viele Fabriken, noch gibt es Spedition-, Commission- und Wechselgeschäfte, und noch gehen die sogenannten kurzen Waaren in alle Welt. Einige Kaufleute scheinen sich im Titel Rath zu gefallen, und es ist wirklich sonderbar, welche eigene Reize für deutsche Ohren dieses Wörtlein hat, selbst für Männer des Kaufmannsstandes, die ein Dutzend schlechtbesoldeter wirklicher Räthe auslachen könnten! Ich unterhielt mich auch lange mit einem Mann, genannt Herr Major (von der Landwehr) über Kriegsgeschichten – merkte Unrath, und erfuhr, daß es – ein auswärtiger Apotheker sey.

Es ist ein unterhaltendes Schauspiel, selbst die kleinsten Kinder in den Quincaillerie-Werkstätten arbeiten zu sehen, und Farben, Puppen, Brummeisen, Caffeemühlen, bleierne Soldaten etc. sind keine unbedeutenden Artikel. Unbegreiflich ist die Wohlfeilheit des Nürnberger Tandes aus erster Hand, und unsere Landkrämer müssen mehr als jüdischen Profit daran haben. Noch hat Nürnberg bedeutendere Künstler als Augsburg, und die Campeschen Schlachtenstücke à 6 kr. und gemalt à 12 kr. immer besser als die Augsburger Heiligen, müssen mehr eingetragen haben, als die Kunsthandlung Frauenholz, die kein Reisender unbesucht lassen sollte. Fembo's Landkarten sind besser als die seines Vorgängers Homann, und auf jeden Fall besser, als die Augsburger. Indessen behält Homann seine Verdienste, und was kann man von Karten verlangen, die 10–12 kr. kosteten? Andere lassen sich jetzt weit mehr zahlen, aber so lange Karten fabrikmäßig behandelt werden, werden sie nur in so ferne unverbesserlich seyn, als sie nicht verbessert werden können, ohne – neu gemacht zu werden....

Die Nürnberger Industrie erstreckt sich bis auf die Singvögel. Man hört in allen Straßen Vögel, und sitzende Handwerker geben sich mit deren Erziehung ab. Die Vogelhändler aus Tyrol und Schwaben rekrutiren sich hier, und schon sind manches Jahr an 10.000 Stücke nach Holland und England, nach der Türkei und dem Norden gewandert. Die armen zarten Thierchen verunglücken leicht auf der Reise schon, oder sterben in Holland an Nässe, in England am Steinkohlendampf, in den Harems an Hitze und im Norden an Kälte. Bei uns bekommen sie Hanfsaamen, im Norden und der Türkei nur Waldsaamen, vielleicht sterben sie auch daran, und die Händler können sichs gefallen lassen. Catalani sang auch zu Nürnberg, und nun gab es Catalani-Kuchen wohlfeiler als Madame – Die alten Kaiser nannten Nürnberg »Unseres und des Reichs Bienengarten (unfigürlich, ehe der Zucker den Honig verdrängte, der sich jedoch in den Lebkuchen zu erhalten wußte) und es ist noch heute ein Bienengarten emsiger Bewohner, denen Baiern nicht so viel Honig nimmt, als die Patrizier, die den Grundsatz hatten »Nehmen ist seliger als Geben« und wußten, daß Wohlthaten nur Undankbare machen!

Die alte Reichsstadt ist natürlich nicht regelmäßig, und hat gar viele winklichte, enge und bucklichte Straßen, aber die meisten Häuser sind massiv und recht ansehnlich, und beschämen gar viele neuerbaute Häuser in den vergrößerten Hauptstädten Deutschlands. Der Markt ist ein Platz, wie Wien keinen hat, mit der bunten Frauenkirche, an deren schönem Portale das sogenannte Männleinslaufen ist d. h. 12 Uhr defilirten sonst die 7 Kurfürsten vor dem Kaiser, und da Kaiser und Kurfürsten nicht mehr sind, so brauchen mit Recht die Männlein auch nicht mehr zu laufen. Dafür kann man auf dem ganz nahen Gänse- und Fischmarkt den bronzenen Gänsemann auf dem Brunnen betrachten, der köstlich ist. Der Aegidi-, Maximilians- und S. Jacobsplatz sind eben nicht klein, und die Königs-, Ludwigs-, Carolinen-, Adler- und Lauferstraßen darf man immer schöne Straßen nennen. Dem guten Nürnberg ist auch in diesem Punkte Unrecht geschehen. Die Stadt hat reiche Armenstiftungen, wodurch sich alle unsere Reichsstädte auszeichnen. Hatten sie mehr? zum Theil – oder weniger? Die Hauptursache war das in Deutschland seltene Götterkind – Gemeingeist und Vaterlandsliebe!

Nürnberg ist eine meiner Lieblingsstädte, das alterthümliche und doch so reinliche, das so sehr misshandelte, und doch so gute Nürnberg, das Baiern recht eigentlich erlöset hat; nie verliess ich es ohne Wehmuth, und nie sahe ich es wieder ohne ein gewisses Gefühl vom Heimischen. Nürnberg hätte mir deutsche Bundesstadt werden müssen. Es liegt in der Mitte von Deutschland, nicht so wie Frankfurt, es ist minder theuer und weniger geräuschvoll; die Nürnberger hätten die Gesandten auf den Händen getragen, statt durch Kaufmannstolz die diplomatische Würde zu beeinträchtigen; Nürnberg wäre von neuem aufgeblüht, was Frankfurt nicht nöthig hat, und Baiern hätte man leicht entschädigen können. Man denke sich den Fall, dass die Franzosen hereinbrechen; zu Nürnberg wären die Diplomaten mit einem Sprung in Böhmen. Sie können in Sodens Buch: die Franzosen in Franken, 1796, lesen, dass eine fürstliche Kreis-Gesandtschaft von einem Chasseur gezwungen wurde, vor ihm her zu laufen und ihm den Weg durch die Stadt zu zeigen. Nürnbergs Felder hätten mir die Roncalischen Felder werden müssen, und die gute Stadt Deutschlands Centralstadt – eine Teutona, oder noch schöner – ein Philadelphia.

Christian Gottfried Daniel Stein
Sachliche Beobachtungen 1829

In seinen »Reisen nach den vorzüglichsten Hauptstädten von Mitteleuropa« erweist sich Christian Gottfried Daniel Stein als sachlicher Beobachter, der sich auch mit Nürnberg sehr sorgfältig beschäftigte.

In flacher, doch waldiger Gegend gelangt man auf guter Kunststraße in wenigen Stunden nach der Hauptstadt des baierischen Rezatkreises, Nürnberg. Diese uralte, ehemalige freie Reichsstadt ligt 28° 45′ L., 49° 27′ 8″ Br., 945 pariser Fuß über dem Meere, und hat bis an die äußeren Schanzen einen Flächenraum von 67,443,136 Quadratfuß, ist 5815 Fuß lang und 4370 F. breit, hat einen Umfang von 3/4 teutschen Meilen, einen fast 100 F. breiten Lauf- oder Stadtgraben, eine Stadtmauer mit 365 Thürmen und 8 Stadtthore. Der fischreiche Pegnitzfluß durchfließt die Stadt 1660 gemeine Schritte lang, theilt sie in die sebalder und lorenzer Seite und bildet in der Stadt 3 kleine Inseln. Sieben steinerne und für Fußgänger 9 hölzerne Brücken (die bedeutendern sind die Königs- oder Musem- die Fleisch- die Carls- sonst ABC-, und die Kettenbrücke), führen über die Pegnitz, die auch in der Stadt mehrere Mühlen bewegt. Die Stadt ist auf 12 Hügeln erbaut, hat die Vorstädte Wöhrd und Gostenhof, 32 Distrikte, 5 öffentliche Plätze, z.B. den 5988 Quadratschuh großen Marktplatz mit einem künstlichen Springbrunnen; 200 meistens krumme, aber durch musterhafte Reinlichkeit und gute nächtliche Beleuchtung sich auszeichnende Straßen und 1826 mit dem Stadtbezirk 39.537 Einwohner (worunter 3225 Militair) in 8283 Familien; darunter befinden sich

35.780 Protestanten 3702 Katholiken, 92 Reformirte und 19 andere Glaubensgenossen; Familienhäupter: 899 von Adel, Civilbeamte, Militairs und Geistliche, 7051 gewerbtreibende Bürger und Schutzverwandte, 333 Bauern und Taglöhner.

Merkwürdige Gebäude sind: das Schloß oder die Veste auf einer ziemlich steilen Anhöhe, wahrscheinlich im 10. Jahrhundert unter Kaiser Conrad I. erbaut, deren Bewachung im Mittelalter den Burggrafen von Nürnberg, aus dem Hause Hohenzollern, anvertraut war, mit schöner Aussicht auf die Stadt, einer Gemäldegalerie mit mehreren Dürerschen Stücken (z.B. den 4 Aposteln, Kaiser Karl dem Großen und Dürer's eignem Bildnisse, zum Theil wie die auf dem Rathause von Stanisl. Perreira restaurirt), einem 339 Fuß tiefen Brunnen etc. Die Kaiserkapelle ruht auf 4 schlanken Säulen, die leicht und zielich das hohe Gewölbe tragen und einen heitern Anblick gewähren. Von den zur Burg gehörenden Thürmen ist einer 5-eckig und soll der älteste Teil des Baues seyn; Viele wollen seinen Ursprung von Nero's Zeit und Nürnbergs Benennung davon herleiten. Unter den 5 lutherischen Pfarr- und 3 andern lutherischen, 1 reformirten und 1 katholischen Kirche sind auszuzeichnen: die 2-thürmige St. Sebaldskirche, mit einem meisterhaften messingenen Crucifix zwischen beiden Thürmen, von Veit Stoß, einigen Gemälden von Dürer, z.B. der Grablegung Christi, Bildhauerarbeiten von Adam Kraft, dem schönen Hauptaltar der unterirdischen Kapelle, dem Markgrafenstein etc. Das Grabmal des Heiligen, nach dem sie genannt wird, frei im Schiff der Kirche, ist ein Meisterstück der Kunst, von Peter Vischer mit seinen 5 Söhnen 1506-1519 vollendet; es soll an 120 Ct. Metall enthalten und durch freiwillige Gaben bezahlt worden seyn. Außer den 12 Aposteln und den höher stehenden 12 Kirchenvätern sind noch 72 größere und kleinere Gestalten mit diesem Grabmale verbunden, alle auf das Sorgsamste und Charakteristischeste ausgeführt. Auf der einen Seite ist in einer kleinen Nische der heil. Sebaldus und auf der andern das Bild des Künstlers angebracht...

Die St. Lorenzkirche, wie die vorige von lauter Quadern erbaut, die größte in der Stadt, 285 Fuß lang, 80 F. breit, auf 26 Säulen ruhend. Diese durch Adolf von Nassau 1274 neu erbaute Kirche empfiehlt sich schon von außen durch die gothischen Spitzbogen der Thürme und die Verzierungen; doch wichtiger ist der Eindruck in dem von den köstlichsten bunten Glasfenstern magisch verdunkelten Innern. Adam Kraft's Sacramentshäuslein bildet eine hohe Pyramide und gefällt durch die Feinheit und Zierlichkeit der Arbeit. Der Künstler und seine 2 Gesellen tragen in gebückter Stellung den schönen Bau. Ein von der Familie Imhof errichteter Altar birgt in einem Glasschrank die Gebeine eines Mannes, der unschuldig hingerichtet wurde und, wie man sagt, ihren Namen trug. Der sog. englische Gruß, ein aus Holz geschnitztes Kunstwerk mit colossalen Figuren, die Jungfrau Maria und den Engel Gabriel vorstellend, welches reich verziert von der hohen Decke herabschwebte. Dieses Meisterwerk ward 1518 vom Bildhauer Veit Stoß dem Aeltern verfertigt, fiel 1817 herab und wurde 1826 von dem trefflichen Heideloff aus unzähligen Splittern wieder hergestellt....

Der mit Pappeln besetzte Maxplatz empfängt seine Hauptzierde durch 2 Brunnen. Der eine Triton, der hoch über sich aus einer Muschel das Wasser in die Luft bläst, ist nach dem Modell einer Fontäne von Bernini gebildet, die in Rom auf dem Platze vor dem Palaste des Fürsten Palestrina steht. Der andere ist nach Heideloff's Angabe gemacht und dient zugleich zum Ehrendenkmal der berühmten Nürnberger, Wilib. Pirkheimer und Albr. Dürer, die in Bronze mit Sternenkränzen umgeben denselben zieren. Das Ganze hat die Form eines antiken Postaments mit 4 frontispitzartigen Aufsätzen und schönen, mit Basreliefs gezierten eisernen Bassins, in die das Wasser läuft. Die beiden Flächen, an welchen keine Portraits sind, tragen die Stadtwappen. Festons von Eichenlaub und zierlich geschwungene Bänder, durch eine leichte und gefällige Anordnung malerisch mit einander verbunden, schmücken den Brunnen, zu dem einige Stufen emporführen. Die Brunnenbassins sind bronzirt. Die Hallerwiese, sonst ein Lieblingsspaziergang der Nürnberger, ein breiter Gang mit uralten Linden eingefaßt, führt durch eine Wiese dem Ufer der Pegnitz entlang zu dem Johanniskirchhof, wo Stein an Stein liegt, mit metallenem Wappen, oder einem auf das Gewerbe des Todten deutenden Sinnbilde oder Zeichen (z.B. Schneiderschere), oder eine auf die Ursache des Todes Bezug habende Begebenheit ausdrückend. So war z.B. vor 100 Jahren ein Mädchen in einem Garten entschlummert; eine Eidechse kroch ihr in den Mund und verursachte ihren Tod. Auf ihrem Leichensteine sieht man sie ausgestreckt liegen und die Eidechse, die beweglich ist und nach allen Seiten gedreht werden kann, nähert sich ihrem Haupte. Hier ruhen Albr. Dürer No. 649, Hans Sachs No. 503 und Wilib. Pirkheimer No. 1414. Ein hohes Denkmal fast mitten auf dem Kirchhof ist dem Ritter Alexis Münzer errichtet, an dessen Todestage alljährlich 100 alte Männer gespeist werden. Ueber der Familiengruft des v. Holzschuherschen Hauses steht eine Kapelle und in derselben befindet sich eine schöne Grablegung von dem berühmten Bildhauer Adam Kraft, 1508 vollendet, aber von der Zeit und Feuchtigkeit halb verdorben.

Karl Gutzkow
Ein Theaterabend 1832

Der Berliner Schriftsteller, Journalist und Kritiker Karl Gutzkow (1811-1878) zählte zu den Programmatikern des »Jungen Deutschland«. Von 1846-49 war er Dramaturg am Dresdner Hoftheater und von 1861-64 Generalsekretär der Deutschen Schillerstiftung in Weimar. Seine Reiseeindrücke hielt er in Briefen fest. Im April 1832 besuchte er für zwei Tage Nürnberg.

Haben Sie je von einem Theater in Nürnberg gehört? Für mich war die Nachricht neu, daß hier der Sitz einer stehenden (welcher Widerspruch!) Bühne sei. Durch Analogie und Deduction hatt' ich eine Dame, die mir bei Tische gestern zur Seite saß vom Gegentheil zu überzeugen gesucht. Ich glaubte meinen Sieg errungen zu haben, als ich auf dem Theaterzettel die Ueberschrift las: »Interimstheater.« Die Freude war nur kurz; denn ich wurde bald vom Sinne dieses Interim belehrt. Man wollte damit die einstweilige Benutzung eines fremden Locals bezeichnen, seitdem das alte baufällig und dem Einsturz nahe schien.

Das interimistische Theater liegt an der Pegnitz, an einem der am meisten poetischen Flüsse Deutschlands, an der Hippokrene des siebzehnten Jahrhunderts. Das Brettergerüst sah einer Menagerie ähnlich, wo man wilde Thiere zeigt. Gestern Abend gaben sie Fidelio. Sie wissen, ein Schelm giebt mehr, als er hat. Da Sie das Sujet der Oper nicht kennen, so kann ich darüber schon etwas weitläufig werden. Glauben Sie an musikalische Schönheitslinien, an Töne, die man mit Strichen, Wellen- und Spirallinien zeichnen kann? Der Name Fidelio klingt wie ein süßer Circumflex, aber der Inhalt des Stücks ist schauerlich, höchst schauerlich. Denken Sie sich eine Welt voll nicht aufgelöster Dissonanz, feuchte Kerkerluft, kein Sonnenlicht, und in dieser Grabesnacht wachsen doch die rothen, feurigen Lilien des Zornes und der Liebe. Wir sehen den Raub der Freiheit und hören ein Machtgebot, das den, der ein freies Wort gewagt, tödtet. Nein, sie tödten ihn nicht, sie sind zu schwach, zu gemüthlich, sie lassen ihn langsam hinschmachten an vorenthaltener Nahrung. Man hat nicht den Muth, jemanden umzubringen, hält es sogar für einen schönen Herzenszug, den Gefürchteten nur in Ketten zu legen. Endlich wird die Freiheit nach königl. Befehl proclamirt, man betet zu Gott, Alle sind nun frei, und selbst die Tyrannen werden – aber habe ich Ihnen, schöne, schüchterne Louise, nicht an Eidesstatt geloben müssen, mich nie mit Politik zu befassen? Haben Sie mich in Stuttgart nicht immer nach der obern Stadt getrieben, wo die zahmen Leute wohnen, und die »Hügel«-parthei herrscht, und zurückgehalten von den Jakobinern in der untern Stadt? Habe ich nicht auf Ihr dringendes Ersuchen meinen Namen und das gefährliche Motto von der Subscriptionsliste des Rheinbayerschen Vereins gestrichen, und erklärt, daß ich für Deutschlands Einheit monatlich keine 24 Kreuzer gebe?

Lassen Sie uns von Nürnberger Tand sprechen, von der Darstellung des Fidelio, einer psychologischen Merkwürdigkeit. Der gestrige Abend und seine Einnahme war zum Benefiz der Prima Donna bestimmt. Das junge Mädchen sang so voll Rührung, ihr war so weh ums's Herz, sie drückte so tief die Zunge an den Kehlkopf und die Hand so wonnevoll an's Herz! Als ein dankbares Publikum ihr die Ehre des Hervorrufens schenkte, sprach sie: »Die gütige Nachsicht, welche u.s.w., wird mich anfeuern, meine schwachen Kräfte u.s.w.« In ihrer lyrischen Trunkenheit erlaubte sie sich die kühnsten Wortstellungen. Sie sieht Florestan, erkennt ihn, und ruft statt des prosaischen: Er ist es! das poetische cum licentia: Er es ist! Die wunderlichste, bizarrste Gestalt war Pizarro, vermuthlich der Principal der Gesellschaft. Entsetzlich war der Mann, nicht blos nach Noten: denn diese schrieb Beethoven vor; aber so blutgierig that er wie ein Metzgerhund. Wenn die Franzosen Marat auf die Bühne bringen, sollten sie sich diesen Mann verschreiben.

Emanuel Geibel
Ein Tag in Nürnberg 1835

Der gefeierte Lyriker der deutschen Einigung unter Preußen, Emanuel Geibel (1815-1884), wurde 1852 als Professor der Ästhetik nach München berufen und war alsbald das Haupt der Tafelrunde Maximilians II., des Münchener Dichterkreises. Nur für einen Tag hielt er sich in der Stadt an der Pegnitz auf.

Der nächste Morgen brachte uns nach Nürnberg. Die Stadt hat in ihrer äußeren Erscheinung fast noch ganz den mittelalterlichen Charakter. An den Häusern haben sich fast überall die freundlichen Erker erhalten; die hohen schwarzen Kirchen mit ihren künstlich geschlungenen Steinverzierungen sind Muster gotischer Bauart; rings an der Stadtmauer stehen noch die alten Verteidigungstürme, und über der Stadt auf der Höhe erhebt sich die Burg, in der so oft seit ältester Zeit die deutschen Kaiser gehaust. Abends machte ich einen Spaziergang nach dem Kirchhofe hinaus, wo Albrecht Dürer begraben liegt, den nächsten Morgen besah ich das Schloß mit seinen reichen Kunstschätzen und erfreute mich vom höchsten Wartturme der schönsten Aussicht über die sonnige Ebene mit ihren unzähligen Dörfern. Um die Zeit der Dämmerung fuhr ich weiter, nach München zu.

Friedrich Karl von Strombeck
Darstellungen aus einer Reise 1835

Durch Deutschland und Italien führte die Reise von Karl Friedrich von Strombeck, die ihn auch zwei verschneite Apriltage in Nürnberg verweilen ließ.

Zu Nürnberg kamen wir Abends um zehn Uhr an und stiegen in dem bekannten großen Gasthause »zum bayerischen Hofe« ab, wo wir zwar von Silber auf das Beste bedient wurden, aber keinesweges gemächlich und bequem wohnten. Dieser Gasthof war ehemahls die ritterliche Wohnung der reichen Patricier-Familie Freiherren von Grundherr, und hat in seinen weitläufigen Vorhallen, Corridoren und Treppen ganz die mittelalterige Einrichtung alter patricischer Familien-Gebäude. Mein Urältervater hätte solche wahrscheinlich angemessen, stattlich und vortrefflich gefunden; mir war es aber ganz unheimlich in dem Hause von einer Bauart, die uns in längst dahingeschwundene Zeiten zurücksetzte, wo Vorplätze, Gänge und Treppen den größten Theil des Gebäudes einnahmen, in dem die Kellner und Lohnbedienten vielleicht hundert Schritte gehen mußten, um zu unsern Zimmern zu gelangen. Dabei hatten die mächtigen Kachel-Oefen der Zimmer die, freilich in diesen Gegenden nicht ungewöhnliche Einrichtung (die vorzüglich in einem Gasthofe als zweckmäßig schwerlich erkannt werden wird), daß sie erst nach einer drei oder vierstündigen Heizung eine dann recht comfortable, anhaltende Wärme von sich gaben. Der Lohnbediente, welcher uns zugetheilt wurde, hatte, ein ehrwürdiger Greis, vielleicht schon seit dreißig Jahren die Kraft verloren, um mit frohem Muthe Reisen in einem so gestalteten freiherrlichen Familien-Sitze anzustellen; Umstände genug, mich in eine keinesweges heitere Stimmung zu versetzen. – Durch diese Bemerkungen will ich jedoch für einen Sommeraufenthalt dem burgartigen stattlichen Gasthofe seinen Werth nicht abgesprochen haben, vielmehr einräumen, daß, soviel die Localität erlaubt, Alles geschieht, um den Fremden zufrieden zu stellen: aber am 18ten und 19ten April 1835, wo ich mich in Nürnberg aufhielt, stürmte, schneite und regnete es, wie im December, und der Himmel weiß, daß die Luftstöße von der Pegnitz her, denen ich, besonders bei gewissen Gelegenheiten, auf das empfindlichste ausgesetzt war, mich befürchten ließen, daß der treffliche Gesundheitszustand, in welchen mich der heilige Otto zu Bamberg so wohlthätig versetzt hatte, wieder von mir weichen möchte. Doch glücklicher Weise hatte die Einwirkung des Heiligen über alle Zugluft von der Pegnitz her die Ueberhand. Rühmen muß ich dagegen, daß man in der Ritterburg auch ritterlich gespeiset wurde, und daß in dieser Beziehung nur Lobenswürdiges aus dem grundherrlichen Familien-Sitze zu berichten ist. Auf der Wirthstafel fehlten sogar Fasanen nicht, auch waren die anwesenden Gäste in der Geistebildung zu dem Grade gelangt, daß sie selbst die Tafelzeit dieser widmeten; denn indem die Rechte den Suppenlöffel führte, hielt die Linke die Allgemeine Zeitung, wodurch denn freilich die Conversacion nicht besonders belebt ward...

Gottfried Wilhelm Becker
Reisebilder 1836

Süddeutschland war das Reiseziel des Schriftstellers Gottfried Wilhelm Becker. In seinen »Reisebildern« beschäftigte er sich ausführlich mit Nürnberg und seinen Künstlern.

Wenn man so eine alte Kaiserburg durchwandert und sich zugleich, wie ich bei Sandrarts Bilde, nach Rom und London zu Bembo und Pope versetzt hat, so wird man sicher hungerig und durstig, und wo hätte ich beide Beschwerden besser abhelfen können, als im Hause des Hans Sachs? Der berühmte alte Fabel-, Comödien-, Tragödien- und in noch anderen Zweigen bewanderte Dichter hatte, wie es scheint, gleich so manchem Genie zwar die Ehre, mit Jupiter den Himmel zu theilen, aber nicht das Glück viel irdische Güter zu besitzen und, indem er lieber Verse als Schuhe und Stiefeln machte, den Unfall, in seinen häuslichen Umständen so zurückzukommen, daß ihm endlich der Rath eine Bierschankgerechtigkeit verlieh, die er mit dem Zeichen eines goldenen Bären versah. Im Laufe der Zeit war aber der Bär etwas Gewöhnliches und Hans Sachsens Haus etwas Merkwürdiges geworden. Der Fremde suchte nicht den goldenen Bär, wohl aber das kleine Haus auf, wo der berühmte Dichter und Schuhmacher gelebt hatte. Davon war die sehr natürliche Folge, daß ein speculativer Bierwirth die den Einfall drohende Wohnung baute, noch ein Nebenhaus damit verband, und, statt den Bär als Zeichen zu lassen, das Bierhaus »zu Hans Sachs« taufte. Es ist ein ganz gewöhnliches »Häusele«, wie der Nürnberger sagt, aber unter solchen Verhältnissen gewährte es mir einen süßen Genuß, in den engen Mauern zu sein, vor denen sein wohlgetroffenes Bildniß über der Thüre steht! Was hat der Mann Alles geschrieben und gedichtet! Sechstausend große und kleine Sachen langen nicht! Von ihnen allen hat sich in diesem Hause selbst nur der fünfte und letzte Band der letzten Ausgabe, welche er geordnet hat, in groß Folio, erschienen mit seinem Portrait in Holzschnitt zu Nürnberg 1579, erhalten. Ich blätterte ihn durch, so viel die kurze Zeit erlaubte, und fand zunächst eine Reihe geistlicher Paraphrasen; das Buch Sirach und den Psalter, dann eine ganze Reihe Comödien und Erzählungen. Der Schenkwirth zeigte mir noch den Stein,auf welchem Sachs sein Leder klopfte, und führte mich in das Stübchen, wo er abwechselnd dichtete oder Schuhe machte. Die kleinen Fenster, das Täfelwerk, der enge Raum lassen fast nicht daran zweifeln, daß dieser Theil des Häuschens der einzige sei, welcher seine ursprüngliche Gestalt behielt. Ich bekenne offen, daß mir der Besuch dieses kleinen Hauses mehr Freude, als die Beschauung manches Palastes verschafft hat, denn:

Die Stätte, die ein guter Mensch betrat,
Ist eingeweiht; nach hundert Jahren klingt
Sein Wort und seine That dem Enkel wieder!

Und wer war wohl ein besserer Mensch als Hans Sachs! Man darf nur das Bild dieses alten, heiteren freundlichen Mannes sehen, um ihn lieb zu gewinnen, man darf nur in seinen Erzählungen lesen und seine Zeit in Betracht ziehen, um zu fühlen, wie er die Gedanken und die Form so ganz aus sich schöpfte, und welchen Einfluß seine Schriften auf die Mitwelt und Nachwelt gehabt haben. So heiter und launig und naiv er oft war, so sehr er durch Spott, der aber nie in Bitterkeit ausartete, die Mängel und Fehler der Menschen geißelte, so fromm, so wahrhaft kindlich fühlte und dachte er auch…

Ludwig Richter
Frankenfahrten eines Malers 1837

Der Dresdner Maler und Akademieprofessor Ludwig Richter bereiste mehrere Male das Frankenland. Seine Skizzenbücher und Tagebuchaufzeichnungen blieben erhalten; in ihnen notierte er auch Augusttage in Nürnberg.

St. Sebaldi Wald. Sonnenuntergang. – Da lag das liebe Nürnberg, voll Freud u Wonne darauf hin. – Wanderung aus der rothen Glocke in die blaue

Mitwoch den 23sten August

Der Tag schien etwas kühler u wolkiger zu werden, als die vorhergehenden, u. ich machte mich nach den Frühstük auf, u. zeichnete auf der Burg den alten schönen Thurm, der Heidenthurm genannt weil er gar vom Kaiser *Nero* soll erbaut seyn. Seiner Bauart nach ist er aus dem 11ten Jahrhundert, so auch die Kapelle in seinem Innern in demselben Style, dem altsächsischen. – Am Eingang des Burghofs hängen noch die alten Hellebarden, ihre Inhaber mögen wohl schon einen ziemlich langen Schlaf gethan haben. In des Hofes Mitte steht eine sehr alte Linde. Die Gemäldesammlung hat sehr viele ihrer Schätze, die ich noch 1822 sah, nach München senden müssen. Am meisten zogen mich einige *Dürers*, namentlich der Kaiser *Sigismund*, an; ein wundervoller Kopf! Für so einen deutschen Kaiser mußte man Respekt haben. – Ferner eine wunderliebliche, zarte Maria mit dem Kinde, von Engeln umgeben. Wundervoll gedacht, überaus meisterlich gemacht. Desgl. ein männl. Portrait von Holbein. – Christus am Oelberge u. die 3 Jünger, von Hemmlink, ein kleines aber höchst großartig gedachtes Bild. Die Behandlung unterschied sich ebenfalls durch höchst naturgetreue Zeichnung u. sichere, geistreiche Pinselführung recht sehr von den übrigen glättern, steifen u. mehr angestrichnen altdeutschen Bildern.

Mehrere landschaftl. Hintergründe bei Gemälden *v. Burgmaier* u. Hans *v. Culmbach* kamen mir gar gemüthlich vor. u. überhaupt war mir der Anblick der altdeutschen Meister eben so überraschend neu in machen Beziehungen, als gemüthlich anregend. Nur mit Scheu u. Abneigung konnte ich dabei an neuere Bilder denken, die aus anderm Zeuge gesponnen sind. Wie tief ist der Ernst dieser Alten, wie gemüthlich ihr Scherz, wie ehrenvest ihre Meisterschaft, wie prunklos ihre Natur, wie wahr u. ächt ihre Kunst!

Man sieht recht, welche hohe Idee sie von der Kunst gefaßt hatten, wie es kein prunkender Ausstellungskram, sondern alles wahrer, warmer Erguß eines gesunden Herzens war; bei Meistern wie *Dürer*, *Holbein*, *Hemmlink*, *Kraft*, und *Vischer* mit eminenter Meisterschaft u. Handfertigkeit ausgeführt. – Das Wunderwerk des *P. Vischer*, das *St. Sebaldus* Grab ist mir durch Mark u. Bein gefahren, diese Hunderte von Figuren daran sind doch zum Erstaunen frisch u. leicht gedacht u. gemacht, man kann nichts kunstvolleres sehen. Besonders schön, einfach u. würdig sind die *Basreliefs*. Das Leiden Christi, außen an der *Sebaldus* Kirche von A. Krafft ist mir nächst dem Grabmal das liebste Werk in Nürnberg gewesen, u. ich konnte nicht oft genug wieder dahin gehen um es immer wieder zu betrachten. Die Komposition ist bei *Krafft* immer höchst meisterhaft. Der Ausdruck der Figuren, besonders in Köpfen u. Händen von innerer Wahrheit, daß Maler u. Bildhauer (Letztere nun gar) roth dabei werden müssen. Da ist *Shakespear*scher Spiritus!

Trotz aller Zurüstungen zum Volksfeste riß ich mich vom geliebten *Nürnberg* los, u. setzte mich um 4 Uhr auf den Dampfwagen, (12-g und 6 Xr.). Bäume u. Felder saußten wie ein Wassersturz vorbei. Nahe Gegenstände konnte man nicht erkennen, der fernere Hintergrund allein verschob sich langsamer, so daß man daran doch die Formen ins Auge fassen konnte. Mein Nachbar bot mir eine Priese, ich nahm sie, nieste ein paar mal, wobei jener »Prosit«, ich »Danke schön« sagte, u. bei diesen kurzen u. erbaulichen Dicurse waren wir auch schon in Fürth angelangt...

Jacob Grimm
Reise ins Frankenland 1838

Der Schriftsteller Jacob Grimm (1785-1863), der in einzigartiger Zusammenarbeit und Ergänzung mit seinem Bruder Wilhelm durch die Sammlung und Herausgabe der Kinder- und Hausmärchen bekannt wurde, sowie durch seine Arbeiten zur Literatur- und Sprachgeschichte als Begründer der modernen Germanistik gilt, unternahm im Juni / Juli 1838 eine längere Reise durchs Frankenland. Von Bamberg aus teilte der ältere der Gebrüder Grimm seine Erlebnisse Bruder Wilhelm mit.

Bamberg, am 30. Juni 1838

Lieber Wilhelm, ich bin aller Orten aufgehalten worden, am längsten zu Kissingen, von wo mich Dahlmann noch nach Würzburg begleiten wollte. Gestern vor acht Tagen, den Donnerstag, reisten wir ab und waren den Freitag in Würzburg, wo wir Nachmittags mit einigen Professoren auf dem Main nach Zella und Veitshochheim fuhren. Und Abends hatte uns Professor Lassaux zum Essen. Samstag fuhr Dahlmann nach Kissingen zurück und ich im schönsten Wetter nach Nürnberg, wo ich Abends noch die Aussicht vom Schloßzwinger herab genießen konnte. Sonntag früh 6 Uhr, schon in großer Hitze, zog ich mit einer Menge Menschen auf den Johannesfriedhof, den Ihr aus Luis Zeichnung kennt. Alle Gräber werden jährlich den 24. Juni mit frischen Blumen belegt, und die Angehörigen sitzen geputzt dabei. Fast die ganze Stadt wandert hin. Auf Dürers Grab lag ein Eichenkranz. Ich trieb mich in der weiten Stadt herum und besuchte Professor Roth. Nachmittags war ich auf der Eisenbahn zu Fürth, wohin man in

10 bis 12 Minuten gelangt. Eine neue aufblühende Stadt, die recht von dem mittelalterlichen Nürnberg absticht. Überall steht aber dieses im Vorteil. Ermüdet und auf die Rückkehr des Dampfwagens wartend, ruhte ich mich in einem Birkenwäldchen eine Viertelstunde von Fürth aus. Auf der Eisenbahn schüttern und rauschen die Räder. Es geht sehr schnell, es mag aber die Leipziger Bahn noch schneller gehn, weil bei der kurzen Strecke die Maschine keinen rechten Schwung nehmen kann.

Friedrich Hebbel
Ein Tag ist zu wenig 1839

Der größte Tragiker des 19. Jahrhunderts, Friedrich Hebbel (1813 bis 1863), verbrachte die Jugendjahre unter ärmlichen Verhältnissen. 1939 hielt er sich einen Tag in Nürnberg auf.

Am andern Morgen um halb elf Uhr kam ich in Nürnberg an. Es war schönes Wetter; aber empfindlich kalt. Ich beschloß, mich einen Tag aufzuhalten und bereue dies jetzt. Eines Rasttags bedurfte ich nicht, um aber eine solche Stadt kennen zu lernen, ist ein Tag zu wenig. Mittags fuhr ich auf der Eisenbahn per Dampf nach Fürth, Hänschen auf dem Schoß. Die Bewegung ist von steigender Geschwindigkeit; wie schell es geht, bemerkt man am besten, wenn man gerade an einem Gegenstand vorüberkommt, Meilensteine, Bäume, Häuser verschwinden, wie sie auftauchen. Das Albrecht-Dürer-Haus in Nürnberg wurde ebenfalls besehen und erregte Empfindungen in mir, die mich später verdrossen, als ich erfuhr, daß es eine moderne Antike, eine restaurierte Altertümlichkeit, sei. Am andern Tag besuchte ich die Stadtbibliothek; gezwungen, weil ich wegen schlechten Wetters fahren mußte, und weil der Kutscher erst um zwei Uhr abfuhr. Ein alter, sehr gefälliger Bibliothekar, der sein Leben auf Abfassung eines Katalogs verwendet, führte mich herum; die Bücher waren in unheizbarem Lokale schlecht aufgestellt und die Kälte so angreifend, daß ich nicht lange bleiben konnte; ich sah mancherlei Interessantes, viele Inkunabeln, ein Konzeptmanuskript von Luther, Handschriften von Frischlin, Regiomontanus und anderen. Um halb zwei Uhr fuhr ich nach Bamberg ab.

Gustav von Heeringen
Wanderungen durch Franken 1839

In zehn Sektionen beschrieb Gutstav von Heeringen seine Wanderungen durch das romantische Deutschland. Romantisch sind auch die Zeilen, die er für Nürnberg fand.

Nürnberg! du zeigst dich! Zahllos sind die Ehrennamen und Titel, womit die Chroniken aller Jahrhunderte dich belegen – aber du hast sie sämmtlich verdient. Jetzt bist du eine bairische Kreisstadt, wie so viele andere, aber du warest einst mehr und es giebt auch Könige, die ihre Kronen verloren. Der Stempel der Selbstständigkeit schmückt deine hohe Stirn noch und von deiner Burg und von deinen Thürmen weht es noch wie Reichsfreiheit herab. Lieblingstochter der Cäsaren, wir grüssen dich. Es heisst, dass einst Venedig, die Stolze, die Völkerbeherrschende, deine Freundin und Schwester gewesen sei, und man glaubt es, wenn man dich sieht. Ihr waret zu gleicher Zeit jung und schön und verführerisch, nur mit dem Unterschied, dass sie es war, wie ein italisches Weib, und du wie ein deutsches. Du spannst dein schneeweisses Linnen selbst im sittigen Gemach, das von fürstlicher Lieblichkeit duftet, du webtest deine reichen Gewänder unter dem Gesang selbstgedichteter Lieder und maltest mit kunstreicher Hand keusche Gebilde auf die Leinwand – sie buhlte mit allen Meeren; Perlen, Schätze und Königreiche mussten ihr dieselben zu Füssen legen und sie salbte ihre üppigen Locken mit dem Rosenöl des Morgenlandes. Deutschland erkräftigte sich an dem Anblick deiner Tugenden, o Nürnberg, aber ein wollüstiges Leben ging durch die Nerven von Europa bei dem Namen Venedig. Da streckte – ihr Beide waret nicht mehr in der Blüthe der Jahre – der junge Sprössling der Revolution, der Soldat des Jahrhunderts, seine Hand aus und die Grundpfeiler der Prokuratia begannen zu wanken, der adriatische Löwe auf seiner Säule schüttelte todesahnend seine marmornen Mähnen und Venedig nahm seine Kronen vom Haupt. Es beugte sich tief, tief und küsste die Hand, die es in Fesseln schlug. Und auch dir, edle Reichsstadt, ging es nicht besser. Als der Vogel im Wappen deiner alten Thore den Todespfeil empfing, war es ein Adler, ein König der Lüfte, welcher verblutete – aber wie nennt man das Geflügel, das mit ihm starb und dessen Fittige die Reichsfreiheiten von Ipphofen, Windsheim, Schweinfurt und andern, beschirmten? – Doch lassen wir das Vergangene ruhen und halten uns an die Gegenwart.

Nürnberg nimmt sich von allen Seiten stattlich und edel aus, und sein Umfang ist bedeutend. Es liegt, wie bereits gesagt, in einer ebenen, sandigen, aber wohl cultivirten Gegend, an beiden Seiten der Pegnitz, und doppelte Mauern, Thürme und Gräben beschützen seine Eingänge. Nicht zu langen, breiten und regelmässigen Strassen führen diese; Nürnbergs Strassen sind unregelmässig, winklig, aber alterthümlich, von grossen, vielstöckigen, mit gothischen Altanen verzierten Häusern gebildet, stattlich, ehrwürdig, niemals kleinlich. – Die Königs-, Ludwigs-, Karolinen- und Burgstrasse sind einige der vorzüglichsten; unter den Plätzen zeichnen sich der grosse Marktplatz, der Maximiliansplatz, der Aegidiplatz und noch mehrere andere aus. Sieben steinerne Brücken verbinden die Ufer der Pegnitz innerhalb der Stadt und unter diesen befindet sich eine, die Fleischbrücke, welche, nach dem Muster des Ponto Rialto in Venedig, mit einem kühnen Bogen den fast hundert Fuss breiten Fluss überschreitet. Verschiedene Springbrunnen dienen zum Nutzen und zur Zierde; das letztere ganz besonders der sogenannte schöne Brunnen auf dem Hauptmarktplatz, welcher eines der seltensten Denkmale dieser Art ist. Er besteht in einer frei und leicht emporsteigenden Pyramide von einigen 60 Schuh Höhe, von der wundervollsten Arbeit. In Stein gehauene Bildsäulen schmücken, schön geordnet, seine gothischen Pilaster, die sich in drei Absätzen oben in einer prächtigen Spitze vereinen. Das Ganze ist ein Werk Schonhofers und stammt aus dem funfzehnten Jahrhundert, der Idee und ersten Ausführung nach; es bedurfte jedoch in neuerer Zeit einer gänzlichen Restauration, welche ihm unter des geschickten Reindel Leitung und durch die Hände Nürnberger Künstler vollkommen nach Geist, Zeichnung und Ausführung des ursprünglichen Werkes zu Theil ward. – Das Rathhaus mit seinen Gallerieen, Treppen und Sälen, von denen viele *al fresco* gemalt sind, gehört, obgleich nicht gänzlich vollendet, zu den schönsten Deutschlands. Es ist im Styl der grossen Palläste von Italien im Anfang des siebenzehnten Jahrhunderts von dem Baumeister Carl Holzschuher aufgeführt und der Sitz von Nürnbergs Geschichte, das Andenken seiner Blüthe, seiner Grösse. Auf diesen Treppen, deren Hallen seine Künstler geschmückt hatten, wandelten die strengen, regierenden Senatoren, um deren Feundschaft Könige buhlten. In diesen Sälen hielten sie ihre Versammlungen und ihre merkwürdigen Feste. Hier war es, wo das grosse Bankett nach dem geschlossenen Executionsrecess des westphälischen Friedens am 25sten September 1649 Statt fand, dessen wir im Anfang unserer Darstellungen erwähnten. Das treffliche Bild, welches der Künstler Sandrart von diesem welthistorischen Gastmahl entwarf, befindet sich leider nicht in dem Saal, worin es Statt fand, sondern auf der Burg; wohl aber ist in dem Saal noch ein Augenzeuge des Festes zurückgeblieben, ein Anwesender, dessen Contrefey sich mit auf Sandrarts Gemälde befindet. Das letztere zeigt ihn in einem der Fenster stehend, in voller Thätigkeit, einer Thätigkeit, welche vermuthlich das Beifallsgeschrei von Tausenden erweckte – jetzt freilich ist es still um ihn geworden. Es ist dies nämlich ein sitzender Löwe von Holz, der einst vergoldet war und aus dessen Rachen, so lange die versammelten Feldherren und Fürsten speisten, Strahlen von Wein auf das unten versammelte Volk herabsprangen. Der gute Löwe! Wie viele Augen, die nun schon so lange erloschen sind, mag er damals auf sich gezogen haben! In der That, er hatte eine kurze, aber glückliche Geschichte. Rücken und Mähne den edelsten Blicken darbietend, die wohlbehaglich über ihn lächelten, wandte er sein zürnendes Königs-Antlitz dem Volke zu, das den Ausstrom seiner Lippen nicht etwa gähnend oder zitternd hinnahm, sondern unter Jubel- und Freudengeschrei. Je länger seine feurige, begeisternde Friedensrede dauerte – je unendlicher seine Phrasen wurden – je lieber, je verständiger, je belustigender ward der Redner – nicht Stunden, Tage und Nächte lang hätte man ihm gelauscht und den Inhalt seines Ergusses mit Wonne verschlungen. Dess rühme sich ein Anderer! Es giebt allerdings noch hier und da wahre Löwen der Beredtsamkeit, nur mit dem Unterschied, dass die meisten, anstatt des Weines, Wasser von sich sprudeln.

Unter den Kirchen muss die dem Rathhaus nahe Sebalduskirche zuerst genannt werden. Sie enthält, ausser vielen andern Merkwürdigkeiten, das berühmte von Peter Vischer in Metall gegossene Grabmal des heiligen Sebaldus mit den zwölf broncenen Apostelstatuen, welche durch vielfältige Abbildungen überall bekannt geworden sind. Die St. Lorenzkirche, im entgegengesetzten Theile der Stadt, ist deren grösste und schönste. Sie prangt, wie jene, mit zwei schlanken Thürmen und ausserdem noch am Portal und an ihrer gewaltigen Fensterrose über demselben mit allem Schmucke der architektonischen Kunst. Die Glasmalereien ihrer Fenster sind bewundernswerth. Die Frauenkirche am Markt, nicht gross, aber von zierlich-gothischer Bauart, ist dem katholischen Ritus eingeräumt, und in der Kirche zum heiligen Geist wurden früher die vornehmsten Insignien des heiligen römischen Reiches verwahrt. Auch Reliquien befanden sich einst hier in einem silbernen Kasten, oben in dem Gewölbe der Kirche aufgehängt, und sie sowohl als die Reichskleinodien wurden nur hohen Standespersonen gezeigt, da der Rath jedesmal ansehnliche Kosten bei einer solchen Vorzeigung gehabt haben soll.

Es ist die letzte Woche des Augusts, in welcher wir Nürnberg erreichten, und das seit einer Reihe von Jahren wiederkehrende Volksfest ist so eben im Gange. – Der grosse Festzug nach dem Ludwigsfelde hinaus, wobei die grosse Anzahl von Zünften und Gewerben durch Fahnenträger in mittelalterlicher Tracht repräsentirt wird, ist im Begriff sich zu bilden und bring die ganze Stadt in Bewegung.

Kann man in Nürnberg einen Schritt thun, ohne dass der Geist der Vergangenheit Einen bei dem Kragen fasst und Halt! ruft? Stösst man in dieser wunderbaren Stadt nicht überall auf Merksteine erhabner oder wehmüthiger Erinnerungen? In dieser engen Gasse und aus diesem unbedeutenden Hause tönte einst Hans Sachsens Lied – in jenem Giebelpallast wohnte Pyrkheimer, der unsterbliche Freund der Künste und Albrecht Dürers, dessen Geburts-

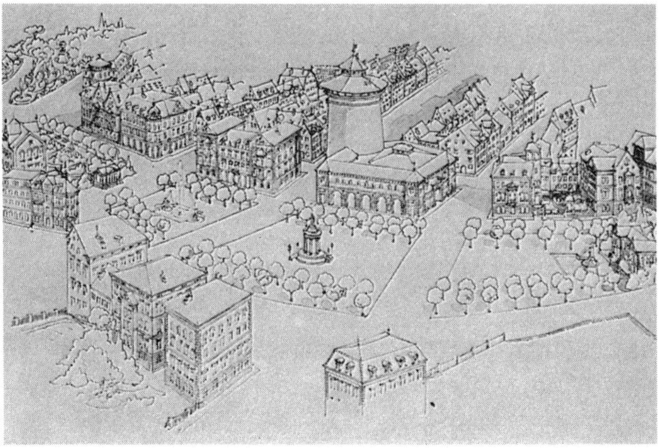

8 1879 fertigte Adolf Grauthe die Zeichnung von der Bebauung des Platzes vor dem Splittertor an.

stätte das alte übereinander geschobene Eckhaus auf dem emporsteigenden Platz ist, der nach der Burg führt. Hier in der Nähe ist der sogenannte Himmelsweg mit den Kraft'schen Stationen und das Pilatushaus mit seinen Erkerthürmchen...

Zwischen Baumgruppen und hohem Gemäuer führt der Weg von Albrecht Dürers Platz nach dieser Burg hinauf und gewährt, noch bevor der äussere Hof erreicht ist, mit jedem Schritt eine prächtigere und weitere Aussicht über die grosse Stadt, die zu den Füssen des Berges in weitem Umkreis gelagert ist. Wie schön ihre Thürme ragen, wie ehrwürdig sie daliegt, die Herrliche! Nah am Eingang des Schlosses, beim alten Burgthor, an dessen Flügel der doppelte Adler gemalt ist, erhebt sich der auf unserm zweiten Bilde dargestellte Thurm, der Heidenthurm, so genannt wegen einiger auf seinen Tragsteinen befindlichen Figuren, welche man für Götzenbilder hielt. Dieser Thurm bildet den ältesten Theil des Schlosses und stand bereits im eilften Jahrhundert. Sein Inneres enthält eine Kapelle. In den Schlosshof eingetreten, sehen wir uns von der Laubkrone einer alten Linde beschattet, die in der That, wenn das Alter eines organischen Wesens Ehrfurcht verdient, dieselbe in Anspruch nehmen darf.

Otto Friedrich Wehrhan
Umschau eines Pastors 1840

Der ehemalige evangelisch-lutherische Geistliche Otto Friedrich Wehrhan reiste durch Deutschland, Frankreich und die Schweiz. In seiner Umschau erzählte er ausführlich von seinem Nürnberg-Aufenthalt.

Der 16. Januar war endlich der Tag, an welchem ich, und zwar schon in den Morgenstunden, daß große, in der deutschen Kunstgeschichte so berühmte Nürnberg erreichte. Ich fuhr, da dies nicht mehr als 30 Kreuzer kostete, mit einer der täglich zwischen beiden Städten hin und her gehenden Kutschen hin, und kam nun zum ersten Mal seit Potschappel bei Dresden ganz aus den Bergen heraus in die weite freie Ebene. Schon von fern präsentirt sich Nürnberg mit seiner langen Thürmereihe und seiner von dieser Seite liegenden Burg sehr stattlich, fast à la Breslau, nur mit dem Unterschiede, daß in Nürnberg ein Hauptthurm wie der Elisabetthurm, in Breslau eine dominirende Burg wie die nürnberger fehlt. Aber wenn man in die Stadt hineinkommt, so zieht Nürnberg das Auge mehr auf sich. Ich war in der disseitigen Vorstadt abgestiegen und wanderte nun, mit meinem Ränzel auf dem Rücken, nach dem sogenannten Neuen Thore, welches jedoch gewaltig alt und festungsartig aussieht und hart an der Seite der noch höheren Burg liegt, hinan. Nürnberg liegt eigentlich als großes unregelmäßiges Viereck in einem weiten, von Ost nach West sich erstreckenden Thale, in dessen Mitte die Pegnitz fließt, welche, in zwei wieder sich schließende Arme sich theilend, am östlichen Ende der Stadt die flache Insel

Schütt, den Meßplatz der Nürnberger, bildet. Daher kommt es, daß diejenigen Straßen, welche von der erlangener Seite her in südlicher, von der entgegengesetzten her in nördlicher Richtung laufen, nach dem Fluße zu, wo die vornehmeren durch Brücken verbunden sind, bergab führen. Dies war auch der Fall mit der Straße, welche ich zuerst betrat, und gleich diese erste Straße war die Albrecht-Dürer-Straße, und gleich das erste Haus dieser Straße rechts Albrecht Dürers Haus, dessen Kopf en medaillon in Stein über der Hausthür zu sehen ist. Aber nachdem ich mir das rothbraunangestrichene, mit Balken durchzogene, und, wie alle altdeutschen Häuser, mit großen Feldern aneinandergränzender Fenster versehene Gebäude genugsam betrachtet hatte, verfolgte ich nicht diese Straße; eine schöne, von grauen Quadern aufgeführte und mit Zierrathen geschmückte gothische Kirche links, deren hohe spitze Zwillingsthürme mir gerade ihre Norderseite zukehrten, zog meine Augen und meine Schritte an sich. Es war die Sebalduskirche. Dann gelangte ich durch ein Labyrinth von Gäßchen an die Pegnitz, überschritt ihre, zu beiden Seiten malerische Stadtansichten gewährende Brücke, stieg jenseits wieder durch schmale Gäßchen bergan, trat endlich heraus auf die breite, schöne, quer vor mir sich hinziehende Karolinenstraße, und erblickte hier auf einmal links im nahen Hintergrunde der Straße die prächtige Façade der Lorenzerkirche mit ihren herrlichen Thürmen! Hier war mehr denn Sebalduskirche, mehr denn irgend eine Kirche Schlesiens, es war ein Anblick, der mich stehen und bewundern machte. Wie oft hatte ich diese Kirche, diese hohen zierlichen Thürme, dieses Giebelfeld zwischen ihnen, diese Rosette darunter und dieses gothische Hauptportal mit seinen zahlreichen kleinen Statuen, in Abbildungen, ja schon in meiner Kindheit in Guckkästen gesehen; aber die Wirklichkeit macht doch einen ganz andern Eindruck; die Größe fehlt dort, und die Ausführlichkeit und die Wahrheit. Und während ich nun stand, und die krause, dunkelgraue, gegen die helleren Gebäude der scheinbar sich an sie anschließenden Straße finster abstechenden Prachtwand mit ihren beiden Zinnen betrachtete, spielte vor ihr ein leichtes, sie nicht verhüllendes, sondern nur weißpunktirendes Flockengewimmel.

Doch ich komme nicht in den Gasthof, welcher dort, etwas zur Rechten, mir schräg gegenüber, sein Emblem, einen ganz natürlich nachgebildeten großen Straußvogel über der Thür entgegen hält. Ich reiße mich los von dem Anblick der Kirche und kehre ein.

...Die Zeit, die mir zwischen diesen und anderen Besuchen übrig blieb, wendete ich dazu an, Nürnbergs Gebäude und Denkmäler noch näher kennen zu lernen. Ich mache den Anfang mit der schon erwähnten Lorenzerkirche, welche, in paralleler Stellung zur Sebalduskirche, d. h. die Front mit den Thürmen nach Westen gerichtet, jedoch von jener durch das Pegnitzthal getrennt, auf der südlichen Höhe steht. Ihr Inneres, grau und düster, ist ebenfalls überraschend schön. Eine Doppelreihe hoher Pfeiler, die oben am Gewölbe des Schiffes in künstlich gefügte, von Distanz zu Distanz am Bindeknopfe sich schließende Bogen auslaufen, auf der äußeren Seite aber, schon in halber Höhe, zur Wölbung der Seitenhallen sich abzweigen, trägt das Ganze. Hinter dem, etwas kleinen, aber schönen und ein stehendes Oblongum bildenden Hauptaltare, stehen in gebrochenem Halbkreise glühendbunt gemalte Fenster. Vor dem Altare, zu seiner Linken, streckt sich – ein wunderbares Bildwerk! – das weiß steinerne, aus unzähligen Figuren und Schnörkeleien aufgethürmte Sacramentshaus von Adam Krafft, gleich einem schlanken Riesengewächs, von dem Boden bis zur Decke, wo es, noch der Wölbung sich anschmiegend, als Krummstab endigt. In den Seitenhallen aber hängen sehenswerthe Gemälde, eine Madonna aus Constantinopel, eine Kreuzesabnahme von Van Dyk u. s. w. Auch die Thürme bestieg ich, von denen der nördliche eine goldinschwarzverzierte, den unteren Theil des schlanken kegelförmigen Daches überschwebende Spitze hat, die aber keinen so vollkommenen

Gesammtanblick der Stadt gewähren als die Burg. Ich halte die Lorenzerkirche, nächst dem Ulmer Münster, für die schönste evangelische Kirche in der Welt.

Nun zu ihrer Schwester, der Sebalduskirche. Diese ist um hundert Jahr älter, ungefähr gleich groß und nach gleichem Grundplan gebaut, ihr überhaupt von fern sehr ähnlich, nur weit einfacher. So wie jedoch unter Menschen die minderschöne Schwester manchmal gewisse Vorzüge vor der schöneren hat, und diese Vorzüge gewöhnlich im Innern zu finden sind, so auch hier. Die Sebalduskirche – wenn man auch ihre Helle für keinen Vorzug gelten lassen will – hat schlankere Säulen, einen majestätischeren Hochaltar, ein äußerst werthvolles Gemälde von Dürers Lehrer Wohlgemuth (das Paradies mit viermal wiederholtem ersten Menschenpaare), und – ihre Perle – das kunstreiche bronzene Sebaldusdenkmal von Peter Vischer. In der Mitte des Schiffes steht es, ein zierlich durchbrochenes mit vielen kleinen Figuren geschmücktes Viereck, das den Sarg zwar durchblicken läßt, aber ihn auch sicher verwahrt, und dessen Deckel, fast wie ein kleiner dunkler Mailänder Dom, pyramidisch aufsteigt.

Von der Sebalduskirche hat man nicht weit nach der Burg, welche sich von hier, wie überhaupt von allen Seiten, mit ihren viereckigen, aber ungleichen und ungleich auseinander gerückten Thürmen und ihrem hohen verschiedenartigen Gemäuer äußerst pittoresk und großartig präsentirt. Auf dem Wege zu ihr kommt man an dem sogenannten Oelberge vorbei, einer, in einer Art Grotte aufgestellten steinernen Gruppe, Jesus und die drei schlafenden Jünger, von Adam Krafft, an welcher besonders der Ausdruck des Schmerzes in dem Antlitz des Erlösers und der Ausdruck der Schläfrigkeit in den Gesichtern und Stellungen der Jünger sehr natürlich sind. Ich besuchte jedoch das Innere der Burg, das einige gute Gemälde und alte Möblirung enthalten soll, nicht, sondern wollte bloß von einer Art Vorhof, an eine niedrige Mauerbrüstung gelehnt, des Anblicks der ganzen vor mir liegenden Stadt genießen.

Aber ein Schneewetter, das selbst die nahe Sebalduskirche nur als grauen Schatten erscheinen ließ, verhüllte mir den Anblick ganz. Erst auf meinem Rückwege, an einem schönen Augustabende, hatte ich ihn. Schaut man nach der entgegengesetzten Seite, nach außen hin, so sieht man vor sich die weite Ebene bis Erlangen, und grade unter sich einen tiefen, von der Mauer woran man steht und einer zweiten weiter unten laufenden, eingefaßten Graben. Hier hat im J. 1381 ein gefangener Raubritter, Eppelein v. Geilingen, dem man, auf seine Bitte vor seiner Hinrichtung erlaubt hatte, noch einmal sein Roß auf dem Vorhofe zu tummeln, den schauderhaften, wenn man die Localität sieht, kaum glaublichen Satz von ersten Mauer bis hinab über die zweite gemacht und ist dann über das Feld enteilt. Aber es hat ihm sein Wagstück wenig geholfen; denn nachdem er wiederum die Stadt eine Zeit lang geängstet und geplagt, ist er von neuem eingefangen und gerädert worden. Zum Andenken an jenen Sprung sind an der Stelle, wo das Pferd aufgesetzt, zwei noch heute sichtbare Hufeisen in die Steinmauer eingegraben.

Auf der andern Seite der Sebalduskirche, tiefer in der Stadt, steht der sogenannte schöne Brunnen von Adam Krafft, ein hohes gothisches, aus Stein gebildetes und grau gefärbtes Spitzwerk, mit einem künstlichen Eisengitter von Peter Vischer umgeben. An diesem Gitter ist unter den vielen eingeflochtenen Ringen auch ein radartig beweglicher angebracht, den ich, da ich schon von ihm gehört hatte, lange, aber vergeblich, suchte. Ein Dienstmädchen, das ihre Kannen unter den aus horizontalem Metallrohr springenden Strahl gestellt hatte, bemerkte es, und zeigte mir ihn, ohne daß ich's verlangt hatte.

Aber Nürnberg überhaupt ist eine schöne charaktervolle Stadt, in welcher man, wie vielleicht in fast keiner mehr, noch völlig conservirte alt- und ächtdeutsche schöne Häuser findet. Da gibt es noch hohe, seltsam verzierte Giebel, Eckthürmchen und Eck-Erker, breite kleinscheibige Fenstergefilde, gothische Thüren, deren Steinbögen auf ihrem höchsten Punkte sich zur Spitze aufschwingen, Embleme an den Häusern, Wände und Mauern mit lebensgroßen szenisch-gruppirten Figuren und Bibelsprüchen bemalt u. s. w., obgleich diese bemalten Häuser seit einigen Jahren sehr abgenommen haben sollen. Manche Häuser sind am Rande des Daches ganz mit Thürmen umringt, z. B. das große, im Viereck gebaute viatti'sche, andere zeigen hohe spitze Giebel nach allen vier Richtungen, so z. B. eins am Aegidienplatze. Das sogenannte nassau'sche Haus an der Ecke der Karolinenstraße und des Lorenzerplatzes, dessen Bauart beinah der altflorentinischen gleicht, hat sogar unter seinem Dache einen Weiher in kupfernem Behälter. Wieder andere Häuser sind durch die Erinnerung an berühmte Männer merkwürdig; so z. B. außer dem albrechtdürerschen, das hanssachsische (mit Hans Sachs's Portrait über der Thür) und das vischersche, welche, wie das erstgenannte, auch den Straßen, worin sie stehen, den Namen geben. Andere sind durch orginelle Aufschriften interessant, so z. B. eins – vielleicht ein Schlachthaus – mit einem steinernen Ochsen und der Unterschrift;

Omnia habent ortus suaque incrementa, sed ecce
Quem cernis nunquam bos fuit hic vitulus.

noch andere durch ihre alte innere Einrichtung, z. B. das scheurle'sche.

Ein Gegenstand anderer Art, welcher Nürnberg auszeichnet, ist ihre ritterhafte, mit höchst alterthümlichen Thürmen geharnischte Stadtmauer. Nichts ist eigenthümlicher als der Anblick einiger ihrer Parthieen, wenn man sie, um die Stadt herumgehend, in schiefer Perspective auffaßt, wo sich dann die etwas vortretenden Thürme, durch die Ferne niedriger und niedriger abgestuft, scheinbar aneinander reihen und gleichsam eine Front bilden. Dort eine Folge ziegelrother, mit hohen mützenförmigen Hohlkehlendächern, an deren Saume noch Eckthürmchen käfigartig hervorwachsen, dort eine Reihe kurzer viereckiger, quadergrauer, zwischen ihnen von Zeit zu Zeit einer jener runden schwarzen mit flachem Schirm gedeckten Kolossen, welche, nach den vier Weltgegenden gestellt, die vier Hauptthore der Stadt, das neue Thor, das Spittelthor, das Frauenthor und das Lauferthor, bezeichnen, und durch ihr doppeltes mit Erde ausgeschüttetes Gemäuer eine ungewöhnliche Dicke haben; und vor der Mauer, deren hier geschilderter Charakter nur da, wo die Burg in die Reihe tritt, eine nicht zu seinem Nachtheil gereichende Aenderung erleidet, ringsherum der tiefe, in üppige Gemüse-, Blumen-, Baum- und Spalier-Gärten verwandelte Graben, an welchem man hingeht. Dann gibt es noch innere, ebenfalls mit hohen Thürmen versehene Thore, welche, tief in der Stadt stehend, zu beweisen scheinen, daß Nürnberg einst mit einer engeren, jetzt bis auf jene Thore verschwundenen Mauer umgeben gewesen sei, und außerdem noch eine Menge kleinerer Kirch- und anderer Thürme, so daß ich, außer Prag, keine Stadt in Deutschland kenne, welcher so viele dieser immer seltener werdenden Zierden aufzuweisen hat, als Nürnberg.

Besonders bei diesen Excursionen, indem ich die Aufschriften der Laden- und Gewerbe-Schilder las, hatte ich Gelegenheit zu bemerken, wie viele unserer norddeutschen Wörter hier durch andere, mitunter mir ganz unverständliche, ersetzt werden. Wer aus Schlesien soll z. B. errathen, was Pfragnerei bedeutet, wenn er es nicht durch Fragerei herausbekommt? Man sagt aber hier so statt Mehlhandlung, desgleichen sagt man Lebkuchen (Labekuchen?) statt Pfefferkuchen, Lohnrößler, Flaschner, Pfannenschmidt, Koppenschopper, Weißmacher, Zubringerinnen u. s. w. statt Pferdeverleiher, Klempner, Kupferschmidt, Geflügelhändler, Spielwaarenmacher, Gesindevermietherinnen u. s. w. Auch einige räthselhafte Gassennamen, als Cappadocia, Herzgäßlein u. dgl. fielen mir auf. Ein nürnberger Bürger, Grübel, hat mehrere Bände sehr guter, auch ganz in der Denkweise des Volks gehaltener Gedichte im hiesigen Volksdialekte geschrieben.

Doch auch dem Strauß, einem der besten und zugleich billigsten Gasthöfe, in denen ich auf meinen Reisen logirt habe, will ich noch einige Zeilen widmen. Mein erstes Mittagessen an der zahlreich besetzten hufeisenförmigen Table d'hôte im großen Landcharten und Kupferstichen verzierten Gastzimmer bestand aus folgenden sehr gut bereiteten Speisen: Suppe, Rindfleisch mit Sauce, Kartoffelbrei und Preßkopfsallat, Schinken mit durchgeschlagenen Erbsen, Sauerkraut und Kartoffeln in der Schaale, Mehlspeise mit Baiserschaum, Kalbsbraten mit Schalenkartoffeln und Brunnenkresse, Sauerbraten mit Pflaumenmus; zum Desert: Borsdorfer Aepfel, Nüsse (wozu jeder einen eisernen Nußbrecher, sowie zu den Speisen silbernes Besteck bekam) Torte, Biscuit, zweierlei Brot, Butter und holländischer Käse, und dafür bezahlte ich 50 Kreuzer (11 Gr. 7 1/7 Pf.). Die auf dem Tische aufgestellten Zahnstocher waren getrocknete kurzgeschnittene Binsen, welche man, um sie zu gebrauchen, erst mit den Fingern platt quetschen mußte. Das Getränk bestand bei den Meisten in trefflichem Biere…

Hans Christian Andersen
Eines Dichters Bazar 1840

Der dänische Dichter Hans Christian Andersen (1805–1875), Sohn eines armen Schuhmachers, wurde vor allem durch seine Märchen weltberühmt. Er unternahm viele Reisen durch Frankreich und Italien. Auf seiner Reise durch Deutschland besuchte er auch Nürnberg.

... bald erblickten wir in der Morgendämmerung das alte, großartige Nürnberg.

Als ich ganz nahe kam, seine alten grasbewachsenen Vertheidigungsgräben, seine doppelten Mauern, die vielen Thore mit Thürmen, in der Form aufgerichteter Kanonen erbaut, die wohlgebauten Straßen, herrlichen Brunnen und gothischen Gebäude erblickte, mußte ich ausrufen: »Du bist doch Baierns Hauptstadt! Zwar hast du München deine Krone geben müssen, aber dein königlicher Werth, deine eigenthümliche Größe sind dir geblieben! Unter deinem Scepter reichten Bürgerfleiß, Kunst und Wissenschaft einander die Hand; weit durch's Land ertönten Adam Krafts Hammerschläge und die Glocken der Meister Conrad und Andreas; noch lauter sangen Albrecht Dürer's Bilder Nürnbergs Namen, als der Schumacher Hans Sachs es konnte, und der gute Meister hatte doch eine unsterbliche Stimme; Peter Vischer ließ das Erz in kecke Schönheitsbilder fließen, wie sein Geist sie sahe; Regiomontan erhob deinen Namen zu den Sternen, während deine Kinder durch ihn größer wurden, und das Nützliche und Edle begriffen. Der Marmor formte sich zum Bilde der Schönheit, der Holzblock verwandelte sich in ein Kunstwerk.«

Der Postillion blies durch Nürnbergs Straßen. Die Häuser sind von einander verschieden, doch tragen sie das Gepräge desselben Charakters, alle sind alt aber gut unterhalten; die meisten sind grün angemalt, einige haben Bilder an der Mauer, andere sind mit hervorspringenden Knäufen und Altanen verziert, gothische Fenster mit kleinen achteckigen Scheiben werden von dicken Mauern eingeschlossen; auf den spitzen Dächern erhebt sich eine Reihe Erker über der andern, jeder mit einem kleinen Thurm. In große Metallschalen fällt das Springwasser welches von künstlich geschmiedeten Gittern umschlossen wird. – Doch man kann Aehnliches nicht erzählen, es muß gemalt werden; besäße ich das Talent, ich hätte mich auf die gemauerte alte Brücke über dem Fluß gestellt, dessen gelbes Wasser wegschießt, und würde da die seltsam hervorspringenden Seitenhäuser abgezeichnet haben, den alten gothischen Bau, der auf Bogen, unter denen das Wasser durchströmt, über den Fluß strebt, und einem kleinen hängenden Garten mit hohen Bäumen und blühenden Hecken zum Stützpunkt dient. Könnte ich malen, ich würde auf den Marktplatz gehen, mich durch die Menge drängen und den dortigen Springbrunnen skizziren. Zwar prangt er nicht mehr wie in alten Tagen mit reicher Vergoldung, aber alle die prächtigen ehernen Figuren stehen noch. Die sieben Churfürsten, Juda Makkabäus, Julius Cäsar, Hector! ja das sind berühmte Leute! volle sechszehn schmükken die unterste Säulenreihe des Brunnens, und oben darüber tritt Moses hervor mit allen Propheten! Wäre ich Maler, ich ginge nach St. Sebaldus Grab, wenn das Sonnenlicht durch die bunten Fensterscheiben der Kirche auf die Apostelstatuen fällt, welche Peter Vischer aus Erz goß; und Kirche und Grab sollten gezeichnet werden wie sie sich in meinem Auge abspiegelten; aber ich bin kein Maler, ich kann es nicht wiedergeben. Ich bin Dichter, daher fragte ich nach Hans Sachs's Haus; man wies mich in eine Seitenstraße und deutet auf ein Haus. Es hatte die alten Formen, aber es war doch ein neues Haus, Hans Sachs's Bild prangte mit seinem Namen darauf, dennoch war es nicht das Haus, wo er lebte und Schuhe nähte. Es ist die Stelle, aber Alles ist neu. Namen und Bild deuten an, dies sei ein Wirthshaus, welches zum Schild seinen Namen und sein Portrait führt. 6263 Comödien, Tragödien, Lieder und Meistergesänge sollen hier geschrieben worden sein.

Von des Dichters Haus ging ich nach des Königs Schloß, und dieses Gebäude harmonirt völlig mit dem alten Nürnberg; ritterliche Pracht draußen und Behaglichkeit drinnen; hier sind hohe Mauern, der Hof selbst ist eng, aber die große grüne Linde, die hier wächst, hat Duft und Sagen welche die Stelle angenehm und lieb machen. Die kleinen Gemächer, in denen sich so viel Großes ereignet, scheinen sich in unsern Gedanken zu erweitern, da jeder Fleck ein eignes Interesse erregt. Die bunten Waffen an der Decke, die alten Heiligenbilder mit steifen goldnen Glorien, womit die Wände geschmückt sind, geben selbst der kleinsten Kammer eine eigene Größe, welche der Gedanke jeder Sache verleiht, bei der die Phantasie erregt wird.

Die Oefen, – sie sind alle aus Thon, groß und grüngemalt, – könnten mit ihren tausend vergoldeten Figuren, diesen christlichen und heidnischen Bildern, Stoff zu seltsamen Märchen geben. Welche Abende könnte nicht hier ein Kind erleben und verträumen, wenn das Feuer im Ofen diese mit Waffen bemalten Wände erleuchtet, die goldenen Figuren hervortreten und wieder verschwinden, je nachdem die Flamme sie erhellt; aus den Gedanken des Kindes könnte dann Brentano uns ein unsterbliches Märchen ordnen.

Ich dachte daran, indem ich, während der Schloßvogt mich umherführte und Jahrszahl und Namen herrechnete, seinen kleinen Knaben betrachtete, der uns folgte, aber viele Augenblicke anhielt um in einem Fenster zu spielen. Lieber hätte ich vertraulich mit den Kleinen gesessen und mir Wahrheit und Träume von ihm erzählen lassen, und weiteres sind doch im Grunde die meisten Erzählungen nicht, welche Aeltere uns geben und historisch nennen. Ich möchte in mondheller Nacht mit ihm stehen und hinaussehn über die alte gothische Stadt, deren Thürme nach den Sternen zeigen, als wollten sie sie bedeuten auf die Ebene herabzublicken, wo das Horn des Postillions erklingt, und dann an Wallensteins Reiter denken, die hier zum Kampf geblasen haben. In den Nebeln, die über die Wiese dahinschweben, würde ich die schwedischen Reiter erblicken, die für ihren Glauben kämpften.

Ich möchte mit dem Kleinen unter der Linde in dem engen Schloßhof sitzen...

Am Fuße der Burg, in einer nahegelegenen Straße, liegt ein altes Haus aus Tafelwerk mit drei Etagen, die eine überragt die andere nur wenig. Jeder Fremde hält an und beschauet es. Auf der Flur hängen Wappenschilde, gesandt von verschiedenen Städten Baierns. Wem gehört dies Haus? Wir gehen nur einige Schritte um die Ecke und auf dem kleinen Platz steht das kräftige Bild des Besitzers; das Erz glänzt im Sonnenlicht, es ist Albrecht Dürers Monument von Rauch.

Der kräftige Geist, welcher Regiomontan, Dürer und Peter Vischer belebte, ist nicht verschwunden; es ist Kraft und Betrieb in dieser Stadt. Zwar lernte ich, während meines kurzen Aufenthaltes hier, nur Ein Haus kennen, aber Alles darin trug das Gepräge dessen was man die gute alte Zeit nennt. Der Mann in diesem Haus war ein Bild der Ehrlichkeit und Klugheit wie die Stadt es von ihren alten Bürgern erzählt. Es war der Buchhändler Campe, ein liebenswürdiger, kräftiger Mann, der Einzige mit dem ich hier lebte, aber er war sicher auch der beste Repräsentant den die Stadt einem Dichter bieten konnte, welcher begeistert und wahr von ihr reden sollte.

Nürnberg gleicht einzelnen kräftigen Alten, bei denen sich noch die Jugend regt, bei denen der Gedanke lebhaft genug ist sich an seine Ideen zu knüpfen. Ein redendes Beispiel ist die Eisenbahn von Nürnberg bis Fürth, diese Bahn war die Erste welche in Deutschland angelegt wurde. Das alte Nürnberg war die erste Stadt welche auf den gigantischen Gedanken der jungen Zeit einging, die Städte durch Dampf und Eisenbande zu verbinden.

Graf Georg Kankrin
Nürnberg aus russischer Sicht 1842

Der ehemalige kaiserlich russische Finanzminister Graf Georg Kankrin haderte in seinen Briefen aus Nürnberg mit dem technischen Fortschritt, den er dort in Form der ersten Eisenbahn vorfand.

Den 14./26. Juni.

Heute kamen wir in Nürnberg nach verzweifelter Langsamkeit an. Gott behüte Jeden vor einer Reise über Hof und das Bergland vor und hinter demselben mit etwas großen Equipagen. Die Chausseen sind eng, doch gut; allein dabei ein ewiges sehr starkes Auf- und Abfahren und über Hemmen und Schrittfahren könnte auch die Geduld ungeduldig werden. Man ist den alten Wegen gefolgt, und innerhalb der engverbauten Städtchen sind jähe Stellen nicht ganz zu vermeiden gewesen, aber an vielen Orten hätte man eine normalere, schiefere Fläche erreichen können und nicht selten die Kosten, wenigstens zum Theil, durch die Verkürzung des Weges, erspart.

Den 15./27. Juni.

Man sagt mir, Nürnberg stehe in sehr gutem Nahrungsstand, besonders habe ihm der Zollverein genutzt; Andere klagten, daß die Eisenbahnen, besonders der Canalbau, das Geld sehr rar machten. Die Vereinigung der Donau mit dem Rhein schien mir immer ein müssiges Werk, weil keine schweren Güter in hinlänglicher Masse zu verfahren sein dürften. Die Eisenbahnen werden den Nationen schwere Nachleiden zurücklassen, da sie nur exceptionellen Werth haben, die allzugroße Communicabilität, welche ohnedies die jetzige nicht genug stäte Bevölkerung noch unstäter macht und oft nur zum Luxus gehört, ist im Grunde mehr ein Uebel als ein Glück. Aber wer kann gegen die Strömungen der Zeit ankämpfen? Doch habe ich es auch hier mit Glück einigemal gethan. Man mißverstehe mich nicht; ich läugne den Nutzen der Eisenbahnen in speciellen Fällen nicht. Allein diese möchten in Ländern, wie Frankreich und Deutschland, nur selten vorkommen.

Mit dem Fahren geht es von Nürnberg an schon angenehmer. Die Gegenden sind größtentheils nicht bemerkenswerth. Die Chausseen sind etwas besser nivellirt.

G. F. Waagen
Kunstreise 1843

Über Kunstwerke und Künstler im Erzgebirge und in Franken berichtete G. F. Waagen, der Direktor der Gemäldegalerie des Königlichen Museums in Berlins. Im Juni 1843 vertiefte er sich in die Kunst in Nürnberg.

Ich benutzte den schönen Nachmittag, um mich von neuem in der Stadt zu orientiren, und genoß als Deutscher das befriedigende Selbstgefühl, daß Nürnberg mit seinen schönen und eigenthümlichen Gebäuden einen Vergleich mit Florenz oder Oxford keineswegs zu scheuen brauchte. Besonders konnte ich nicht müde werden, die Sebalds- und Lorenzkirche, vor Allem den herrlichen, durch die treffliche Lithographie von Domenico Quaglio Dir bekannten Marktplatz, mit der Frauenkirche und dem schönen Brunnen, von den verschiedenen, so malerischen Standpunkten, welche sich hier besonders von den schmalen Straßen aus darbieten, zu betrachten. Wie manches merkwürdige Gebäude auch, zumal im vorigen Jahrhundert, der barbarischen Neuerungswuth unterlegen, ist doch die Zahl alterthümlicher Formen noch immer so groß, daß es Standpunkte gibt, wo es einen nicht befremden würde dem Albrecht Dürer zu begegnen. In neueren Zeiten ist das Bewußtsein von der Wichtigkeit, diese alte Physiognomie der Stadt zu erhalten, so allgemein geweckt worden, daß es ohne Zweifel jetzt keine Stadt in Deutschland gibt, wo mit so vieler Liebe und Sorgfalt für Erhaltung und Wiederherstellung alter Baudenkmale gesorgt wird, wie in Nürnberg. Auch sonst sind den heutigen Nürnbergern von ihren Vorfahren noch Fleiß, Ordnungsliebe, Genügsamkeit und eine natürliche Freundlichkeit eigen geblieben. Solchen Eigenschaften und einer seltnen Erfindungsgabe und großem Geschick in Dingen der Kunst, des Gewerbes und Handels hat Nürnberg seine alte Blüte, deren größte Höhe vom Jahre 1450–1550 anzunehmen ist, zu danken. Zu der Entwickelung dieser Kräfte hat ohne Zweifel die Unwirthbarkeit des Bodens in und um die Stadt mitgewirkt. Sehr bezeichnend hierfür sagt der alte Merian: »die Stadt ist auf einem sandigen, gar harten Boden gebauet, da weder Weinwachs noch Schiffahrt ist.« Aus der Unzahl von Künstlern aller Art, welche Nürnberg hervorgebracht, ragen Albrecht Dürer und Peter Vischer als die größten hervor. Unermeßlich ist der wohlthätige Einfluß, welchen beide, besonders aber der Erstere, auf alle Kunstzweige, auf die Maler in Öl, in Miniatur, in Schmelz, auf Glas, auf die Kupferstecher und Formschneider, auf die Bildner in Stein, in Holz, in Erz, auf die Goldschmiede, die Stempel- und Steinschneider ausgeübt haben. Der Reichthum kunstreicher Werke, welche aus den Werkstätten aller dieser Künstler hervorgingen, erfüllte nicht allein Nürnberg, er verbreitete sich in ganz Deutschland, ja wurde schon zeitig auch in andere europäische Länder verführt.

Ein Vergleich des heutigen Nürnberg mit dem alten in Betreff des Besitzes aus allen diesen Künsten fällt allerdings ungleich weniger günstig aus, als bei der Architektur. Zwar sind von den größten Bildnern, einem Schonhofer, einem Adam Kraft, Peter Vischer und Veit Stoß, noch die Hauptwerke vorhanden, in der Malerei aber ist an die Stelle des ehemaligen Reichthums eine große Armuth getreten, und dasselbe kann man auch von allen den übrigen Kunstzweigen sagen. Bei der Liebe, welche der König Ludwig von Baiern für Nürnberg trägt, mußte sich seinem so vielseitigen und großartigen Kunstsinn jene Armuth an Bildern auf eine empfindliche Art bemerklich machen und es ist eine schöne Handlung der Pietät gegen Nürnberg, daß er durch die Stiftung der Gallerie in der Moritzkapelle aus seinem reichen Gemäldeschatz dahin gewirkt, diese Lücke wenigstens etwas minder fühlbar zu machen, wie denn die Vaterstadt des Albrecht Dürer dadurch das einzige, jetzt in ihren Mauern befindliche, historische Gemälde von größerer Bedeutung von ihm wieder gewonnen hat.

Adam Oehlenschläger
Erinnerungen eines Dänen 1850

Der deutschstämmige Dichter Adam Oehlenschläger (1779–1850) unternahm nach seinem Jura-Studium eine Europa-Reise. Seinen Nürnberg-Besuch hielt er in wenigen Zeilen in seinen Lebens-Erinnerungen fest.

...Nürnberg amüsirte mich lange nicht so sehr als das Spielzeug, das ich in meiner Kindheit von dort erhalten hatte. Zwar waren dort viele schöne alterthümliche Gebäude – der herrliche Brunnen auf dem Markte, eine große Menge Bilder aus der alten deutschen Schule; wir fuhren auch nach der Mäusefalle, wo Hans Sachs starb; aber – das kleinliche Philisterthum unserer Zeit, und besonders der Mangel an einer schönen Natur der Umgegend, machte mir den Aufenthalt bis auf einige herrliche Augenblicke unangenehm. Ich sehnte mich außerordentlich, wenigstens in einen schönen Garten hinaus. Unser Lohndiener versicherte uns, daß wir auf der Eisenbahn schnell einen herrlichen Ort erreichen würden – Fürth. Wir befolgten denn auch seinen Rath und kamen – wie soll ichs aber beschreiben? – an einen Ort, wo man unter einigen wenigen niederträchtigen Bäumen kaum einen Schatten von Schatten finden konnte; aber Bier gab es in Fülle. Ich war nahe daran, aus der Haut zu fahren als ich, während William mit dem Lohndiener umherlief um die Unmerkwürdigkeiten des Ortes zu besehen, allein auf meinem Stuhle dasaß mit meinem Seidel vor mir auf einem andern Stuhle (weil der Tisch über alle Beschreibung von Bier pichte) und meine Verzweiflung in Bier ertrank.

A. H. Payne
Kunstbesuch in Nürnberg 1853

In »Paynes Universum – Buch der Kunst« beschrieb A. H. Payne eine Fahrt mit der Eisenbahn ins bayerische Gebirge. Auf dem Weg lag auch Nürnberg.

Die Umgebungen von Nürnberg sind daher nichts weniger als reizend, in der Bedeutung wie dieses Wort gewöhnlich von Reisenden angewendet wird, wenn auch der Anblick einer gut angebauten, vom Fleiß des Menschen zeugenden Gegend gewiß nicht anders als wohlthuend wirken kann. Aber die Stadt selbst ist wohl eine der interessanteren des deutschen Landes; denn in ihr verschmilzt der eigenthümliche Reiz des Alterthums mit der Eleganz der Neuzeit auf eine so innige Weise und die Denkmale der frühern Zeit in Verbindung mit denen, welche die Gegenwart errichtet, sprechen den Charakter der Stadt, dem sie von den frühesten Zeiten bis auf die jetzige treu geblieben ist, so wahr und lebendig aus, daß dem Fremden, dessen Auge der Kunst und Industrie nicht ganz verschlossen ist, ein wohlthuendes Gefühl der Heimathlichkeit anweht. Ich wenigstens glaubte diese Straßen und Plätze, diese Denkmale der Bau- und Bildhauerkunst, welche mir hier entgegentraten, schon längst gekannt zu haben, obgleich mein Fuß zum ersten Male die Straßen der Stadt betrat. Ich glaube wohl, daß die Bekanntschaft mit der Stadt aus frühern Schilderungen und Darstellungen auch etwas zu diesem Gefühl des Anheimelnden beigetragen haben, daß der anmuthige Charakter der Bewohner Nürnbergs ebenfalls wesentlich dabei thätig gewesen sein mochte, denn der Franke ist von Natur leicht umgänglich und offen in seinem Wesen; aber einen Theil des Wohlseins dürfen wir wohl auch dem Charakter dieser Stadt selbst zuschreiben.

Nürnberg hat gar Manches erfahren im Laufe der Zeit und fast jedes Denkmal der Kunst, daß jetzt als Schmuck der ehemaligen alten Reichsstadt dient, kann dem aufmerksamen Hörer eine Seite seiner Geschichte erzählen. So erinnert die St. Sebalduskirche an die ersten Anfänge, wenn auch nicht der Stadt, die schon unter der Römer-Herrschaft bestanden, doch des Christenthums, indem der heilige Sebald, angeblich ein gallischer Prinz, hier den Märthyrer-Tod erlitten haben soll. Sie ist zugleich ein interessantes Denkmal deutscher Kunst, denn sie enthält das Grabmal des Heiligen von einem der bedeutendsten Nürnberger Künstler Peter Vischer; die wahrscheinlich von Kaiser Konrad I. erbaute alte Reichsveste, ehemals der Sitz der Burggrafen von Nürnberg, berichtet von den Kämpfen und dem Wachsthum der Bürger, sowie das 250 Fuß lange schöne Rathhaus mit seltenen Gemälden von Albrecht Dürer und anderen geschmückt an die glänzendste Zeit Nürnbergs erinnert, wo die Stadt als der Mittelpunkt des Kunst- und Gewerbfleißes Deutschlands galt und eine Macht übte wie fast keine. In der alten Reichsveste zeigt man noch den sogenannten Heidenthurm, der wahrscheinlich aus dem zehnten Jahrhundert stammt, die angeblich von Heinrich's II. Gemahlin gepflanzte alte Linde und einen 536 Fuß tiefen Brunnen. Gewissermaßen die weitere Ausführung der Geschichte Nürnbergs übernehmen die heilige Geistkirche, in welcher seit 1424 die später nach Wien gebrachten Reichskleinodien aufbewahrt wurden; das Grundherr'sche Haus, in welchem die goldene Bulle 1356 abgefaßt wurde; das Zeughaus, dessen alte und neue Waffen 1796 freilich die Oesterreicher mitnahmen; der Luginsland, ein 1367 erbauter Thurm und die Johanniskirche, auf deren Hofe die Grabmäler mehrerer berühmter Nürnberger, wie Albrecht Dürer's, Hans Sachse's, Wilhelm Pirkheimer's, Martin Behaims's u. A. zu finden sind.

Carl Alexander
Großherzog von Sachsen – Weimar – Eisenach
Tagebuchblätter eines Adeligen 1858

Einen Tag nahm sich der Großherzog von Sachsen-Weimar-Eisenach, Carl Alexander, Zeit, um die alte Noris zu besichtigen. Auf einer Reise nach München und Tirol machte er hier Station.

Nürnberg bleibt eins der merkwürdigsten Monumente, die es gibt, denn selten tritt aus der Vergangenheit ein Bild von dieser Ausdehnung, dieser Vollkommenheit und dieser Schönheit der fühlenden Seele entgegen. Ich für meinen Teil kenne nächst Nürnberg nur zwei ähnliche Beispiele: Siena im Toskanischen und Pompeji. Dieses Bild durchgeführt zu sehen bis in die geringsten Einzelheiten, bis an die Ziegel auf dem Dach, bis auf den Griff an der Tür, ist ein Genuß sonderbarer und seltener Art. Diese Bemerkung wiederholte sich den ganzen Morgen und mit ihr der Eindruck von Selbstgefühl, Behaglichkeit, von Ehrlichkeit und von dem bedeutungsreichen Schaffen von Innen nach Außen. In dem Rathaus, in der Sebalduskirche, in der Lorenzkapelle, vor dem Bilde Holzschuhers von Albrecht Dürer, in dem Fuchsschen Haus, endlich in dem Germanischen Museum hatte ich Gelegenheit, diese Bemerkung zu begründen und zu verfolgen. Ein glücklicher Gedanke ist es, die bedeutendsten Skulpturen Nürnbergs abzuformen und dem Ankaufe zugängig zu machen. In dem Refektorium eines alten Klosters findet man die Vereinigung dieser Gegenstände unter dem sonderbaren Namen des Wittelsbacher Museums, denn wozu eines Museums Namen einem Kaufladen aufprägen?

Im Rathaus entzückte ich mich wieder an dem Bilde der

Stadtpauker, so voll Leben und Selbstgefühl, daß man deutlich sieht: der und der aus dem hochweisen Rat aus des Kaisers Maximilians Zeit habe sich gefreut, seinen Vetter, den Stadtpauker, vor sich an der Wand zu sehen.

Bei dem Grab des heiligen Sebaldus entzückte ich mich wieder an dem tiefen Gefühl der Wahrheit, der Schönheit und der wohlberechnenden Überlegung Vischers. Dieses tiefe, fast religiöse Gefühl der Wahrheit, diese Ehrlichkeit und Reinheit des Wiedergebens dessen, von dem die Seele durchdrungen ist, erfüllte mich, ich muß es sagen, mit einer Art Rührung vor den in der Moritzkapelle zusammengebrachten Gemälden der altdeutschen Schule. Doch in erhöhten Oktaven war dieses der Fall vor dem Bilde des alten Holzschuher von Albrecht Dürers Hand, das er, seinem Freunde zum Angedenken, in seine, des Holzschuhers, Familie geschenkt hat. Der jetzige, auch alte Holzschuher, denn er ist in die Achtzig, zeigte mir seinen Schatz, er und seine alte Frau. Während ich im Entzücken vor dem Gemälde saß, öffneten die beiden Greise mühsam ein altes Behältnis, aus dem sie eine Chronik zogen. Es war die ihrer Familie und führte hinauf bis zu den Kreuzzügen und hinab bis auf die Gegenwart, in der neueren Zeit mit photographierten Bildnissen der Holzschuher vermehrt. Dabei hing ein alter gewirkter Teppich des 15. Jahrhunderts an der Wand und ein altes Schwert des Hauses lag in der Ecke. Man hörte die Geschichte um die Ohren flüstern.

Am Fuchsischen Hause sieht man dies vernünftige Schaffen von Innen nach Außen so deutlich, und deutlich auch tritt die Behaglichkeit des Lebens aus diesem Schaffen hervor. Dabei erzählen die übereinander hervorsteigenden Arkaden des Hofes, daß die Besitzer wohl mit Italien in Verbindung gewesen sein mögen, und behaglich wieder träumt es sich von dem Allen in dem Zimmer oben, in dem ein Lambris umherläuft, prachtvoll geschnitzt und eingelegt.

Ein sehr merkwürdiges Beispiel von energischem Verfolgen einer Idee ist das Germanische Museum; es ist das größte und originellste Wörterbuch, was die Welt je gesehen. Dem beharrlichen und intelligenten Willen des Herrn von Aufseß verdankt man diese wunderbare Schöpfung, die eine sich immer mehr vervollständigende Quelle der deutschen Geschichte ist und wird. Dermaßen ist es durchgeführt, daß durch die vielfältigen Quellenstudien, die er teils gemacht hat, teils hat machen lassen, durch die zweckmäßigen Einrichtungen, die er getroffen, um sich jeden Augenblick zurecht zu finden in der großen Masse aufgehäufter Dokumente, Notizen, Zeichnungen und Werke, die alle den großen Zweck betreffen, es möglich ist, auf jede Frage Auskunft zu geben, sie beziehe sich auf Kunst oder Wissenschaft, auf Personalien oder Sitten, auf Waffen oder Möbel, auf Ackerbau oder Bauwerke. Die Sammlungen scheinen von der Art, daß er bei den Möbeln und Geräten wenigstens nicht viel, aber das Beste hat als Repräsentanten der Art und der Zahl. Es ist das erste Unternehmen dieser Art, was existiert. Ich kenne nichts, wobei man so das Gefühl hat, daß der Unternehmer die Sache so praktisch von oben genommen und behauptet und dabei doch so sehr in das Einzelne eingegangen ist, so sehr, daß sogar Gärten angelegt werden nach der verschiedenen Art der verschiedenen Jahrhunderte mit denjenigen Pflanzen, die in den einzelnen Epochen gebraucht wurden.

Durch den Schmutz und Staub des Trödelmarktes zog ich zum Herzog von Aumale zum Diner, mit dem ich schon heute in der Sebalduskirche zusammengekommen war.

Jacob Burckhardt
Briefe an einen Architekten 1877

Der Schweizer Kultur- und Kunsthistoriker Jacob Burckhardt (1818–1897) schrieb seinem ehemaligen Schüler, dem Basler Architekten Max Alioth, auch über einen kurzen Aufenthalt in Nürnberg.

Nürnberg, Freitag, 31. Aug. 1877.

Gestern nachmittag fuhr ich hierher und kam gerade noch an, um den deutschen Kronprinzen durch eine ehrfurchtsvolle Double Haye von Nationalliberalen nach dem Bahnhof fahren zu sehen. Abends hieß es in der Weinkneipe unter verschiedenen Philistern: »Der Mann is auch geplagt!« – In der Tat: was meinen Sie dazu: etwa vierzehn Tage lang stets fünf Uhr aufstehen und Revuen abnehmen zu müssen? Der Philister empfand offenbar aufs tiefste, was dies heissen will.

Dass ich aber abends in der Weinkneipe sass und nicht in den von G. in verjährtem Enthusiasmus angepriesenen Bierlöchern, das versteht sich von selbst. Ich hatte noch in der Abenddämmerung in das »Wurstglöckle« hineingeschaut und mich viel zu alt gefunden, um dort noch eventuelle Fidelitäten anderer Leute mit anzusehen. Vollends in die »Wolfsschlucht« hätten mich keine vier Pferde hineingebracht; es sass dort alles dick bis weit auf die Gasse, weil daselbst das einzige anständige Bier verzapft werden soll, während sonst in Nürnberg (laut Schimpfes in den Zeitungen) das Bierelend allgemein sein soll.

Nürnberg steckt voll von schönen und merkwürdigen Sachen, und schon im Germanischen Museum habe ich mich zwei Stunden lang dumm gelaufen. Aber zum Wohnen möchte ich die Stadt nicht, es ist mir zu eng zwischen den himmelhohen Häusern mit den hohen Spitzdächern. Und das, was mir sonst den Aufenthalt versüssen könnte, nämlich wohlfeile Photographiepreise, davon ist in erschreckender Art das Gegenteil der Fall. In Regensburg habe ich noch einen tüchtigen Stoss anderer Helgen bei einem vernünftigen Antiquar gekauft und bereue es jetzt, nicht noch mehr gekauft zu haben. Hier in N. ist alles ausgekauft, wie ich schon vor zwei Jahren erfuhr, doch werde ich nun noch einen letzten Versuch wagen. – Ferner macht mir die Umgegend von Nürnberg förmlich übel, dies sandige Wellenland mit Fichten und Rüben; auch erfuhr ich, dass hier heftig Tabak gepflanzt werde, und glaube sogar, dass diejenige Havanna, welche ich eben jetzt rauche, aus leidlicher Nähe stammen möchte.

Agathe von Roennebeck
Sommer-Ausflug 1882

Zur Gewerbeausstellung nach Nürnberg kam die Wienerin Agathe von Roennebeck per Eisenbahn. In ihrem »Sommer-Ausflug nach Nord und Süd« erzählte sie von ihren Erlebnissen.

Freitag, den 21. Juli. Wunder über Wunder. Die Stadt des Böheim und Hans Sachs hat elektrische Beleuchtung. Ein altes Hotel hatte uns aufgenommen, um, wie es schien, in Decken, Dielen, Möbel und Fenster noch so recht anschaulich zu machen, wie man hier gewohnt hat, als Kaiser Maximilian seinen großen Einzug hielt.

Ehe wir uns der Gewerbe-Ausstellung hingaben, sahen wir das hochinteressante, reiche, germanische Museum. Selbst wenn die Räume dieser Sammlungen leer wären, würde es der Mühe werth sein, dieses prachtvolle, alte Klostergebäude zu besuchen, welches für die Geschichte unserer Nation Stoff für jedes Studium aufgespeichert hat. Das alte Nürnberg mit der Burg der Hohenzollern, die Kirchen mit den Denkmälern von Peter Vischer, Veit, Stoß und Adam Krafft, die herrlichen Brunnen, die alte Werkstatt Albrecht Dürer's, die prachtvoll gezierten Hausgiebel, Alles zusammen sprach uns sympathisch an, erweckte so viele historische Reflexionen, daß es uns ziemlich überflüssig erschien, nun noch eine moderne Gewerbe-Ausstellung sehen zu wollen. Was thut der Reisende aber nicht alles zu seinem Vergnügen, wenn er einem rechten Führer sich unrettbar überantwortet hat.

Es ging uns mit dieser Gewerbe-Ausstellung wie mit manchen anderen Sachen auf der Reise, denen wir mit einem ungerechten Vorurtheil entgegen getreten waren. Der prachtvolle Stadtpark, mit uralten Bäumen, wohlgepflegten Grasflächen und Teppichgärtnereien geschmückt, war mit einem phantastischen Haupt-Austellungsgebäude und einer Menge geschmackvoller Kiosks besetzt. Schon ohne Ausstellungsobjekte war dieser Garten ein überaus angenehmer Aufenthaltsort. Vortreffliche Restaurants und zahlreiche Conzertcapellen vereinigten hier im Grünen fast die halbe Einwohnerschaft der Stadt. Die Ausstellung selbst aber gehört zu den besten, uns gebotenen, gewerblichen Unternehmungen, welche in den letzten Jahren wohl überhaupt gemacht worden sind. Die Güte und Schönheit der Gegenstände verband sich in geschmackvollster Schaustellung, dem Beschauer den angenehmsten Eindruck zu gewähren. Wir selbst aber erkannten, im Gegensatz zu dem hier Dargebotenen, wie mittelmäßig die Moskauer Ausstellung ausgefallen war.

Es liegt ja eben alles im Vergleich und wenn auf Reisen überhaupt ja Vieles schon an und für sich interessant genug sein mag, so bekommt es erst seinen rechten Werth, indem man es bekanntem Großen gegenüberstellt.

Paul Johannes Rée
Wanderungen durch Nürnberg 1890

Gründlich umgesehen hat sich Dr. Paul Johannes Rée bei seinen »Wanderungen durch das alte Nürnberg«. Seine Begeisterung für die »ehrenreiche Stadt« läßt sich nicht verbergen.

Schon beim Verlassen des Bahnhofes fühlt sich der Fremdling sympathisch berührt von dem Anblick der alten, von einem breiten Graben umzogenen und mit vielen großen und kleinen Türmen besetzten Stadtmauer, bei der wir nicht wissen, ob ihr das duftig-zarte Blütengewand des Frühlings, das saftige Grün des Sommers, die Farbenpracht des Herbstes oder das vom bleichen Silberschimmer des Mondes übergossene Weiß des Winters am besten steht, denn die Jahreszeiten wetteifern miteinander, ihr den schönsten Schmuck zu verleihen.

Wie majestätisch würdevoll erscheint der dicke runde Turm, von dem wir in Märchen und Ritterromanen gelesen zu haben glauben, und der gleich einem treuen Wächter die Stadt vor jedem Widersacher zu behüten scheint. Ist er nicht ein Bild der Ehrenfestigkeit und Treue, die wir mit dem alten deutschen Sinne so gerne verbinden. Gern verweilt der Fremdling, wo ihn schon am Eingange solch ein Biedermann begrüßt, und die Stadt belohnt sein Vertrauen, indem sie ihm viel des Schönen und Bemerkenswerten enthüllt. Schon die breite Straße, die ihn von diesem Turme in das Innere der Stadt leitet, erregt sein volles Interesse, denn nicht erscheinen hier die Häuser wie in den Straßen moderner Städte in Reih' und Glied aufgestellt, sondern eines schiebt sich vor das andere, damit ein jedes für sich zur Geltung komme. Auch wenden sie gerne ihren hohen Giebel der Straße zu, und wo sie dieses nicht vermögen, besetzen sie doch ihr hohes Giebeldach mit anmutigen Luken, Erkern und Türmchen.

Nichts ist bedauerlicher als die Geradlinigkeit unserer Tage, welche eine individuelle, der Lebensweise und dem Charakter der Insassen angepaßte Gestaltung unserer Bauten nicht aufkommen läßt. Wenn uns jene früheren Städteanlagen wegen ihres malerischen Reizes in so hohem Grade fessseln, so kommt das nicht daher, daß dieselben etwa auf das Malerische angelegt sind, sondern weil Zweck, Bedürfnis und persönlicher Geschmack bei der Errichtung der Häuser allein maßgebend waren, und kein äußerer, nicht zum Wesen der Sache gehörender Zwang, keine unnatürliche Beschränkung der Freiheit die Baumeister hemmte. Das kostbarste Material und aller Aufwand an Ornament helfen nichts, wenn das zu künstlerischer Gestaltung nötige Maß von Freiheit fehlt. – Auch das Innere dieser alten Häuser hat einen viel persönlicheren Charakter als unsere modernen Wohnungen. Das spätmittelalterliche Wohnhaus ist, um mit Semper zu reden, wie das Schneckenhaus, die Schale und der Abdruck des darin gewohnt habenden Organismus, die Mehrzahl unserer Wohnungen dagegen paßt für jeden, der sein Nest darin bauen will.

Wie spricht sich dieses persönliche schon in der Anlage der uns so sehr anheimelnden Höfe aus, die mit ihren steinernen Treppentürmchen und hölzernen Stockwerkgalerien viel reicher geschmückt sind als die der Straße zugewandten Fassaden, an denen als architektonischer Hauptschmuck die als Chörlein bezeichneten Erker erscheinen, die in älterer Zeit den Chor der Hauskapelle bildeten, später aber als Schreibstüblein und Studierwinkel benutzt und angelegt wurden.

Wie jener Sinn für das Individuelle, der sich in der Anlage der Häuser ausspricht, so mutet uns auch die schöne, aus dem gläubigen Gemüte entsprungene Sitte an, die in

9 Fahrt im offenen Sommerwagen der Straßenbahn über die Frauentorbrücke
Die Anschaffung der offenen Sommerwagen erfolgte gleichzeitig mit dem Ausbau des gesamten Straßenbahnnetzes in den Jahren 1888–1891.

die Straßen hineinragenden Ecken der Häuser mit der Gestalt der Madonna oder eines Heiligen zu besetzen, um dadurch anzudeuten, daß man sein Heim der Obhut derselben anvertraue. Wer aufmerksamen Auges die Straßen durchwandert, wird staunen über die Fülle schönen und charakteristischen Bildwerks, das von den Häusern auf ihn herniederschaut, darunter Werke, denen man die Herkunft von Meisterhand unmittelbar ansieht. Hier die in jugendlicher Anmut strahlende Madonna, die den Zeigefinger in das Buch, in dem sie noch soeben las, gelegt hat, um die Botschaft des herankommenden Verkündigungsengels zu vernehmen, der wie jene auf einer von singenden Engeln getragenen Konsole steht; dort die hehre Himmelskönigin mit dem Kinde, das ihr einmal still im Arme ruht, ein anderes Mal munter zu ihr emporstrebt oder sich über die saftige Birne freut, die man ihm zum Spielen gab. Auch die heilige Helena finden wir da, deren fromme That der Kreuzesfindung ein Tympanonrelief an einem Portale der Kirche von St. Sebald schildert, und viele andere heilige Männer und Frauen und mancherlei symbolische Figuren, wie wir sie sonst nur in den Kirchen zu sehen gewohnt sind. Oft bilden sie den einzigen Rest des Hauses, das einst an der Stelle stand. – Leider mußte ja schon manches ehrwürdige Gebäude den praktischen Forderungen späterer Tage zum Opfer gebracht werden, und nur mit Wehmut denkt man daran, daß in der Folgezeit noch manches fallen wird. Völlig hemmen läßt sich die Niederlegung des Alten nicht, denn der Lebende hat seine Rechte, aber es ist darnach zu trachten, daß es mit Maß und mit Weisheit geschehe, daß nur dringendes Bedürfnis und niemals Gleichgiltigkeit gegen die Reste vergangener Tage für die Zerstörung derselben maßgebend sei. Man wende nicht ein, daß Nürnberg öffentliche Gebäude und Kirchen genug besitze, die als Zeugen einer großen Vergangenheit in die Gegenwart hereinragen; sind einmal die alten Bürgerhäuser durch moderne Mietswohnungen ersetzt – leider bemühen sich ja nur wenige Architekten, sich dem Charakter des Alten anzupassen – und werden die Mauern noch weiter als es leider schon geschah, durchbrochen und eingelegt, so ist der magische Zauber der Stadt genommen, ohne daß sie – denn daran hindert die ganze Anlage – jemals den Eindruck einer modernen Großstadt zu machen im Stande wäre. Es gibt ein historisches Recht, das der Mensch nicht ungestraft verletzen darf. Wo sich eine Zeit in so charakteristischer Weise ausgeprägt hat, wie es in Nürnberg der Fall ist, da haben die späteren Geschlechter die heilige Verpflichtung am Alten festzuhalten und mit Liebe das überkommene Gut zu hegen und zu pflegen.

Wilhelm Halbfaß
Eine Stadtschilderung 1897

In seinen »Reise- und Städte-Schilderungen aus aller Welt« widmete Dr. Wilhelm Halbfaß auch ein Kapitel der Stadt an der Pegnitz.

Verlassen wir den Bahnhof, welcher den gesteigerten Bedürfnissen des Verkehrs schon lange nicht mehr genügt, so sehen wir sogleich einen Teil der alten Befestigung, das Frauenthor mit seinem massigen Thurm vor uns, und gelangen, auf einer Fallbrücke den tiefen Wallgraben überschreitend, durch den gewaltigen Frauenthorbogen sofort in die Hauptverkehrsader der Stadt, die Königstraße, falls wir es nicht vorziehen, gleich am Bahnhof die Pferdebahn zu besteigen und mit ihr rechts von dem Frauenthor durch eine weite Mauerbresche einen modernen Einzug in Alt-Nürnberg zu halten. Wir befinden uns in der Südhälfte der eigentlichen Stadt, die durch die Pegnitz in zwei Teile, die Lorenzer und die Sebalder Seite getrennt wird, so genannt von den beiden Hauptkirchen der Stadt. Zwar gewahrt das Auge des mit Spannung der Herrlichkeiten Nürnbergs sich nähernden Fremden manch modernen Hotelbau, wie das ja in der Nähe der Bahnhöfe großer Städte so üblich ist, aber fast durchweg hat man auch bei Neubauten die mittelalterlichen Vorbilder im Auge behalten, um das eigentümliche Gepräge Nürnbergs Straßen nicht zu verwischen. Denn darin beruht der packende Reiz, den eine Wanderung durch Nürnberg auf den Beschauer ausübt, daß hier fast jeder Stein uns Geschichte predigt, daß jedes Haus mit seinen Erkern, Giebeln und weiten Hausfluren die Straßen mit ihren Madonnen und Brunnen ein individuelles Gepräge tragen, der Lebensweise und dem Charakter der Insassen angepaßt sind und nichts gemein haben mit jener scheuslichen alles Eigenartige und Besondere nivellierenden Geradlinigkeit der Bauten unserer Tage, die die Hauptquartiere von Petersburg und Madrid denen von Rom, Mexiko oder Melbourne zum Verwechseln ähnlich gestalten. Es gibt allerdings auch in Nürnberg Quartiere, auf die das oben ausgesprochene Urteil über unsere heutige Bauweise gleichfalls paßt, aber diejenigen Stadtteile, die der Fremde in erster Linie zu durchwandern pflegt, bieten dem Auge eine schier unerschöpfliche Fülle bunten Lebens und eine unabsehbare Reihe malerischer Vedouten, vorzüglich, wenn man nicht mit Sturmschritt die Gassen durchrast, sondern hübsch behaglich und bemüht, sich nichts von den köstlichen Datails entgehen zu lassen, die nur der aufmerksamere Beobachter bemerkt. Hierzu die Anleitung zu geben ist der Zweck unserer Wanderung, welche weder eine detaillierte Beschreibung aller einzelnen Kunstschätze noch eine historische Darstellung der Geschichte aller denkwürdigen Gebäude und Kunstwerke enthalten soll. In Bezug auf Einzelheiten sei auf die am Ende bemerkten Spezialwerke hingewiesen. Gleich hinter der Frauenthormauer bemerken wir einen edlen Renaissanceneubau, es ist das neue Gymnasium, ausgeführt nach den Plänen des Bauamtmanns Molitor. Auf derselben Seite steht die katholische Klarakirche, deren Entstehung bis ins 12. Jahrhundert zurückreicht. Charitas Pirkheimer, die Schwester des bekannten Mäcen der Humanisten, einst Äbtissin des Klaraklosters († 1532) liegt hier begraben. Gegenüber dieser Kirche führt neben der im Innern kaum sehenswerten, 1810 den Reformierten eingeräumten Marthakirche, welche nach der Reformation lange Zeit hindurch als Versammlungsort der Meistersinger und als Theater diente – Jakob Ayrer führte hier seine bekannten Singspiele auf – die Peuntgasse nach dem sogenannten Peunthof (Peunt bedeutet ein umzäumtes Grundstück oder Hofraum), der jetzt die Kreisrealschule, das Realgymnasium, die Industrieschule und die städtische Baugewerkschule beherbergt, im Jahre 1615 von Jakob Wolf dem Jüngeren, dem Erbauer des Rathauses, erbaut wurde.

Zur Königsstraße zurückgekehrt bewundern wir das gewaltige Hallgebäude, ursprünglich ein Kornhaus, dann bis 1797 ein Zeughaus; eine plastische Darstellung über dem Bogenfenster des gothischen Vorbaues an der Südseite erinnert an die große Theuerung des Hungerjahres 1816. An das Hallgebäude schließen sich nach Westen die umfangreichen Baulichkeiten an, in welchen inmitten ungezählter Hopfensäcke die bedeutenden Hopfenmärkte abgehalten werden. Durch die Theatergasse kommen wir rechts zum Theater, einem auch im Innern recht schmucklosen Gebäude, das einer Stadt von der Bedeutung Nürnbergs durchaus unwürdig ist; auch die Vorstellungen gehen in der Regel über die Leistungen einer mäßigen Provinzbühne nicht hinaus. Unweit davon liegt in der Gasse gleichen Namens das Peter Vischer Haus mit einer Gedenktafel, das Geburtshaus des Meisters des Sebaldusgrabes, das wir nachher in der Sebalduskirche bewundern werden. In der Königsstraße kommen wir an mehreren großen Hotels, die wie »Deutscher Kaiser« und »Rother Hahn« in gelungener Weise den mittelalterlichen Baustil adoptiert haben, zur St. Lorenzkirche, der Pfarrkirche der Lorenzer Stadtseite, der größten und schönsten Kirche Nürnbergs, die durch ihre künstlerische Ausschmückung im Innern die meisten Gotteshäuser Deutschlands bei weitem übertrifft. Der Sage nach an Stelle einer 1003 erbauten, 1274 niedergerissenen kleinen Kapelle zum heiligen Grabe dem Märtyrer Laurentius zu Ehren errichtet, wurde der Prachtbau 1278 begonnen und 1472 vollendet. Nur wenige Überreste lassen erkennen, daß die Kirche aus römischer Zeit stammt und später erweitert und umgebaut worden. Dem 14. Jahrhundert gehört die Ostfront Chörlein geschmückten Häusern sind, z. B. in der Karolinenstraße der 1875 neu erbaute Gasthof zum Strauß, in der Adlerstraße neben der Post der ehemalige Ebracher Klosterhof und das Eckhaus No. 25, dessen großartige Fassade nicht in einen Giebel ausläuft, sondern die Seitenfläche eines hohen Daches bildet, welche sowohl in der Mitte wie an den Seiten mit Erkern geschmückt ist, die durch alle 3 Geschosse hindurch gehen; im Hause No. 9 ist der Hof mit seinen hübschen zweischossigen Holzgallerien besonders sehenswert.

Bevor wir uns nun über eine der vielen Brücken wieder auf die Sebalder Seite begeben, müssen wir eines Gebäudes des Lorenzer Viertels etwas ausführlicher gedenken, wohin viele Besucher Nürnbergs, namentlich aus weiterer Ferne und von über dem Ozean her, gewöhnlich zuerst ihre Schritte lenken, ich meine das Germanische Nationalmuseum in der Karthäuserstraße, einer Seitengasse der Jakobsstraße. Dieses großartige Museum, eine unerschöpfliche Fundgrube für alles, was sich auf deutsche Kunst, deutsches Leben und deutsche Arbeit im Mittelalter bezieht, verdankt unstreitig in erster Linie seine Existenz dem 1871 verstorbenen Hans Freiherrn von Aufseß, der über ein Menschenalter hindurch mit der größten Beharrlichkeit und Thatkraft dafür gewirkt und gearbeitet hat, bis Dank der Munifizenz der Könige von Bayern die geeigneten Räume geschaffen wurden, in denen durch die Opferbereitschaft des ganzen deutschen Volkes die ungeheuren Sammlungen untergebracht werden konnten, die noch immer in steter Vermehrung begriffen sind. Der gegenwärtige Sitz des Germanischen Museums, die Karthause, wurde von dem Nürnberger Handelsherrn Marquard Mendel 1380 unter dem Namen Marienzell gegründet. Als der Prior und der größte Teil des Konvents 1525 zum evangelischen Bekenntnis übertraten, fiel das reiche Kloster der Stadt anheim, das fortan zu den verschiedensten profanen Zwecken benutzt wurde, bis es 1856 durch Vertrag mit dem Staat in die Hände der Museumsgesellschaft überging und 1873/75 mit dem alten Augustinerkloster vereinigt wurde. In den Jahren 1877–1887 wurden auf Kosten des deutschen Reiches eine Reihe von Bauten auf der Süd- und Ostseite aufgeführt, darunter der große Saal, welcher die Denkmäler der vorgeschichtlichen Kulturperiode enthält und das Wappenhaus an der Ostseite des Augustinerklosters. Die Hauptsäle sind alles Stiftungen von den Großen dieser Erde, so der Kostümsaal von den deutschen Reichsstädten, der Waffensaal von den deutschen Standesherrn, der Saal der musikalischen Instrumente von dem mecklenburgischen Adel. Das große gemalte Fenster in der Wilhelmshalle ist ein Geschenk von Kaiser Wilhelm I., der Zementabguß des Bremer Rolands im Reichshof ein Geschenk der Bremer Kaufmannschaft. Die Uhr mit den beweglichen Figuren im Mittelbacher Hof haben die bayerischen Prinzen gestiftet. Berühmt sind die malerischen Motive am Wasserhof und am Brunnen im großen Klosterhof. Einen auch nur ganz oberflächlichen Begriff von dem Umfang der Sammlungen zu geben, mit denen u. A. auch die bis 1882 in der Moritzkapelle aufgestellte Gemäldegallerie verbunden ist, ist an dieser Stelle ganz unmöglich, wir müssen auf den fast jedes Jahr in neuer Auflage erscheinenden Wegweiser und auf den vom Museum herausgegebenen »Anzeiger für Kunde der deutschen Vorzeit« hinweisen; erwähnen wollen wir nur noch, daß das Germanische Museum auch eine sehr bedeutende mit über 100000 Bänden zählende Bibliothek und ein Archiv besitzt, deren Benutzung in liberalster Weise jedem sich dafür Interessierenden gestattet wird.

Von den Merkwürdigkeiten der inneren Stadt bleiben jetzt nur noch die Brücken zu erwähnen übrig, von denen wir bis jetzt nur die Museumsbrücke betreten haben. Ursprünglich führten nur hölzerne Brücken über die Pegnitz, sie alle sind aber im Laufe der Zeiten durch steinerne oder, wie der Henkersteg, durch eiserne ersetzt worden. Die älteste und berühmteste unter ihnen ist die im Jahre 1596 nach dem Muster des Ponte Rialto in Venedig von Peter Carl erbaute und wegen ihrer Spannweite einst vielbewunderte Fleischbrücke, so genannt von dem an der Brücke liegenden 1551 erbauten Fleischhause, über dessen

Eingang ein steinerner Ochse mit folgender Inschrift lagert:

Omnia habent ortus suaque incrementa, sed ecce
Qaem cernis numquam bos fuit hic vitulus.

Zu Deutsch:

Alles hat seinen Ursprung und seine Anfänge
Doch der Ochs, den Du hier siehst, war nie ein Kalb.

Dieser merkwürdige Ochse gehört mit zu den Wahrzeichen Nürnbergs. Weiter westlich steht die zu Ehren Kaiser Karl VI. sogenannte 1728 gebaute Karlsbrücke, die mit 2 Obelisken geschmückt ist, an ihrer südlichen Fortsetzung, der Dörrerbrücke ist der zum »Hotel Bayerischer Hof« gehörige Hof zu bemerken; eine Gedenktafel erinnert an das Theater, das hier einst gestanden hat. Von beiden Brücken bietet sich ein malerischer viel gezeichneter Anblick auf den Henkersteg dar, so genannt von dem Henker, der bis zum Jahre 1837 hier seine Wohnung hatte; auf der Insel zwischen ihnen befindet sich der Trödelmarkt mit alten baufälligen Fachwerkbauten. Auf die Karlsbrücke folgt die den Unschlittmarkt und den Maximiliansplatz verbindende Maxbrücke; auf dem Maximiliansplatz steht ein von Bromig entworfener Springbrunnen, der dem Barberinischen Brunnen vor dem Palazzo Barberini in Rom nachgebildet ist. Die letzte der Brücken innerhalb der Stadtmauer nach dieser Richtung ist der von Mechaniker Kuppler 1824 erbaute 240 Fuß lange Kettensteg, der erste seiner Art in Deutschland. Oberhalb der Museumsbrücke führen noch die von Solger erbauten Heu- und Spitalbrükken über die durch die Insel Schütt in zwei Arme geteilte Pegnitz, die übrigens sowohl bei ihrem Einfluß wie Ausfluß in die eigentliche Stadt von der im 14. Jahrhundert angelegten äußeren Stadtmauer malerisch überbrückt wird. Namentlich die Bögen, welche den Fluß zur Stadt hinauslassen, mit dem sog. Wasserthurm und dem Weinstadel sind noch gut erhalten und ziehen mit ihrer malerischen Umgebung jeden Freund des Altertümlichen an. Der südlich vom Centralbahnhof liegende Stadtteil Steinbühl besitzt in der vor einigen Jahren erbauten Christuskirche nach den Plänen von Kiefer im Schiff und Thurm schöne Glasgemälde, hier steht auch das im mittelalterlichen Stil erbaute Schloß Lichtenhof, jetzt der Sitz einer landwirtschaftlichen Schule, in der Schwedenkammer hat Gustav Adolf 1632 gewohnt und in der einfachen Bettstätte mit ledernen Kissen geschlafen. Die östlich gelegene Vorstadt Wöhrd ist vor allen Dingen der Sitz großer Maschinenfabriken, doch geht auch in dieser der modernen Industrie zugewandten Gegend die Kunst nicht ganz leer aus, denn die dort gelegene Bartholomäuskirche besitzt ein hervorragendes Kunstwerk, nämlich eine in Silber getriebene Statuette des Apostels Bartholomäus, die im Faltenwurf des Gewandes, in der Modellierung des herrlichen Kopfes und der Gliedmaßen die vollendeste Technik verrät. Leider ist der Name des Meisters nicht festzustellen, ohne Zweifel war er einer der begabtesten Schüler Peter Vischers. Im Nordosten der Stadt liegt der Pellershof, eine Sommerwohnung der Peller, die mit ihrem steilen Giebeldach und den thurmgekrönten Gartenmauern einen überaus malerischen Eindruck macht und nicht weit davon liegt auf dem früheren Maxfeld der bei weitem hervorragendste Erholungs- und Vergnügungsplatz Nürnbergs, der sog. Stadtpark, eine im Verhältnis zu der kurzen Zeit, seit der er besteht, überaus reizende Anlage mit köstlichen Rosenbeeten, künstlichen Teichen, großen Rasenflächen und schönen Waldbäumen. Freilich mit den 100jährigen Anlagen des Englischen Gartens in München könne sich die des Nürnberger Stadtparks naturgemäß nicht messen, aber der Bewohner der Noris ist sehr damit zufrieden, in so unmittelbarer Nähe der Stadt einen schönen grünen Fleck zu besitzen, wo er sich an schönen Sommernachmittagen ergehen, den Weisen der Militärmusik lauschen, die Toiletten der Damen bewundern und sich selbst bewundern lassen kann. Wenn im Sommer sich Fremde mit Einheimischen und umgekehrt treffen wollen, so verabreden sie ein Rendezvous im Stadtpark, hier ist der Brennpunkt der gesamten vergnügten Welt Nürnbergs. Im Vorjahr fand hier die zweite bayerische Landesausstellung statt, eine der wenigen des ausstellungsreichen Jahres 1896, die mit keinem Deficit abschloß, sondern recht erheblichen Nutzen für die Aussteller gebracht haben soll.

Der Besucher Nürnbergs, der einige Tage lang sich in den Gassen der Stadt bewegt und in Schätzen der Kunst geschwelgt hat, sehnt sich gewiß an schönen Sommertagen aus dem Häusergewirr in eine freiere Luft hinaus, als sie selbst der schöne Stadtpark bieten kann und da ist seine erste Frage ganz natürlich: Wohin soll ich meine Schritte lenken? Es kann nicht geleugnet werden, daß Nürnbergs allernächste Umgebung sandig und wenig romantisch ist und in dieser Beziehung nicht nur hinter manchen Großstädten Deutschlands, sondern auch hinter vielen Städten und Städtchen Frankens weit zurücksteht. Der durch die Verheerungen des Kieferspinners in den letzten Jahren stark mitgenommene ausgedehnte Reichswald, in dem vor Zeiten die Zeidler (Honigholer) ihr süßes Gewerbe betrieben, steht im Großen und Ganzen etwa auf der gleichen Stufe mit den mageren Nadelwäldern bei Berlin. Nimmt man aber das moderne Verkehrsmittel, die Eisenbahn, zur Hilfe, so ergiebt sich eine überraschende große Auswahl interessanter Ausflüge, welche sowohl Naturfreunde, wie Liebhaber geschichtlicher Erinnerungen und Kunstkenner hoch befriedigen werden. Unter den nahegelegenen lohnenden Ausflugspunkten wäre hier zu nennen in südlicher Richtung: der Gibitzenhof, der Hummelstein, Maiach, Steinbrüchlein, alles Punkte in waldiger schattenreicher Umgebung; in östlicher Richtung: mit Bahn oder Pferdebahn nach Dutzendteich, einer sehr besuchten Gartenwirtschaft mit großem Teich, der die schönste Gelegenheit zum Baden, Kahnfahren und im Winter zum Schlittschuhlaufen bietet, von da über die Waldluft nach dem Valznerweiher, in dem sich eine Insel mit größeren Restaurationsgebäuden befindet und zum Schmausenbuck, einem 80 Meter über Nürnberg sich erhebenden Sandsteinhügel mit hübschen Wald- und Felspartien, unstreitig der schönste Punkt in Nürnbergs nächster Umgebung, ganz in der Nähe bietet ein neu erbauter Aussichtsthurm eine weite umfassende Aussicht. Den Rückweg kann man über die Bahnstation Mögeldorf oder bis Jobst mit Pferdebahn oder endlich auch zu Fuß über Tullnau nehmen.

Konrad Weiß
Morgen in der Stadt 1928

Der Schriftsteller Konrad Weiß (1880–1940) war von 1905–20 Redakteur der Monatszeitschrift »Hochland«. Danach Kunstkritiker der Münchner Neuesten Nachrichten, in deren Auftrag er mehrere Kunstreisen durch Deutschland unternahm. Weiß gehörte zum Freundeskreis von Hofmannsthal, zog sich jedoch in späteren Jahren zurück und widmete sich dem Studium der Mystik und der Bibel. In der Dürerstadt begeisterten ihn die mittelalterlichen Bauwerke.

Die Erinnerung an die schöne Dürerstadt darf noch einmal das Wort haben. Man geht durch die in ihren kurzen Brechungen mittelalterlich geöffneten Raumstücke von kleinen Straßen, Plätzen und Brücken dieser Stadt. Da ist nichts auf die künstliche Horizontale gestellt, die heute allzusehr den geistigen Raumsinn beherrscht. Es gilt nicht zuerst die anlagentechnische Absicht, die bald souverän und künstlich wird; sondern alles bleibt gewissermaßen mit der Reichweite des Schattens der Bauwerke am Orte seiner Entstehung körperhaft und einzeln vorhanden; eines ist an das andere mit natürlicher Beschreitung geklammert, alles um die kirchlichen und geschichtlichen Denkmäler mit Zuhauf und Weitergang gegliedert. Und dieser Kern eines lebendigen, mit schaffenden Menschen gefüllten Stadtbildes – wie ein Museum, desgleichen man anderwärts zu Ausstellungszwecken künstlich nachbildet – wird von dem alten Mauerring mit den starken Torburgen umfangen.

Ein täglicher neuer Reiz ist vor der kleinen, als Bauform schlicht monumentalen Frauenkirche, deren Fassade mit Giebel und Paradies ein einziges spätgotisches Zierwerk ist, der geschäftige Hauptmarkt. Auf der mit Bänken und Wägelchen, Ständen, Körben und Tischchen vollgefüllten, in ihrer Neigung unüberschaubaren Marktfläche vollzieht sich Handel und Wandel heute wie in alten Tagen. Die Farben von Früchten, Blumen, Gemüsen, von Geräten und Ackererde, lagern und blühen gegen die Farbe von Sandstein mit seiner bewegten Gegenwirkung plastischer Zierate. Selbst das Gold von der Fassung des Schönen Brunnens, wiewohl er ein wenig künstlich in seine eigene Erhaltung hineingestellt erscheint, spricht gleichstimmig mit, und das Gitter, das ihn umfaßt, und die Schöpfrohre, mit denen man sein Wasser benützt, gesellen ihn zu den anderen Brunnen dieses Stadtbildes, die man an kleinen Plätzen in der lustigeren, weniger geschichtskräftigen Laune späterer Zeiten, aber mit gleicher volkstümlicher Zweckmäßigkeit antrifft. Der Gemüsemarkt, der nicht in die scharfe Trennung zwischen Auslage und Käufer, zwischen Angebot und Nachfrage zerfällt und dadurch etwas im nachbarlichen Verkehr von der Freude an der bunten Dinghaftigkeit der Erde behalten hat, – Dürer hat derber die Bauerngestalten gezeichnet, die man heute sorglicher und einfacher sieht – dieser Marktplatz gibt ohne Suchen eine Erinnerung an mittelalterliche Städte wie Gent und Brügge in Belgien. Hinter der Frauenkirche setzt er sich fort in dem leuchtenderen Stilleben eines Obstmarktes. Auf dem Platz vor der ehrwürdigen Spitalkirche war ein Blumenmarkt, wo arme Frauen das Frühlingsgelb der Schlüsselblumen feilboten, die sie in Körben vor sich oder als kleine Sträuße in Händen hatten. Auch das arme und einfache Leben sieht in solcher Umgebung wirklich und menschwürdig aus. Und noch bis zur Insel Schütt geht so durch Straßen und Plätze sich sammelnd ein farbiges Band von Blumen und Früchten.

Aber die Erinnerung an die geschäftige Mittelalterlichkeit belgischer Städte kam nochmals in anderer Weise. Ein leichter Regen hatte die sonnensprühenden Eindrücke der ersten Ostertage verwandelt. Jene ersten Dürertage, an denen man das Grab auf dem Johanniskirchhof, gleichgebettet in der Steinfolge der liegenden Grabmäler, mit ihrer geometrischen Ruhe im blauen Sonnenlichte besucht hatte, waren vorüber. Jene seltsam und südlich glänzende Friedhofstimmung zwischen einzelnen hohen Lebensbäumen, mit einem hohen Steinmal in der Nähe, das in seiner oberen Ausbreitung über dem Schafte selber wie ein skulpturales Zeugnis eines geistigen Lebensbaumes war, jene Stimmung trat in die Erinnerung zurück. Der Regen brachte den stilleren Frühling, in dem das Grün der jungen Blätter unbeweglich und die Blüten der Sträucher wie weiße Ruten in der Luft stehen. Diese Stimmung ging nun rings um das schwärzliche Steingrau der alten Festungsbauten und von der Höhe der Burg trat das umliegende Land in erdnähere und gesättigtere Färbung.

10 Größtes Bauvorhaben um die Jahrhundertwende war der neue Bahnhof, erbaut in den Jahren 1901–1906. Die bayerische Abgeordnetenkammer bewilligte für dieses Projekt 30 Millionen Mark.

Hermann Hesse
Die Nürnberger Reise 1928

Der deutsche Schriftsteller Hermann Hesse (1877–1962), Sohn eines deutsch-baltischen Missionars und einer in Indien geborenen Missionarstochter, verbrachte seine Kindheit teils in Basel, teils in seiner Geburtsstadt Calw. In Tübingen absolvierte er eine Buchhändlerlehre. 1926 wurde er in die Preußische Dichterakademie aufgenommen, aus der er 1930 wieder austrat. Hesse erhielt den Gottfried-Keller-Preis, Nobelpreis für Literatur und Frankfurter Goethepreis sowie den Friedenspreis des Deutschen Buchhandels.

Die Stadt hat mir einen furchtbaren Eindruck gemacht, woran natürlich nicht die Stadt, nur ich allein die Schuld trage. Ich sah eine wahrhaft entzückende alte Stadt, reicher als Ulm, origineller als Augsburg, ich sah St. Lorenz und St. Sebald, sah das Rathaus mit dem Hof, wo der Brunnen so unsäglich anmutig steht.

Ich sah dies alles, und alles war sehr schön, aber alles war umbaut von einer großen, lieblosen, öden Geschäftsstadt, war umknattert von Motoren, umschlängelt von Automobilen, alles zitterte leise unterm Tempo einer andern Zeit, die keine Netzgewölbe baut und keine Brunnen hold wie Blumen in stille Höfe hinzustellen weiß, alles schien bereit, in der nächsten Stunde einzustürzen, denn es hatte keinen Zweck und keine Seele mehr. Was für schöne, was für entzückende Sachen sah ich in dieser tollen Stadt! Nicht nur die Berühmtheiten, die Kirchen, die Brunnen, das Dürerhaus, die Burg, sondern auch eine Menge von jenen kleinen, zufälligen Sachen, die mir im Grunde lieber sind. Eine Apotheke, zur Kugel genannt, wo ich mir ein neues Badeglas für die Augen kaufte, ein festes, schönes altes Haus, die hatte in einem ihrer Schaufenster ein ausgestopftes, eben aus dem Ei gekrochenes junges Krokodilchen stehen, samt der Eischale, und mehr solcher Dinge. Aber es half alles nichts. Ich sah alles nur noch in die Auspuffgase dieser verfluchten Maschinen gehüllt, alles unterwühlt, alles vibrierend von einem Leben, das ich nicht als menschlich, nur als teuflisch empfinden kann, alles bereit zu sterben, bereit zu Staub zu werden, sehnsüchtig nach Einsturz und Untergang, angeekelt von dieser Welt, müde des Dastehens ohne Zweck, des Schönseins ohne Seele. Auch die Freundlichkeit, mit der ich im literarischen Verein empfangen wurde, auch das Aufatmen, als ich meine letzte Vorlesung (für lange Zeit, vielleicht für immer) hinter mich gebracht hatte, auch dies half nichts. Es war alles trostlos. Im Hotel eine überheizte Dampfheizung, die die ganze Nacht hindurch nicht kalt zu bekommen war, keine Möglichkeit, das Fenster offen zu halten bei dem lärmigen Verkehr der Straßen, dazu wieder so ein gemeiner Apparat im Zimmer, ein Telephon, das mich nach schlafloser Nacht, bei wütenden Schmerzen, am Morgen um die letzte Ruhestunde brachte. Menschen, warum quälet ihr mich denn so, gebt mir doch lieber einen raschen Tod!

Gerade in Nürnberg, wo ich mir neunzigjährig und sterbend vorkam, wo ich keinen anderen Wunsch hatte, als mich begraben zu lassen, gerade hier kam ich hauptsächlich mit jungen Menschen in Berührung...

Werner Bergengruen
Deutsche Reise 1933

Der deutsche Schriftsteller von reifer Erzählkunst und großer Fabulierfreude Werner Bergengruen (1892–1964), Sohn eines baltendeutschen Arztes, war zunächst Journalist. Nach der inneren Emigration während des Nationalsozialismus wurde er danach zu einem vielfach gewürdigten Autor. 1951 erhielt er den Wilhelm-Raabe-Preis, 1958 den Orden »pour le mérite« und 1962 den Schillerpreis.

In Feucht, halben Wegs zwischen Altdorf und Nürnberg, erreiche ich die große Regensburger Straße und lasse meine Zigarettendose liegen. Wer sie findet, gehe freundlich mit ihr um, es war eine russische Birkenmaserarbeit, und ich hatte sie in anderthalb Jahrzehnten liebgewonnen. Immerhin, in diesen anderthalb Jahrzehnten sind uns ärgere Verluste auferlegt worden, wir haben sie hinnehmen gelernt.

Es sind riesige Forsten, die Nürnberg auf dem rechten Regnitzufer umziehen, Sebalder Wald, Lorenzer Wald, Reichswald. Einmal liegt ein bezaubernder kleiner Patriziersitz an meinem Wege, wie ein geschmückter Brunnen in einer melancholischen Einöde. Kiefern und Sand sind die Zeichen dieses Bodens. Eigenartig berührt der Gedanke, daß gerade aus diesem Lande die Hohenzollern in die Mark Brandenburg gerieten.

Man erreicht Nürnberg nicht mehr wie in alten Zeiten. Um die Stadt hat sich ein breiter Ring von gewerblichen Zweckbauten gelegt, ein Netz von öden Straßen, ausdruckslos und traurig. Dies gehört zu den Kennzeichen unserer Zeit, daß alles Leben, ehemals ganz, unzertrennbar in all seinen Ästelungen, sich in Gebiete aufgeteilt hat.

Schönheitsfremde Zweckmäßigkeit, zweckfremde Schönheit stehen einander gegenüber. Warum aber muß häßlich sein, was der Wirtschaft dient, dem Broterwerb und der Wohlfahrt von Tausenden? Vormals floß alles aus gleichem Born: Gottesdienst, Gewerbe, Kunst, Staatstum und Einzelleben. Der Gegensatz zwischen Schönem und Praktischem war noch nicht, die Wirtschaftsbauten früherer Jahrhunderte haben Formschönheit mit Zweckmäßigkeit vereinigt. Denn nichts schloß herrisch oder gar verachtungsvoll das andere aus, beider Anspruch war legitim, in Selbstverständlichkeit als gleichwertig anerkannt. Wir haben keine andere Aufgabe als zurückzufinden zu einer Einswerdung aller Lebenskräfte. Aber das ist ja Gnade, die nicht herbeigezwungen werden kann.

Endlich ist auch das neue Nürnberg überwunden. Als täte ich es zum ersten Male, stehe ich wieder vor dem Schönen Brunnen, inmitten der ganzen Herrlichkeit des Hauptmarktes. Es schlägt Mittag, die sieben Kurfürsten oben an der Liebfrauenkirche treten ihren Huldigungsgang vor Kaiser Karl IV. an.

11 Häuser an der Pegnitz.

Glückseliger Pirkheimer, der vor den Fenstern seines Wohnhauses den Schönen Brunen stehen hatte! Wie immer haben sich vor dem Brunnen einige Leute angefunden, die sich die Köpfe darüber zerbrechen, wie es denn möglich gewesen ist, den goldenen Ring dem festgeschmiedeten Gitterwerk des Brunnens einzufügen. Dieser goldene Ring ist das Wahrzeichen Nürnbergs.

Peter de Mendelssohn
Eine schreckliche Stadt 1945

Der Münchner Schriftsteller, Zeit- und Literaturkritiker Peter de Mendelssohn emigrierte 1933 zunächst nach Paris und dann nach London, wo er als Journalist, Schriftsteller und Übersetzer lebte. Als Mitglied der Britischen Kontrollkommission war er maßgeblich an der Neuordnung des deutschen Pressewesens beteiligt. Als Berichterstatter bei den Nürnberger Prozessen sah er die zerstörte Stadt ein halbes Jahr nach Ende des Zweiten Weltkrieges.

Nürnberg. Dezember 1945

Dies ist eine schreckliche Stadt.

Sie ist von schreckenerregender Schönheit. Sie hat den himmlischen Zauber großen, ganz und gar unirdischen Horrors. Niemals wieder wird es eine solche Stadt geben. Schon wenn dieser Winter vorüber ist, wird sie ihr Gesicht und Gewand verändert haben. In einem Jahr, in zehn Jahren gar wird es dahin sein. Das schreckerfüllte Antlitz der Stadt wird nicht mehr starren, sein zögerndes, zauderndfurchtsames Lächeln wird geschwunden sein. Diese Zeit, obwohl sie in fliehender Hast und zornerfüllter Vehemenz sie aufeinandertürmt, duldet dennoch keine Ruinen. Obgleich sie doch, ein jedes Mal, wenn der Uhrzeiger den vollen Kreis beschrieben hat, mit breit fegender Hand Millionen in die Dunkelheit ewig währender, von Gespenstern dicht bevölkerter Träume stürzt, leidet sie dennoch weder Aufenthalt, Betrachtung noch Schlaf.

Schau jetzt, ermahnte ich mich, schau jetzt und füll dir Augen und Herz und Geist. Schau jetzt, denn gar in diesem Augenblick schon, da du den Rücken wendest, verwandelt sie sich und ist dahin. Sie ist noch da, während du schaust. Nicht starren. Schau mit allen deinen Augen. Sie will, daß du sie erblickst und dich ihrer erinnerst. Glaub nicht, du seist hier für nichts und wieder nichts, ein zufälliger Wanderer auf dem verwüsteten Antlitz der Erde. O nein, du bist hier, um zu schauen und dich zu erinnern. Wenn du es nicht tust, wer wird es dann tun? Noch niemals hat es etwas Ähnliches wie diese fürchterlich-schöne Stadt gegeben.

Ungewiß entsann ich mich, daß ich schon vormals hier gewesen. Aber in welchem Jahr, in welchem Leben, in welcher Gesellschaft? Ich wanderte zweimal durch die Ruinen der alten mauerumfaßten Stadt. Sie ist ja ein so kleiner Ort. Das erste Mal, ungefähr eine Stunde lang, durch Schleier von Winterdunst; das zweite Mal, mehr als drei Stunden lang, an einem trockenen, kalten Sonntagmorgen in strahlendem Sonnenschein. Aber ich konnte keine Spur meiner selbst entdecken. Schließlich kam mir vor, ich müßte es mir eingebildet haben. Ich war nie vorher hier gewesen. Aber kann denn ein ganzes Leben – und ist nicht die Kindheit ein ganzes Leben für sich? – so ganz und gar spurlos in einem sterben und verlöschen? Schau noch einmal, sprach ich zu mir selbst, schau mit allen deinen inneren Augen und lausche dem Murmeln des Baches, der ganz tief drunten unter deinen weggeworfenen Träumen dahinrauscht. Dort muß es sein. Irgendwo hier in der Gegend muß ich doch sein.

Die Faszination des Schrecklichen, die unwiderstehliche Anziehungskraft der Agonie und des Todes! Ich spürte ihren eisernen, nicht locker lassenden, an den Wurzeln des Herzens reißenden Griff während dieses ganzen himmlischen Sommers, den ich in vielen von Deutschlands großen toten Städten verbrachte. Aber niemals so machtvoll, so übermächtig wie hier an diesem sonnenüberstrahlten Wintermorgen.

Ich stand auf einer der gedrungenen, hochgewölbten kleinen Brücken über die Pegnitz. Dann ging ich davon, hinauf zur Burg und wieder zurück, am Fembo-Haus vorbei, und stand wiederum auf der Brücke. Hier fließt das Flüßchen rasch dahin inmitten unsagbarer Öde. Drüben erhebt sich die tote Stadt mählich, majestätisch-hoheitsvoll zur Höhe der Burg hinauf, die den Hügel krönt, ein unausdenklicher Irrgarten braunen und weißen Todes unter dem klaren, blauen Himmel. So ein kleiner Ort, klein genug, daß man ihn in der Fläche einer Hand halten könnte. Tot, tot, tot. Nirgends eine Menschenseele, keine Katze, kein Hund, keine Maus. Ach ja, ein Radfahrer kommt in wilder Fahrt die steile Burgstraße herabgesaust, als sei alle Welt hinter ihm her, aber niemand verfolgt ihn. Ganz weit drüben klettert ein ermatteter kleiner Jeep mühselig die steilen, engen Gäßchen hinauf, die zwischen die Berge von Schutt eingeschnitten sind.

Das Auge kann sich nicht trennen. Es verlangt, alles in sich aufzunehmen, die ganze, vollständige Fülle dieser Einöde und dieses Todes, die Gänze dieser Agonie, dieses

12 Im Jahre 1899 wurde er umgebaut: der Plärrer.

zerbrochenen und zerborstenen Lebens, und weiß doch, es wird sie niemals ganz zu fassen vermögen. Es ist zuviel. Ich suchte in mir, ich prüfte mich nach dem Grund und der Quelle für diese Faszination, die mir einfach nicht gestattete, mich abzuwenden und davonzugehen. Schadenfreude? Ach Gott, wahrhaftig nicht. Ein grausam aufgeblähtes Gefühl der Genugtuung – denk an Rotterdam, Coventry, mein eigenes Haus? Guter Gott, nein. Dergleichen kommt einem nicht in den Sinn, es kommt nicht einmal in die Nähe des Sinns. Aber auch nicht Sentimentalität, Trauer, Klage über die verlorenen, unersetzlichen Schätze. Nein, auch das nicht. Ich fühlte tief verletzt, aber nach Weinen war mir nicht zumute. Was dann? Ganz einfach der überwältigende Eindruck des Erlebnisses, glaube ich, die Sache, das Ding, das Phänomen selbst, so groß, so unermeßlich, so unvorstellbar; das Ereignis, das Vorkommnis an sich, das so vollkommen Unbegreifbare.

Ich muß abermals hingehen, muß nochmals schauen.

Das übrige Nürnberg, draußen vor der alten Stadtmauer und um sie herum, ist neu, häßlich und verhältnismäßig unbeschädigt, wie sich's gehört. Wo es am häßlichsten ist, steht das Gerichtsgebäude, eine architektonische Monstrosität, die die Journalisten aus aller Welt bis ans Ende ihrer Tage in ihren Träumen verfolgen wird...

Wolf Strache
Kurzlehrgang in deutscher Geschichte – Nürnberg 1946

Dr. Wolf Strache, Bildjournalist, Autor und Herausgeber vieler Bücher, reiste unmittelbar nach Kriegsende durch mehrere deutsche Städte, u. a. auch Nürnberg, und hielt seine Eindrücke fest.

Das, was Nürnberg vor allen anderen deutschen Städten auszeichnete, war sein geschlossenes mittelalterliches Stadtbild. Wenn man den Plan der Freien Reichsstadt Nürnberg zur Hand nimmt, den Merian im Jahre 1648 fertigte, und mit dem der inneren Stadt vergleicht, der einem Reisehandbuch von 1938 beigefügt war, so ergeben sich kaum wesentliche Unterschiede. Das einzigartige Beispiel einer rings ummauerten Stadtanlage erhielt sich unversehrt, auch als Nürnberg zur modernen Industriestadt heranwuchs. Und nur die Gründerzeit mit ihrer hemmungslosen Bauwut riß einige Lücken in das historische, gewachsene Gefüge des Ganzen.

Seit der Zeit der deutschen Romantik galt Nürnberg, ebenso wie Rothenburg ob der Tauber, als Muster einer typischen alten deutschen Stadt. Diese Kostbarkeit unter den europäischen Städtebildern ist nun vernichtet.

Der Krieg hat auch in den Außenbezirken von Nürnberg verheerend gewütet, aber entscheidend ist doch der Verlust der Innenstadt, eben jenes Kernes, der seit einem halben Jahrtausend im festen Mauerring der Stadtbefestigung umschlossen lag.

Würde man heute mit einem Flugzeug über die alte Reichsstadt fliegen, so könnte man wohl wie einst die Rundung der Mauern und der Gräben erkennen, auch noch den mächtigen Burgberg am nördlichen Rande der Stadt. Aber im Niedersteigen würden sich die erkennbaren Einzelheiten mehr und mehr verlieren. Das Auge fände im Grundriß der kleinen und großen Straßen nur noch Berge von zerschlagenen Steinen, ein Gewirr von ausgebrannten Ruinen und zertrümmertem Bauwerk, wo einst die alten Handwerkerstraßen mit ihren Giebeln und Erkern standen, und da und dort das Skelett einer zerschlagenen Kirche. Ich ging mit einem Archivar der Stadt auf die Suche nach dem, was erhalten blieb. Der alte Mann, der seine Lebensarbeit der Erforschung dieses einzigartigen Stadtorganismus und seiner Geschichte gewidmet hatte, referierte mit trockener, kaum beteiligter Stimme über die grausamen Bilder, denen wir begegneten. Es schien, als läge das, was hier verloren war, jenseits der Ausdrucksmöglichkeit seiner Worte und Gefühle. Er verbarg den übergroßen Schmerz hinter einer betonten Sachlichkeit, die mich mehr berührte, als zur Schau getragene Trauer es vermocht hätte...

Über den Ruinen der Straße »Am Ölberg«, in deren Schluchten und Löchern die primitiven Ofenrohre armseliger Behausungen ragen, von Menschen, die sich in den Kellern unter den Ruinen eine Bleibe eingerichtet haben, erhebt sich die Burg. Mauern und Gebäude sind zerschlagen wie von Zyklopenhand; manchmal sind große Stücke aus der massiven Befestigung des Mittelalters einfach herausgebrochen...

Alfred Kerr
Nürnberg eine Schutthalde 1947

Alfred Kerr (1867–1948), der berühmte Berliner Theaterkritiker, emigrierte nach England und kehrte nach Ende des Zweiten Weltkrieges in sein Heimatland zurück. Eine Deutschlandreise führte ihn nach München, Frankfurt und Nürnberg. Der zerstörten Stadt an der Pegnitz hat er einen Zeitungsartikel gewidmet.

Nürnberg... – Das war eine Stadt: und ist eine Schutthalde. Das war gemütlich-bürgerlich: und ist ein Grauen.

Ein Grauen ohne Tragik: nur noch was Unangenehmes. Eine Ruppigkeit. Eine Häßlichkeit. Eine Trostlosigkeit... Eine Schutthalde.

In den »Meistersingern von Nürnberg« klang es behaglich, friedvoll: »Wie duftet doch der Flieder...« Es hat sich ausgeduftet.

Die Lorenzerkirche steht noch. Auch ihr Gegenstück: die mit dem wundervollen Sebaldusgrab. (Ist es noch vorhanden?) Der Weg zwischen beiden bleibt eine Seelenfolter. Du siehst kaum andres als Geröll. Irreführend wäre das Wort »Ruinen« – da denkt man immerhin an gewesene Hausungen; dies aber ist dem Staub viel näher als der billigen Vorstellung zerrissener Wände.

So daß im ersten Augenblick der Gedanke nicht abwegig scheint: dies Trümmertal seinem Zustand zu überlassen – und ein neues Nürnberg nebenan zu erbauen.

Was vorläufig in Nürnberg drückender ist als Nürnberg, sind die Nürnberger. Frische Gesichter wie in München sah ich nicht. Eine Last liegt auf den Leuten. Vielleicht ist ihr allzu williges Ergebensein die Folge davon.

Diesen Eindruck (ist er falsch – um so besser) hat ein Außenseiter von ihrem tonlosen Gehab«. Es ist, als lebten sie in einer unteren Stadt mit der stumpfen Empfindung, daß es eine obere gibt – von deren Vorhandensein sie immer wissen.

Ja, als ob sie mit halbem Ohr immer auf etwas horchten: ohne das zu merken.

Benno Reifenberg
Die Dürerstadt 1950

Der Kunsthistoriker und Essayist Benno Reifenberg (1892–1970), von 1959–1966 Mitherausgeber der Frankfurter Allgemeinen Zeitung, vertiefte sich in seinem Band »Das Abendland gemalt – Schriften zur Kunst« in Nürnberg, die Dürerstadt.

Es war um die Mittagstunde, die Menge hatte sich verlaufen. Über dem alten Gemäuer und dem uralten Fels wehten sonnendurchflutete Zweige wie Lichtfahnen über dem Elementarischen. Es gibt Augenblicke mitten auf der Burg, da ist es, als sei hier nie ein Mensch gewesen. Ich war auf den Südweg unterhalb der Burg geraten, der immer noch als ein Weg über der Stadt gelten kann, so steil ist der Hang, als ich zwischen den kleinen Wohnungen hindurch, deren gelbe Lehmziegel den Eindruck des Armen, des Hinfälligen verstärken, plötzlich das Haus Dürers gewahrte. Etwas schmalbrüstig hockten die beiden Fachwerkgeschosse auf dem Steinsockel, das Dach, verwinkelt daraufgestülpt, zog das Ganze noch mehr ins Steile. Es ging kein Behagen, vor allem keine Ruhe, aus dem Haus hervor. Aber mir benahm es den Atem bei dem Gedanken, daß von dort drüben aus dem Fenster im zweiten Stock einmal diese Augen, die für die ganze Menschheit gesehen haben, hierher gerichtet sein konnten, auf diesen zerhöhlten Sandstein, auf den Efeuschatten daran und auf die hochmütige Front des kaiserlichen Palastes darüber. Es war mir, als sei ich gleichsam in die Lichtbahn dieser grün-gelben Augen geraten, als blendete mich Dürer. Ich lief die wenigen Schritte den Berg hinunter, es war wie ein Zwang, nun den

13 Nürnberg wurde im Zweiten Weltkrieg stark zerstört. Noch im März und April 1945 ging der gnadenlose Luftkrieg weiter.

Der Blick von der Landesgewerbeanstalt über die Katharinengasse zur St. Lorenz-Kirche mit ihrem Notdach über dem schwerbeschädigten Chor zeigt das Ausmaß der Zerstörungen.

Blick vom Haus zur Burg zu tun. Im Erdgeschoß war alles zu. »Stark läuten!« stand zu lesen und auf englisch daneben: »ring the bell strongly«. Das tat ich und dachte, während man warten mußte, daß von oben die schwere Tür aufgezogen wurde, es sei recht sinnbildhaft. Ohne Anstrengung gibt es keinen Zugang zu Dürer.

Drinnen machten die weißen Kalkwände, die mächtigen Balken, die roten Steinfliesen einen kühlen, aber nicht unfreundlichen Effekt, trotz der niedrigen Türen mit dem spätgotischen Eselsrücken über dem Sturz – unsereiner mußte sich bücken, um hindurch zu gehen – herrschte eine Weiträumigkeit, die man von draußen nicht vermutet hätte; wozu beitragen möchte, daß man aus der dunklen, kellerartigen Eingangshalle auf der Holztreppe ins Helle emporsteigt. Dürer, der das Haus nach der großen italienischen Reise, also schon im vollen Besitz seines Ruhmes, kaufte, hat, wie versichert wird, die Fenster seiner Werkstatt erweitern lassen. Die Sonne malt uns die freundliche Wirkung des »Hieronymus im Gehäus« auf den blanken Boden. Die Wärterin berichtete auf unsere Frage, Heinrich Wölfflin, der unserer Generation eigentlich Dürer neugeschenkt hat, sei zum letzten Male 1928 im Haus gewesen. Das war, als der Gelehrte in Nürnberg auf der Erinnerungsfeier zum 400. Todestag Dürers gesprochen hat. In diesem Haus ist Dürer am 6. April 1528 gestorben, wenige Tage später wurde von hier aus »was sterblich an Albrecht Dürer war«, wie Pirckheimers Grabschrift sagte, auf dem Johannisfriedhof bestattet. Die Totenmaske, die Freunde abgenommen haben, ist uns nicht erhalten. Wölfflin hat in seiner Rede den Sinn dieses Mannes so gekennzeichnet: »Der Maler gibt nicht die bloße Erscheinung, sondern das Wesen der Dinge. Sein Darstellen ist ein Erkennen der Natur. Als der bestellte Verwalter der Sichtbarkeit ist er Gott verantwortlich.« So ist der Dürersche Ernst zu verstehen, so die eigentümliche sittliche Wirkung, die von seinem Werk ausgeht für den, der bereit ist, es zu ergründen. Ich schaute lange vom Fenster hinüber zur Burg in der umgekehrten Richtung, wie ich kurz zuvor von da aus das Dürerhaus erblickt hatte. Es war, wie die Stadtpläne bestätigen, an dieser Aussicht nichts verändert seit den Tagen, da Dürer sie durchmessen hat. Kein neues Bauwerk hatte sich seitdem dazwischengeschoben, kein altes war abgerissen. Immer hatte es diese wenigen bürgerlichen Giebelhäuser in der Oberen Schmiedgasse gegeben und die dahinter aufragende Südwestecke der Burg, die lange, hohe Kaisersaalwand und den stämmigen Heidenturm als östlichen Wächter.

O. Reismann
Unvergänglicher Mittelpunkt deutscher Kunst und Kultur 1957

In einem Zeitungsartikel beschrieb Dr. O. Reismann eine Reise nach Nürnberg. Er schilderte die mittelalterliche Altstadt, die dennoch die Gegenwart nicht vermissen läßt.

Die alte, ehrwürdige Reichsstadt Nürnberg, die außerhalb ihrer Ringmauern sich zu einer Metropole des Lebens und Webens der Gegenwart entwickelt hat, bietet dem Reisenden nicht nur eine reichhaltige Ansammlung historischer Kunst- und Kulturdenkmäler von besonderer Schönheit, sondern eine solche Fülle der Geschichte, daß ein längeres Verweilen in dieser Stadt für jedermann Genuß und Gewinn in hohem Maße ermöglicht. Das längst Entschwundene, das uns hier in der steingewordenen Schönheit der Bauten, in der malerischen Gliederung der Altstadt auf Schritt und Tritt anspricht, lebt in veränderter, neuzeitlicher Form weiter vor den Toren und Türmen. Es gibt nur wenig Plätze auf der Welt, wo man die innige Verbindung des Geistes der Vorfahren mit der neuen Wirklichkeit so eindrucksvoll erlebt. An dem kontrastreichen und doch harmonischen Nebeneinander lernt man plötzlich begreifen, daß alle wunderbaren Dinge der Vergangenheit wie der Gegenwart ihre Entstehung dem Werk vieler Generationen verdanken.

Die mannigfachen und zahlreichen Sehenswürdigkeiten der Stadt, das darf man ohne jede Überheblichkeit sagen, gehören zu den bedeutendsten in Europa. Nürnberg hat seinen Beinamen »des Deutschen Reiches Schatzkästlein« nicht zu Unrecht erhalten. Schon der italienische Humanist Enea Sivio Piccolomini, der als Vergleichsmaßstab die grandiosen Bauwerke und Naturschönheiten Italiens anlegen konnte, rühmte die Schönheit der Nürnberger Straßen und Häuser und Adalbert Stifter hat die Altstadt »in ihrer Ganzheit als ein wahrhaftes Kunstwerk« bezeichnet. Als Kunststadt birgt Nürnberg noch ein besonderes Kleinod: Das Germanische National-Museum, eine einzigartige, reichhaltige Sammlung von Kunstwerken und Kulturgegenständen aus dem germanischen Kreis der abendländischen Kultur.

Wie zu der »Meistersinger« Zeiten, gehört auch heute noch der Gang über die ausgedehnten Anlagen der ragenden Burg mit dem bezaubernden Blick von der Freiung über die alte Stadt und den reizvollen Einschnitt des Pegnitztales und ein Bummel durch romantische Gassen zum Schönsten, was ein Reisender irgendwo in der weiten Welt sehen mag.

Rings um die Altstadt aber führt die breite, moderne Ringstraße mit ihrem flutenden Verkehr, die den Übergang zum Leben der Gegenwart vermittelt.

Helene Buchtel-Adams
Das Tor zu Bayern 1960

In einer Tageszeitung von Arkansas beschrieb die Amerikanerin Helene Buchtel-Adams ihre Eindrücke von der nordbayerischen Stadt Nürnberg.

Die meisten Amerikaner, die Deutschland besuchen, haben eine Vorliebe für Südbayern. Nur wenige ziehen die kaum bekannten Freuden in Betrachtung, die Nürnberg bietet. Nürnberg als Tor zu Bayern. Möglicherweise haken einige Besucher Nürnberg ab, als ein Überbleibsel, das an die Nazi-Prozesse erinnert. Doch nichts könnte weiter von der Realität entfernt sein. Dieses Tor nach Bayern umschließt eine der lebendigsten und ehrwürdigsten Erinnerungen an die Vergangenheit. Eine Geschichte, die an Zünften reich ist, und deren gewaltige Stadtmauer und die würdige Burg neben Hochhäusern stehen. Nürnbergs Vergangenheit ist am besten zu sehen im Germanischen Nationalmuseum. Wenn man die kopfsteingepflasterten Straßen Nürnbergs durchstreift, in die gotischen Kirchen geht, die mit Kunstwerken gefüllt sind, wenn man vorbeigeht an spitzgiebeligen Fachwerkhäusern, sieht man überall die Zeichen mittelalterlicher Handwerkskunst.

Heute ist Nürnberg immer noch die Stadt in der schmackhafte Lebkuchen, würzige Bratwürste und viel mechanisches Spielzeug hergestellt wird. Schaut man am Schönen Brunnen vorbei, hinauf zur Burgstraße, erblickt man die großartige St. Sebalduskirche. Zwischen Kirche und dem Marktplatz sieht man aus einem Wirtshaus den blauen Rauch von Bratwürsten aufsteigen. Wenn man in die andere Richtung blickt, schaut man auf die Türme von St. Lorenz im gotischen Baustil. Im Inneren der Kirche gibt es prächtige Holzschnitzereien von Veit Stoß und in der Nähe der Lorenzkirche sieht man einen Brunnen mit allegorischen Figuren, die die Bürger an die Kardinaltugenden erinnern: Liebe, Barmherzigkeit, Tapferkeit, Glauben, Geduld, Hoffnung und Gerechtigkeit.

14 Die Pegnitz mit dem Henkersteg.

Franz Prinz zu Sayn-Wittgenstein
Das alte und das neue Nürnberg 1965

Bevor sich Franz Prinz zu Sayn-Wittgenstein in seinem Buch »Reichsstädte« der alten Reichsstadt Nürnberg und ihrem patrizischen Leben widmete, befaßte er sich mit dem Nürnberg der 60er Jahre.

Von welcher Seite wir uns auch Nürnberg nähern, immer müssen wir große Kiefernwaldungen, den alten Reichsforst, passieren, in deren lichtem Schatten Heidekraut und Ginster blühen. Dunkles Grün und das Blau der Luft oder das Grau ziehender Wolken herrschen vor, und wir entsinnen uns der Aquarelle Dürers jener Landschaft, in denen die gleichen Farben erscheinen.

Wir durchfahren den Gürtel der Industrien und Vorstädte, eine gewaltige Torburg, und dann sind wir in der Stadt, die seit dem Mittelalter als eine der schönsten in Deutschland galt, die bis zu den schweren Zerstörungen des letzten Krieges jedenfalls eine der besterhaltenen gewesen ist, großartige Selbstdarstellung des Bürgersinns in gebauter Form, ein langsam gewachsenes, nicht von fürstlichem Willen beeinflußtes Stadtbild.

Schön war es früher, durch die Straßen und Gassen zu wandern, in die Weiträumigkeit der Plätze zu treten, um das Bild der viel strenger als das heitere, ›goldene‹ Augsburg oder Frankfurt wirkenden Stadt in sich aufzunehmen. Wie reizvoll ist noch heute der Hauptmarkt vor der Frauenkirche, deren Fassade mit Giebel und Vorhalle ein einziges spätgotisches Schmuckstück ist, mit dem golden schimmernden Schönen Brunnen, um den herum und über die ganze Fläche des Marktes die Stände sich drängen, gefüllt mit Früchten, Blumen und Gemüsen, im vielfarbigen Kontrast zu dem roten Sandstein der Kirche.

Nicht minder stellen die drei herrlichen Kirchen, St. Sebaldus, St. Lorenz und die Frauenkirche, bürgerliches Wesen in kräftiger Ausprägung dar, denn trotz der Kaiserburg und einer festen Bindung an die Reichsgewalt – 1424 bis 1796 ruhten die Reichsinsignien in der Heiliggeistkirche – ist Nürnberg das Inbild einer Reichsstadt, und wir wissen auch, wie klug, redlich und zielbewußt es von seinen großen Geschlechtern regiert worden ist. Patrizisch vornehm wirkt die Stadt, bald bürgerlich eng, dann wieder von eindrucksvoller Großräumigkeit, wie wir sie in Kirchen und Plätzen antreffen, alles dies von der monumentalen Stadtmauer umschlossen und durchflossen von den erdbraunen Wassern der Pegnitz.

Verkehrsstraßen müssen verbinden, Märkte genügend Platz bieten. Mit der Zweckdienlichkeit jedoch verbindet sich die künstlerische Gestaltung, welche auch die Wohnlichkeit einschließt. Das Mittelalter hat dieses Problem mit erstaunlichem Einfühlungsvermögen bewältigt. Vorwiegend spätgotisch war der Eindruck der Fassaden, der Chörlein, der Giebel; spätgotisch der übergroße Reichtum der Formen, das Spielerische im Dekor.

Rolf Schneider
Miniatur über Nürnberg 1968

Der DDR-Schriftsteller Rolf Schneider, geb. 1932, betrachtete kritisch das Nürnberg der Vergangenheit und der Gegenwart. Seine Miniatur ist Teil des Buches »Orphée oder ich reise«.

Nürnberg also. In der Gasse hinter dem Stadtgraben am Sterntor, als ich dorthin kam, stand der Geruch nach frischem Brot und Holzkohlengrill: ein sanfter und freundlicher Geruch, er verhieß Gewerbefleiß und Redlichkeit. Die Gassen am Graben stehen ebenso neben- wie übereinander. Wo früher Wasser war, gehen junge Leute, die einander die Arme um die Schultern legen. Gebüsch wuchert vor der Mauer. Das Grün steht hell neben dem Rotbraun der Steine. Dieser Farbton findet sich überall in Nürnberg: Türme, Zwinger, Spitäler, Bürgerhäuser haben ihn, manchmal ist er von Fachwerk durchbrochen, Holzschwarz zu dem helleren Braun des Gesteins. Die Gassen, den alten Grundrissen folgend, verlaufen gekrümmt, sie sind eng. Senken, zu den Ufern der Pegnitz oder zu den Gräben, Gewirr von Stegen, Brücken, Verliesen, sie tragen trübe Namen: Unschlitthaus oder Henkersteg, man hört: hier wurden die Aussätzigen untergebracht und verwahrt, das Rotbraun der Steine umgreift, überwuchert, bestimmt alles, bis hin zur Burg, die diese Farbe wiederholt, die gleichen kleinen Fenster zeigt wie die Getreidespeicher in der Altstadt; Sehenswürdigkeiten: der Brunnen, eine Mark Eintritt, man kann hinabblicken, man hört das Fallgeräusch der hineingeworfenen Gegenstände, kann an der Dauer des Falls die Tiefe des Brunnens ermessen, erfährt:

dies in den Felsen zu graben war die jahrelange Fron namenloser Strafgefangener; Blick aber schon zu den beiden Nürnberger Wappen, der Jungfrauen-Adler eines davon, Erklärung in den gängigen Touristen-Sprachen, ein bebrillter Geschäftsmann aus Burma sagt sanft: Female always rules the world; Gelächter; Blick über die Mauer hinab in die nahe Altstadt mit ihren rotbraunen Farben.

Sie sind böse. Sie simulieren keine sanfte Novalis-Romantik. Sie lassen ahnen, wie hier gelebt wurde: eng und verbissen und glanzlos und mit bloß eschatologischen Tröstungen, und selbst die Rebellion gegen eine solche Umwelt war nichts als Reflex jener Verbissenheit und aus ihrem Geist, um ihn – wie denn? – zu stürzen. Das Sebaldusgrab: schweres Metall, die kunstvollen Figuren in eine leere Konstruktion gefügt, die sie aufsaugt und zu Gliedern einer Architektur macht, welche die Gliederung des ständischen Aufbaus wie unbewußt zu übernehmen scheint. Der englische Gruß des Veit Stoß, golden und entrückt und hoch über den Häuptern, freundlich und unerreichbar. In den Kirchen die Stühle der Gilden. Das Heilig-Geist-Spital: ein Gebäude der misericordia, verworren und finster.

Horst Krüger
Nürnberger Augenblicke 1971

Horst Krüger, einer der bekanntesten Reiseschriftsteller unserer Zeit, 1919 in Magdeburg geboren, studierte Philosophie und Literaturwissenschaften. Nach dem Zweiten Weltkrieg Anfänge als Essayist und Literaturkritiker, lebt er heute als freier Autor in Frankfurt/Main. Er ist Mitglied der deutschen Akademie für Sprache und Dichtung in Darmstadt und des PEN-Zentrums in der Bundesrepublik. Der vielfach Ausgezeichnete schilderte seine zeitkritischen Betrachtungen in einem Radio-Vortrag.

Wahrscheinlich bin ich doch der falsche Mann für das Dürerjahr. Es fehlt mir einfach am Besten: der Ehrfurcht. Professor müßte man sein oder Pfarrer oder wenigstens Amerikaner. Ich bin nur ein Zeitgenosse: ich selbst. Ich versuche es also jeden Morgen wieder, mein Pensum ernst zu nehmen, mich einzuschwingen in diese Turnübung der Geschichte: Jahrhundertgymnastik, Zeitverrenkungen, für mich ist das nichts. Wie war das doch mit Veit Stoß und seiner Brandmarkung? Und warum war Dürer nach Italien gegangen, und was war mit dieser Speis für die Malerknaben? War das etwas zu essen? Auch über Pirckheimer, Willibald, müßte man wohl etwas sagen, aber mir sagt das nichts. Ich pilgere immer wieder zur Burg hinauf. Es geht mir wie Kafka mit seinem Schloß: wirklich rein kommt man da nicht. Bei solchen Perlen der Vergangenheit weiß man immer schon von außen, was einen erwartet: die Wälle, die Tore, die Türme, das Giebelhaus und der Fachwerkbau: sehr schön aufgebaut, das ist einzuräumen. Immer gibt es in solchen Städten eine Kirche aus dem

13. Jahrhundert, einen Brunnen aus dem 14. Jahrhundert, eine Kornkammer, eine Folterkammer, ein Zunfthaus. Das meiste ist falsch, immerhin. Ich hasse solche Perlen. Sie täuschen uns eine intakte, heile Welt vor, die es nie gab. Sie sagen mit ihren biederen Mienen: früher einmal, als die Welt noch in Ordnung war, früher einmal, als ehrbare Patrizier versonnen und ernst durchs Butzenscheibenglas ihres Rathausfensters sahen, früher einmal, als fromme Handwerker bescheiden und still ihr gutes Brot buken, früher einmal, als man noch wußte, wo oben und unten und die berühmte Mitte war – sieh da, unsere Stadt hat das Original zu verkaufen: den tiefen Traum vom schönen Frühereinmal an öden Sonntagnachmittagen: Altnürnberg.

Also, ich habe es immer wieder versucht: Jahrhundertgymnastik, ehrlich. Die Treppen rauf, die Treppen runter, die Türen rein, die Türen raus: Kirchentüren, Rathaustüren, Burgtüren – sie sind immer so schwer. Immer an Gemälden, Vitrinen, alten Stichen vorbei. Es riecht immer so frisch, das Alte in Nürnberg. Die hohen Häuser, die niedrigen Häuser, Museumsluft, oder ist es nur die Frische der Malerfarben? Es macht mich müde. Ich erholte mich in der Noricama für kurze Zeit. Eine schöne Schau: modern, phantasievoll, elegant in der Form, etwas dröhnend im Ton. Ein Metro-Goldwyn-Mayer-Ton. Und doch: ein guter Werbespot, der jedes städtische Verkehrsamt entzücken muß. Die Multimediaschau singt nicht das Lied vom Frühereinmal. Sie ist besser. Sie sagt: immer wieder. Immer wieder steht diese Stadt trotz Tod und Teufel auf, wir sind einfach nicht kleinzukriegen. Das Leben geht weiter – immer wieder. Es rauscht die Stadt vom Plärrer bis zum Knoblauchland – immer wieder. Es leuchten die Mädchen, die Fernsehgeräte, die roten Backen der Buben. Die Stadt ist ein Stehaufmännchen, wie ganz Deutschland.

Mich zieht es dann immer wieder zurück in die wirkliche City. Länger als zwei Stunden halte ich es nicht aus in diesem Riesenspielzeug. Irgendwie macht es mich infantil.

15 Zur Zeit der Baumblüte bietet der Blick vom Fürther Tor zur der Stadt beherrschenden Burg ein malerisches Bild.

Man fühlt sich so klein im hohen Haus der Vergangenheit. Ich laufe also durch die Breite Gasse. Ich sehe die Hausfrauen einkaufen. Keine frivolen Moden. Die Arbeiterstadt kauft jetzt ein, und *Bild* ist auch hier dabei. *Bild* berichtet den Nürnbergern das Neueste zum Fall Rubin: 48 Stunden bis zur Hinrichtung. Die Nürnberger scheint das nicht zu erschrecken. In Müllers Sex-Boutique stehen die Männer wie in allen Pornoshops der Welt und lesen und lesen unheimlich andächtig. Als Schriftsteller ist man immer entzückt von so aufmerksamen Lesern. Es ist hier so still wie in der Lorenzkirche. Triebkommunion. Porno ist Augenweide, also Posterkultur: die wilden Engel auf Motorrädern, die nackte Paarung und Che Guevara als heiliger Franziskus darüber. Die Altarbilder der siebziger Jahre. Rote Ikonenkunst im Spätkapitalismus: wer wird das einmal feiern in fünfhundert Jahren? Wer wird dann sagen von diesem nackten Mädchen: sieht ganz schön sexy aus?

Irgendwann, das ist gar nicht aufzuhalten, lande ich dann bei solchen Stadtrundfahrten schließlich immer draußen in Langwasser. Die Stadt ist ja ganz eindeutig ein Dreitafelbild ihrer Geschichte: links die Altstadt, die strenge Gliederung des Ursprungs, in der Mitte das Breite, ziemlich wirre Bild des Zentrums. Alles, was südlich des Hauptbahnhofs liegt, ist von jener häßlichen und erschrekkenden Ungegliedertheit und Unaufgeräumtheit ganz Deutschlands so zwischen 1870 und 1945. Auf dem rechten Flügelbild dann der neue Ansatz, wieder Struktur: die Reißbrettstadt – weiße Türme, weiße Wohnsilos, kleine Wolkenkratzer, das Einkaufszentrum, Satellitenluft, die schöne, schreckliche Vision unserer Zukunft. So werden wir alle einmal leben, und draußen in Langwasser ist das zu besichtigen.

Wolfgang Koeppen
Proportionen der Melancholie 1971

Der 1962 mit dem Georg-Büchner-Preis ausgezeichnete Schriftsteller Wolfgang Koeppen wurde 1906 in Greifswald geboren und lebt heute in München. Ebenfalls zum Dürerjahr sammelte er seine Gedanken und Eindrücke zum Thema Nürnberg.

Ich ging in die Lorenzkirche, am Mittag, zum Orgelspiel, es klang gut in dem leeren Raum, es war wie Stille, es war niemand da, das trübe Winterlicht fiel durch die Glasmalerei der Fenster kalt und bunt, und ich versuchte, einer zu sein, der diese Kirche gebaut hatte oder dazu beigetragen hatte, dem sie etwas bedeutet hatte, der sich zu retten glaubte, vor dem Tod, vor der Endlichkeit, vor der schrecklichen Verwesung, in der Zuversicht des Auferstehens, oder der nur kämpfen und zeugen wollte für seinen Glauben, und es gelang mir nicht. Gott kam nicht zu mir in seiner Kirche in Nürnberg. Und die ästhetische Freude, die bloße Betrachtung des Schönen, die Suche nach dem einmal Vollkommenen, die Anwendung der Stilkunde ließen mich kalt an diesem kalten Mittag. Ich ging zu Woolworth hinein, ein Haus weiter, dort war es warm, dort waren Gläubige, da schrie eines dieser jetzt so geschätzten plärrenden Mädchen auf ihrer Schallplatte mit Inbrunst, mit Glaubenskraft, mit lang, lang gezogenen Vokalen »Alle Träume werden wahr«. Bei Woolworth war es nicht leer. Man drängte sich an die Verkaufstische, man raffte, was zu raffen war, man gab sein schwerverdientes Geld für die Enttäuschung aus, die von einem erwartet wurde zur Weihnachtszeit. Ein ganzes Stadtviertel der Warenhäuser, von einem Warenhaus zum andern, ein einziger Bazar, nicht mehr das Paradies der Damen, Himmel und Hölle der Verbraucher jedweden Alters und Geschlechts, die Rolltreppen hinauf und hinab, im Arm die Pakete, Bestätigung! Die Existenz hatte zu Buch geschlagen. Auf dem Weihnachtsmarkt aßen sie Bratwürste, als wollten sie ein für allemal beweisen, daß Nürnberg wirklich die Stadt der Bratwürste sei. Die Lebkuchen, die alten Nürnberger Lebkuchen, braun oder schwarz, waren viel weniger begehrt als das scharfe verbrannte Fleisch der Würste, niemand verschlang süße Lebkuchen auf dem Platz bei dem Schönen Brunnen, der alles überstanden hat, Autodafés, Nazis und Bomben, und vielleicht wollten die Kinder keinen Kuchen, weil es keine Großmütter und keine Hexen mehr in den Familien gibt, kein Platz ist in den Wohnungen, doch die unverkauften Lebkuchen ruhten in den vertrauten Dosen mit dem traulich vertrauten Bild des vertrauten Nürnberg und der Erinnerung an alle erlebten Weihnachten mit Lebkuchen oder keinen, wenn das Haus brannte, wenn man im Keller war unter Trümmern oder nur weil man sich verstecken mußte, auf der Flucht, im Hunger, vor der Hinrichtung, vor dem großen Schlachtfeld. Ich aß von den Lebkuchen auf dem Christkindlmarkt und dachte an ein anderes altes Bild, Nürnberg im Reichswald, die Stadt in ihrer grünen Jugend, baumumschlossen, aber schon in Herdwärme und Enge unter roten Dächern mit Rauch, und die Kuchen schmeckten nach Tanne, Nuß und Honig, wie sie die Bären mochten, die in dem Wald lebten und dachten für immer und gejagt wurden und starben als die erste Mauer der Stadt gebaut und der erste Weg gerodet war für den Kaiser, für den Fuhrmann, für den Henker zum Galgen. Die Christkindl, die Rauschgoldengel, die Weihnachtsmänner, selbst ihre Ruten, sie waren im Kinderland der Phantasie geblieben und hatten Vertreter aus Leim und Pappe geschickt, die lustlos in den Buden hingen. Die Puppenstuben waren Puppenstuben aus dem sozialen Wohnungsbau. Die Puppen selbst waren so lieb und so brav, daß sie von ihren Puppenmüttern verhauen werden wollten. Die kleinen modischen städtischen Mädchen betrachteten die dicklichen ländlichen Puppen mit kalten Augen. Warum zwangen sie sich in die Budengassen? Um einer Überlieferung zu genügen, weil es immer so gewesen war, weil man es tat? Ein Kinderheim kam auf den Platz, kranke Kinder, die behinderten schoben die gelähmten im Krankenstuhl: in ihren Augen war die Freude an der Welt, bis zum alten Mond und nicht nur am Schönen Brunnen in Nürnberg. Und dann zogen alle, die Kranken und die Gesunden mit Lichtern und Musik und Gesang vom Marktplatz zur Burg hinauf, es war ein großes Gedränge und der Fremde stand fremd am Straßenrand und war nicht mitgerissen und dachte an andere Aufzüge. Vielleicht fürchtete er sich. Nürnberg, sagt man, sei das Germanische Museum, und das Germanische Museum wäre Nürnberg. Das ist ein romantischer Gedanke. Sicher umfängt das Germanische Museum alles was Nürnberg in der romantischen Vorstellung war: schöne deutsche Geschichte, schöne deutsche Sitte, schöne deutsche Religion, schöne deutsche Kunst, selbst noch die Wissenschaft ist deutsch und schön. Ich weiß das Museum zu schätzen. Ich gehe gerne hin. Ich verlasse es mit Gewinn. Es ist klug geleitet, es ist sehenswert, die Sammlungen sind beispielhaft gestellt und gehängt. Aber sie bleiben eine Sammlung, die ein Sammler zusammengetragen hat, der sich seiner Schätze freut und sie herzeigt in der Erwartung, daß man ah sagt, ach wie schön. Die Zeugnisse der Vergangenheit sind, in das Museum gebracht, zwangsläufig Wertgegenstände, Seltenheiten, Kostbarkeiten, die man zu schätzen, zu verehren, zu bewundern und nicht zu kritisieren hat. Die alten in das Museum gebauten Häuser, ihre Zimmer, wie behaglich sind sie, wie sauber, wie blank die Fenster, wie warm die Öfen, man möchte sich da ins Bett legen und endlich den Frieden genießen. Ich suchte den Johannisfriedhof und sah, daß er römisch ist, eine römische Enklave in einer deutschen Vorstadt. Die Sarkophage machten die Patrizier und die anderen, die es sich leisten konnten oder hier geduldet wurden, noch im Tode zu Fürsten, zu Fürsten in die Ewigkeit. Ein jedes Nürnberger Geschlecht liegt in seiner Nürnberger Burg. Sehr städtisch. Die Toten lauern in einer rechten richtigen Stadt auf ihre Auferstehung. Morgen schon möchten sie ihren Geschäften nachgehen. Der Johannisfriedhof hat keine Landschaft. Gibt es auch nicht vor. Schwärmt nicht von der Natur, in der so viele ruhen möchten, als sei die Natur, die gleichgültige, menschenfreundlich. Dieser städtische Friedhof spricht für die Stadt. Er machte mir Nürnberg sehr sympathisch. Ich stand, versteht sich, vor Dürers Grab, las die bekannte Inschrift: *»Was von Albrecht Dürer sterblich war, birgt dieser Hügel.«* Ich dachte aber an Dürers Grab an den Verfasser seiner Grabschrift, an Willibald Pirckheimer, mit dem Dürer befreundet war, oder es hoffte, von dem er sich protegiert glaubte und vielleicht ausgenützt war. Pirckheimer war ein Patrizier, einer der klügsten Männer seiner Zeit und seiner Stadt, ein Intellektueller, ein Egg-head und unbeliebt, der alles wußte in seiner Zeit und an allem zweifelte in seiner Zeit und die Untergänge voraussah für seine Zeit. Die Stadtbibliothek in Nürnberg hat Pirckheimer eine schöne Ausstellung gewidmet, zu der ein Katalog geschrieben wurde, der eine kleine Kulturgeschichte des deutschen Humanismus, der Reformation und, am Rande, der Revolution, der Bauernaufstände ist, die der reiche Pirckheimer als Wirklichkeit leider nicht mochte. Er war ein Genießer. Ich bin ihm nachgefahren nach Neunhof, seinem Gut, wo er die Monate der Pest verbrachte, den Plato las, Fische aus dem Bach speiste, Wild vom Feld, nachts die Sterne betrachtete mit den neuen Instrumenten und mit einer Magd ins Bett ging, einen Sohn zeugte, den er vergaß. Ich stand vor seinem Patrizierschloß, einem hohen Stadthaus auf einem Acker, fand das Tor verschlossen, ein Hund bellte und wehrte und kuschte selbst keiner lateinischen Rede. Auch Pirckheimer fand sein Grab auf dem Johannisfriedhof, und sein Spruch lautet: *»Die Tugend kann nicht un-*

tergehen.« Pirckheimer, dieses lesend, er hätte die dicken Lippen geschürzt, der von Dürer gekennzeichnete Kopf, in dem die Welt böse brütete, mit seinen melancholischen, seinen wissenden Augen in einem feisten Gesicht mit den Wunden der Sinnlichkeit.

Lebte ich in Nürnberg, ich möchte wohl auf diesem Johannisfriedhof begraben werden, aber die Stadt würde mich nach ihrer Reißbrettsatellitenstadt schicken, nach Langwasser, in ein unangenehmes Grab neben dem Supermarkt.

Reinhard Baumgart
Nürnberg ohne Goldzähne 1971

Das Dürerjubiläum war auch für den Schriftsteller und Literaturkritiker Reinhard Baumgart Anlaß, nach Nürnberg zu reisen und sich mit der Stadt auseinanderzusetzen.

Erfahren kann man zum Beispiel, ziemlich konkret, was dieser Stadt so früh auf die Sprünge geholfen hat, die Armut nämlich der dortigen Natur. Nürnberg ist auf Sand gebaut. Der quillt beim U-Bahn-Bau aus den Stollen, der staubt bei jedem Gang durch den Tiergarten oder über den Johannisfriedhof die Schuhe blind. Auf diesem dürftigen Boden war man früh angewiesen auf Handel und Industrie, Fleiß und Erfindungen.

Und doch gibt es jenseits des Stadtkerns auch heute noch überall Winkel, wo Nürnberg an ländliches Franken erinnert, an fränkische Dorfteiche, Gänsewiesen, Stadtmauern, wo Nürnberg grün ist. Nur drinnen, zwischen ihren eigenen dicklichen Mauern, verändert die Stadt ihr Bild. Da kam sie mir immer schon fremd vor, eigenschaftslos. Für dieses eigentliche Nürnberg lassen sich keine zwei, drei flinken Adjektive finden wie für andere Städte. Denn London etwa könnte man doch grau und grün nennen, Heidelberg verträumt, adrett und käuflich – das wäre zwar hochfahrend allgemein, doch nicht ganz unrichtig. Nürnberg dagegen hängt undeutlich irgendwo zwischen einer großen Vergangenheit und einer spröden Gegenwart. Es läßt sich auch auf den zweiten Blick noch auf keine Formel bringen.

Das muß zu Zeiten der deutschen Romantik ganz anders gewesen sein. Damals sprudelten doch den gebildeten Touristen, den Wackenroder und Genossen, die Nürnberg-Adjektive nur so aufs Papier: Seltsam, uralt und herrlich wurde damals die Stadt genannt, vaterländisch, kühn, kraus, bunt, beredt und ehrwürdig. Wenn ich die alten Stiche, Aquarelle, Ölbildchen, wenn ich die holzgeschnitzten Altstadtmodelle sehe, dann weiß ich, daß all diese verklärenden Wörtchen so viel gar nicht verklären mußten. Das reichsstädtische Wesen sprach sich damals in Gassen, Plätzen, Hinterhöfen und Fassaden noch eindeutig und widersprüchlich, eben rüstig versponnen aus. Von irgendwo hoch oben, von der Kaiserburg nach Süden, vom städtischen Hochhaus nach Nordosten, sieht die Altstadt, drückt man ein Auge nachsichtig zu, noch heute fast aus wie unverändert, unzerstört. Die Kirchen Sebald und Lorenz mit ihren hochgebuckelten Chören schreiten würdig wie Dromedare durch eine enge Herde steiler Dächer. Das ist so altdeutsch krumm, so verschroben schön, wie sich's die Wiedererbauer der zerstörten Stadt wohl erträumt haben. Die hohen Giebel- und Pultdächer täuschen noch, die Fassaden darunter dann nicht mehr.

Was hätte da auch gelingen müssen, als man auf einen alten, verwinkelten Stadtgrundriß und unter gotische Steildächer neue Häuser bauen wollte: die Quadratur des Kreises. Man wollte eben alles auf einmal, Gotik und Hygiene, kleine Fenster und viel Licht, wollte zügig etwas Beschauliches bauen, kapitalistische Rendite rausschlagen und doch auf den Fassaden den Abglanz altdeutschen Gemüts erhalten. Es ging nicht gut, es konnte nicht gutgehen. Wo einmal Winkel lockten, schneiden jetzt Kanten in die leere Luft. An jeder dritten Ecke schlägt dann doch irgendein Parkhaus, eine Bank in das ängstlich wieder hochgegärtnerte Idyll wie die Faust aufs Auge. Ist es ein Idyll? Sehen nicht noch die stillsten Gassen so aus, als könnten sie sich nicht entscheiden zwischen Wüstenrot und Hans Sachs?

Hier und da kann man noch eintreten hinter eine arme

16 Hoch vom nördlichen Turm von St. Lorenz zeigt sich die Stadt.

alte Fassade, in einen engen, lichtscheuen Hinterhof, den keine Denkmalspflege sterilisiert hat. Dort riecht es scharf und muffig wie in Großmutters Kommode. Über den Müllkübeln hängt ein Aufruf »An alle Griechen«, beileibe kein Freiheitsappell, nur ein Aufruf zu Ordnung und Sauberkeit. Für Gastarbeiter also mag das erhaltene Spitzwegsche Altertum noch recht und bewohnbar sein. Die nüchternen Nürnberger aber wollten etwas mehr: innen den Komfort der Neuzeit, außen ein romantisches Make-up. Dürer, so hatte ich gelesen, würde sich trotzdem noch zurechtfinden in seiner Stadt. Ich möchte nicht dabeisein bei diesem Test. Nürnberg, hatte ein Schweizer Freund mir gesagt, das ist ein zerschlagenes Gebiß mit ein paar erhaltenen schönen Goldzähnen. Dieser Freund, fürchte ich, hätte am liebsten nur lauter Goldzähne gesehen. Ich nicht.

Margalit Galai
Die rotgiebelige Stadt 1974

Die aus Tel Aviv stammende Schriftstellerin Margalit Galai fand ihre Träume von Nürnberg, die beim Betrachten der alljährlich geschenkten Lebkuchendosen entstanden waren, bei einem kurzen Besuch in »Altnürnberg« erfüllt.

Altnürnberg! Diese Stadt mit ihren gewundenen Gassen, mit Häusern, da eines sich eng an das andere schmiegt, mit Dächern, die auf den Häusern sitzen wie tief in die Stirn gedrückte Schildmützen, dazu die Erker, Chörlein, Brunnen und die stillen Plätze, sie machen die Stadt geruhsam, gemütlich. Die Fenster dieser Stadt sind geschlossen. Die Stadt ist für ihre Bürger, was ein gemütliches Heim für die Familie ist. Man zieht sich in eine Ecke zurück und fühlt sich wohl. Gemütlich. Viele rümpfen die Nase, wenn sie dieses Wort hören. In der heutigen Welt aber ist es so ungemütlich, daß man beginnt, sich nach Gemütlichkeit zurückzusehnen; es muß ja nicht gerade die muffige sein. Diese städtische, saubere, blumengeschmückte Behaglichkeit, ich hätte unter diesen Dächern, hinter diesen Erkern, wohnen mögen, hätte ich mich nicht so fremd gefühlt, gehörte ich nicht woanders hin, in eine andere Welt, meerumspült, heiß, jüdisch, biblisch, und mit der täglichen Portion neuer Spannungen im Kampf um die nackte Existenz. Wissen die Nürnberger, wie gut sie es haben? Als Fremder kann man in Paris leben, in München, Rom, London, Wien, ja sogar in Frankfurt, wenn es sein muß. In Altnürnberg muß man Nürnberger sein, wenn Sie verstehen, was ich meine. Altnürnberg ist intim, eine Familienangelegenheit. Für den Fremden aber ist Altnürnberg ein Fleckchen Magie, eine Märchenstadt Wirklichkeit geworden, ein Traumland zum Bestaunen. Und dann fährt der Fremde mit seinen Eindrücken zurück in sein Land, in seinen Alltag. So fuhr auch ich mit meinen Erinnerungen nach Hause, und bei den erstaunlichsten Gelegenheiten tauchten sie wieder auf...

Um mich an meinen letzten Abend zu erinnern, brauche ich keine Assoziationen, keinerlei Anregung. Dieser Abend war ein Urlaubstraum. Auf Anraten machte ich einen Spaziergang in Richtung Burg. Vom Hotel aus, wo ich gut untergebracht war, ging ich durch das Sterntor und die Vordere Sterngasse, an der Mauthalle, dem Zeughaus und der Lorenzkirche vorbei zur Museumsbrücke. Die Stimmung war venizianisch. Die Brücke, das träge dunkle Wasser, der Wassergeruch, das Spiel der Lichter auf dem Wasser, und dann blieben zwei junge Burschen neben mir stehen, schauten, wie ich, in die Pegnitz, und unterhielten sich in singendem Italienisch. Wo bin ich? Es gleiten keine Gondeln, Enten sitzen anmutig am Wasser. Im weichen Halbdunkel der Nürnberger Nacht leuchten sanft weiße Blumen. Sie blühen in Kästen entlang der beiden langen Fensterreihen, eine links der Brücke, die andere rechts von ihr. Ich gehe weiter, dem Hauptmarkt zu. Ich war müde, hatte auch einen langen Tag hinter mir, eine Fahrt in die Fränkische Schweiz, diese romantische Waldlandschaft an der Schwelle Nürnbergs, ein Geschenk Gottes zu allem, was die Nürnberger bereits an Schönem besitzen.

Ich stieg Treppen hinauf und setzte mich in ein Café. Die Bedienung ließ sich Zeit und ich sah mich inzwischen um: Der Blick über den Hauptmarkt mit dem Schönen Brunnen, die Türme, die Burg, der Platz selbst, rechts unter mir, an der Ecke, runde Caféhaustische im Freien, an den Tischen junge Leute, neben jedem Tisch ein aufgespannter, bunter Sonnenschirm, wieder diese südliche Stimmung. Endlich kam das Bestellte. Der Tisch wurde jetzt erst und nur soso gereinigt, das Geschirr irgendwie auf den

Tisch gestellt, nichts richtig, nichts, wie es sein soll, und ich ärgerte mich. Im nächsten Augenblick aber war ich mehr als ausgesöhnt: Also nicht nur bei uns wird so serviert, stelle ich mit Genugtuung fest. Am Rückweg überall junge Leute. Sie gehen in Gruppen, stehen um einen Guitarrespieler, sitzen am steinernen Brunnenrand und debattieren. Da und dort bleibe ich vor einer Auslage stehen, Waren und auch Preise sind verlockend, und ich bedauere, daß ich nichts kaufen kann. Ich gehe weiter, an alten Häusern vorbei mit Giebeln und Erkern, da ist der Stadtgraben, das Tor, kaum, daß hier jemand geht. Bin ich im zwanzigsten Jahrhundert?

Am nächsten Vormittag verlasse ich Nürnberg. Am Bahnhof ist die Magie zu Ende. Das Bahnhofsrestaurant ist triste wie Bahnhofsrestaurants überall, außer in Tel Aviv, wir haben erst gar keines.

17 Der Tiergärtnertorplatz mit dem Dürerhaus und dem Gasthaus »Zur Schranke« ist ein beliebter Treffpunkt.

Bernhard Windisch
Bericht eines emigrierten DDR-Autors 1983

Bernhard Windisch, ein junger Schriftsteller aus der DDR, reiste mit seiner Familie 1983 in den Westen aus. In einem Radio-Essay beschrieb er seine ersten Schritte in eine neue Welt.

Ich stehe auf dem Bahnhof von Nürnberg. Die Fahrt von München über Augsburg war, trotz des schönen Spätsommerwetters – zitronengelbe Sonne über graugrüner Landschaft – nicht gerade dazu angetan, die Freude auf eine neue, unbekannte Stadt zu schüren, sondern eher, sie zu dämpfen. Platte Flächen, nur von Hügeln, die wie Maulwurfhaufen wirken, unterbrochen, der Horizont parallel zur Bahn verlaufend, von den Stromleitungsmasten in lauter kleine, zuckende Abschnitte zerhackt, eintönig, ja trostlos schlug sich das auf mein Gemüt. Die Dörfer und Städtchen kitzelten kaum mein Bewußtsein. Einige Nadelwaldtupfen, wie vergessene Reste, die Üppigkeit zusammengeschrumpft zu einer umso leerer erscheinenden Landschaft. Und wieder Namen von Flecken, ohne Reiz und schnell vergessen. Nichts von der Großartigkeit, mit der man sich drüben den Westen vorstellt: diesem selbst noch im totesten Winkel, selbst der Natur anhaftende irgendwie schillernde, lockende Glanz. Hier schien sie schlecht verpackt oder gar nicht, eine unverkäufliche Ware, wo eine Werbekampagne sich nicht lohnte. Mir war, als wäre ich zu Hause. Zu Hause? Wo war das?

Und dann die Einfahrt in die Stadt. Ich saß wohl auf der falschen Seite. Vergeblich suchte ich im Wechselrahmen des Waggonfensters das Nürnberg meiner Vorstellung, das, was mir vergegenwärtigte, daß ich nach Nürnberg kam und nicht in ein aufgeblähtes, in Smog gehülltes Industrienest...

Ich schlenderte durch die Bahnhofshalle. Der Reiz des neuen, noch immer hielt es an, zerfaserte die Gedanken und ließ einen Zeit und Ziel vergessen. Ich kannte bisher nur zwei große bundesdeutsche Bahnhöfe, den Münchener und Stuttgarter. Sieht man von dem düsteren Südausgang ab, ist der Nürnberger bestimmt der schönste davon. Vielleicht liegt es daran, daß die Bahnsteige von der Halle getrennt sind und sich dadurch eine unaufdringliche, nicht hektische, erstaunlich leise Atmosphäre entfalten kann. Kleinstadt? Nein. Denn gerade auf kleinstädtischen Bahnhöfen herrscht das größte Gedränge und, ist der Zug abgefertigt, die größte Verlassenheit. Hier schieben Leute ihr Gepäck gemächlich durch die lange Halle. Sind sie eben eingetroffen oder wollen sie abreisen? Man weiß es nicht. Da und dort eine Gruppe von Südländern, die, ganz gegen das gewohnte Bild, die Hände in den Hosentaschen, miteinander reden. Nicht laut, nicht schreiend, so als gälte es, auf irgendjemanden Rücksicht zu nehmen. Fehlt nur noch die Musik. Tatsächlich wurde zu Weihnachten die ganze Halle mit Weihnachtsliedern beschallt. Selbst die gröbste Schnulze und gemeinste Bearbeitung verfehlte ihre Wirkung nicht. Ich war noch nie auf einem in vollen, softigen Harmonien tönenden Bahnhof gewesen und fand es schön, anders als die Dauerberieselung in den Kaufhäusern, wo die Musik mich stört, was sie wohl auch soll, bei bewußter und kritischer Auswahl. Auffällig die vielen Buchhandlungen. In der Auslage Garcia Marquet neben Simmel und Konsalik, Beckett, Kafka, Canetti – wer kauft denn so etwas für die Reise? Das scheint ein Ort weniger um abzufahren oder anzukommen, das ist ein Ort, um hier zu sein. Unwillkürlich suche ich nach Bänken, aber die jungen Leute hocken auf den Fliesen, lesend oder rauchend, man ißt und trinkt in Ruhe, am Ende wird es direkt etwas langweilig... Ich kaufe mir eine Breze und lasse mich von der

Rolltreppe hinuntertragen unter die Stadt. Der andere Weg, von der Osthalle aus, ist freilich interessanter. Dort in der Unterführung kopieren Asphaltmaler in leuchtenden Kreidefarben Leonardo, Michelangelo, Dürer natürlich, Murillo und Dali, streicht die eine Bach-Partiten, andere spielen Country und die Zeugen Jehovas halten einem stumm und unverdrossen ihr »Erwachet« in Plastik-Hüllen entgegen. Dafür erwartet mich auf der anderen Seite, wieder ans Tageslicht getragen, eine Kuriosität, die ich wohl nicht versäumen soll: Nürnberg, auf vielleicht 300 Quadratmeter zusammengeschrumpft, die Puppenstube in der Puppenstube: der Handwerkerhof, ein dekoratives Bühnenbild von winzigen, putzigen Häusern, streng historisch, in denen gewerkelt und gehandelt wird, wie man uns weismachen möchte, seit eh und je. Ich fühle mich plötzlich ganz als Tourist und befinde mich auch unter lauter solchen. Man drängelt und tritt sich auf die Füße. Man versucht zu fotografieren, verzweifelt, weil immer der falsche vor der Kamera steht. Man kauft Souvenirs. Man staunt und kann es nicht fassen. Hirntaumelig werde ich wie eine Marionette von Häusle zu Häusle geführt, von einer Miniaturwerkstatt zu einer Miniaturkneipe, und weiter zu einem Lädle, so sauber alles, so geputzt, sehr hübsch, die Bier- und Bratwurstseligkeit, wen überkäme sie hier nicht. Ich beiße erst jetzt in meine Breze, das Kauvergnügen ist recht mühsam für eine Spezialität, deren Ruf weit über die Grenzen Frankens reicht, ein dürftiger Genuß, aber wahrscheinlich muß ich ihn erst schätzen lernen.

Draußen vor dem Tore, vor dem Tore des Handwerkerhofes geht es weiter, da fängt Nürnberg noch einmal an und zwar richtig und groß, um nicht großartig zu sagen: die Königsstraße. Da gafft man wahrhaftig in eine Pracht. Fast möchte man stehenbleiben und ausrufen: Verweile doch, oh Augenblick, aber es stehen schon genug herum, und ausgerufen wird auch etwas: ein Sonderangebot des Kaufhofs – Parfum in Großpackung zum halben Preis, zur Schönheit für die Augen der entsprechende Duft.

Gleich rechts, leicht zurückgesetzt, erregt ein heruntergelumpertes Gebäude meine Aufmerksamkeit. Was hat das hier zu suchen? Entsetzlich, höre ich eine Frau am Arm ihres Mannes sagen. Auch sie vermochten nicht, darüber hinwegzusehen. Ich überquere die Straße und werfe einen Blick durch die schmalen, abgerundeten Fenster an der heuschreckengrün gestrichenen Tür. Bemalte, vollgesprayte Wände, der Boden dreckig, mit Zigarettenkippen und Papierknäuel übersät und chaotische Typen – die Sonne fällt drauf und bringt alles so richtig zum Leuchten. Gleich fühle ich mich ernüchtert. Oder vielleicht erleichtert? Da haben wir doch eine Reaktion auf das Geschäft mit der Schönheit, das immer ein Geschäft mit der Lüge ist. Ich spaziere die Königsstraße hinunter. Nicht also die Klara-Kirche (frühgotisch) oder die Mauthalle (spätgotisch) bildet gleichsam die Pforte zu Nürnbergs Welt-Wunder-Land, sondern das KOMM, wenn man so will, berühmt-berüchtigt, das mir alles folgende in schönen Schein verwandelt.

Zwangsläufig stellt sich mir die Frage, ob die Menschen, die in der Altstadt leben, die hier einkaufen, ihre Geschäfte erledigen, essen, schlafen, lieben, dem Anspruch genügen, der in dem Neuaufbau des Alten steckt. Und ich antworte darauf mit nein. Warum? Nicht etwa, weil der Nürnberger die Schönheit des architektonischen Profils seiner Altstadt nicht zu würdigen verstünde – ich werde mich hüten, ihn amusisch zu nennen –, sondern weil die Restauration im höchsten Grade musisch ist, d.h. ästhetisch und der Mensch ästhetisch, d.h. wiederum schön, so viele schöne Dinge er um sich häufen mag, schlechterdings gar nicht leben kann. Nürnbergs Kernstück ist gefrorene Vergangenheit *und* gefrorene Schönheit. Vor lauter Beschaulichkeit droht sie den Menschen in einen Klotz zu verwandeln.

An der Lorenzkirche gehts vorbei zur Museumsbrücke. Links das Heilig-Geist-Spital. Das ist nun die wahre Idylle. Ein Flüßchen hat noch gefehlt. Und Brücken, die es lieblich überspannen. Fassaden und Mauern im noblen

Sandsteinton zwischen braun und brauner. Darüber und dazwischen quirrelige Möwen, sonst könnte man noch glauben, mitten in einer Postkarte zu stehen. Ich lasse mir den Weg zur Kleinweidenmühle erklären und gehe der sinkenden Sonne entgegen...

Mit dem Stadtplan habe ich mich flüchtig vertraut gemacht. Die Bahn zerschneidet Nürnberg in zwei Teile, in Nord und Süd. Der Norden gilt als nobel, der Süden zweitklassig. In der Mitte liegt das Rondell der City, drumherum wuchern die späteren Jahrhunderte. Kein Viertel, das für sich allein, ohne das Herzstück bestehen könnte, so sehr sich eines vom andern mit Namen abgrenzt. Gostenhof, Gibitzenhof, Galgenhof, Lichtenhof, Schoppershof – mir klingen all die Höfe komisch. Die ist nicht hier, sagt mir ein Mann mit Jägerhütchen, den ich nach einer Straße fragte, die ist in Tafelhof. Und als ich dann losmarschiere, sind es keine zwei Minuten bis dahin, nur über ein, zwei Straßen, unmerklich der Übergang, aber ein neues Viertel: Oh, Deutschland, deine Grenzen.

Willem Enzinck
Ein Niederländer in Nürnberg 1984

»Stadt-Impressionen« betitelte der niederländische freie Schriftsteller Willem Enzinck, 1920 in Apeldoorn geboren, seinen Radio-Vortrag, den er anläßlich der Veranstaltungsreihe »Begegnung mit den Niederlanden« in Nürnberg hielt.

Zu meinen festen Gewohnheiten gehört es, unmittelbar nach Ankunft an einem unbekannten Ort mir einen ersten Eindruck meiner Umgebung zu verschaffen. Und da war bei den ersten Schritten schon gemütliche, etwas legere Altstadtatmosphäre, mit einer Galerie, einem Verlag, mit kleinen Bistros und Restaurants, und, etwas weiter, die Burg, die dank ihrer erhöhten Lage gleich die Gelegenheit gab, festzustellen, wie sich diese Stadt zum Himmel verhält. Und tatsächlich, sie bietet ein wundervolles Panorama mit der sich weit ausdehnenden amorphen Masse der Häuser und ihren rotbraunen, geschuppten Dächern, aus der die Turmspitzen der Sebaldus-, der St. Egidius- und der Frauenkirche emporragen, – ein Profil, das ein Gasbehälter, ein Hebekran und noch viel weiter weg am Horizont ein paar weiße Hochhäuser kaum zu beeinträchtigen vermögen. Der Blick auf die Stadt von diesem hohen Standort aus blieb auch nach einer ausführlichen Besichtigung der ganzen Anlage das schönste an der Burg, zusammen mit den am Eingang sichtbar werdenden Sandsteinfelsen, auf die der Komplex gebaut wurde, und die sich ausnehmen wie riesige, rötlich blonde erstarrte Meereswellen.

Eine Straße weiter stand ich bereits auf dem kleinen

Platz vor dem Tiergärtner Tor mit ein paar an die Stadtmauer lehnenden Imbißbuden und den hohen, stattlichen Fachwerkhäusern, Monumentalbauten und Cafés rundum. Junge Leute verzehrten im Stehen ihre Fritten, andere lehrten einen Hund apportieren oder hatten sich einfach auf den runden Steinsitzen niedergelassen. Auch ältere Männer und Frauen gaben sich hier ein Stelldichein, standen herum und plauderten. Hier war heimelige, hier war etwas von Dorfatmosphäre, mitunter auch internationaler Prägung, aber doch Dorfatmosphäre. Und so fühlte ich mich schon an diesem ersten Abend in Nürnberg wahrhaft aufgehoben...

Im Spielzeugmuseum, wohin es mich wegen der Dampfmaschine aus meiner Kindheit verständlicherweise in erster Linie hinzog, sah ich den Nürnberger Erzeugnissen, den Eisenbahnen, den Karussels und sonstigem Spielzeug, wie auch den kunstvollen Puppenhäusern an, wieviel Tüftlerfleiß, wieviel angeborenes, traditionsreiches Handwerkertum dem Entwurf und der Ausführung zugrundelag. Viel weiter zurückliegende Tradition des Nürnberger Handwerks und des Nürnberger Handwerkers begegnete mir in der St. Lorenzkirche, in der der Steinmetz Adam Krafft an seinem beeindruckenden Sakramentshaus neben zweien seiner Gehilfen seine eigene Gestalt zur tragenden Figur gemacht hat, und so den Stolz und die Demut des Handwerkers lebensgroß in persona verkörpert. Desgleichen in der Sebalduskirche die Statuette am Sebaldusschrein, in welcher der Bronzegießer Peter Vischer sich Zeitgenossen und Nachgeborenen selber vorgestellt hat. Auch er in seinem Selbstbildnis von Kopf bis Fuß ganz dem Bereich des Handwerksmäßigen, des Bürgerlichen, ja, sogar des Kleinbürgerlichen verhaftet. Sein genauer Blick aber läßt die visionäre Kraft des Künstlers ahnen, – eines Künstlers jedoch, all jenem Pathos, mit dem das ausgehende Mittelalter und die Renaissance das Künstlertum umgeben sollte, enthoben. So wie Peter Vischer d. Ä. dasteht, Schlägel und Eisen in der Hand, seinen ganzen mächtigen Körper frontal bedeckt von einem Schurzfell, das in seiner simplen Fläche und Form meisterhaft, denn großzügig und monumental gestaltet wurde, ist er zugleich Abbild und Sinnbild des Handwerkers, dessen Meister-

18 An schönen Sommertagen trifft man sich am Schönen Brunnen auf dem Hauptmarkt.

schaft vom Odem des Schöpferischen belebt und zur Fülle der Bedeutung entwickelt wurde, jedoch immer noch mit dem Nachdruck auf Handwerkertum...

Nur dem langsam zu Fuß sich Fortbewegenden offenbaren sich die Finessen seiner Umgebung. Da wäre die augenfällige Sauberkeit der Stadt und ihrer Stadtteile, – eine Sauberkeit, für die wir Niederländer einmal sprichwörtlich bekannt waren, die uns aber in den letzten Jahren, wenigstens in den Großstädten, jämmerlich abhanden gekommen ist. Mehrmals erstieg ich die Burghöhe, nicht nur, um den Ausblick zu genießen auf die Häuserwellen, in denen sich die Elefanten der großen Kirchen Nürnbergs baden, sondern vor allem, um mir von den Dächern den schlichten und den vielgegaubten und von dem Sandstein des Burgsockels jedesmal bestätigen zu lassen, daß die Farbe von Nürnberg ein herrliches Rot ist. Ein leicht ins Schwärzliche nachgedunkeltes Weinrot, das sich in den Giebeln mancher alten Häuser wiederholt, ein Rot, das die Erker, die Chörlein, diese vorgeschobenen Lauerkästen der Kleinbürgerlichkeit, wie harmlose spielerische Dekorationen erscheinen läßt, ein Rot, das nicht ins Auge sticht oder aufwiegelt, sondern dem Blick Ruhe und Behagen schenkt und das hat selbstverständlich nichts mit Politik zu tun.

Es war mir selbst und dem Fremdenführer gegenüber wohl unverantwortlich, das Haus von Nürnbergs größtem und bekanntestem Sohn, Albrecht Dürer, der von seiner Vaterstadt niemals einen Auftrag bekommen hat, nicht zu besuchen, und so besuchte ich es, ohne mir viel dabei vorzustellen. Was sollten die Häuser großer, längst verstorbener Künstler auch zu bieten haben, als höchstens ein paar armselige Souvenirs, Kopien oder Gebrauchsgegenstände, oder auch nur die leeren Räume, in denen sie einmal gelebt oder gearbeitet haben? Im Dürerhaus ist es nicht anders: Von der ursprünglichen Einrichtung, vom Geist seines ehemaligen Bewohners ist nichts mehr da; begegnen kann man Dürer nur in seinen Werken. Leere Räume also, die nur einen Eindruck vermitteln von dem Lebensraum, über den er täglich verfügte, und zu dem Zweck reichen diese Räume denn auch vollends aus. Die Küche im Dürerhaus, das einzige Gemach, das man mit mittelalterlichen Pfannen, Pötten und Geräten tödlich museal vollgepfropft hat, genügt, um das zu beweisen.

Im Gegensatz zu der Wohnung Dürers gibt das Fembohaus in seiner äußeren Erscheinung, vor allem aber in seiner prächtigen Innenausstattung etwas vom behaglich prunktvollen Lebensklima der angesehenen Geschlechter, die es einmal bewohnten, wieder. Und abgesehen davon, daß dies Haus, wie bekannt, ursprünglich für einen niederländischen Seidenhändler errichtet wurde, atmet es im Ganzen den Geist, der uns Niederländern vertraut ist aus den historischen Grachtenhäusern der reichen Bürger und Kaufleute aus dem 17. Jahrhundert in Amsterdam.

Niederländische, oder wenigstens doch der niederländischen verwandte, Atmosphäre habe ich während meines Maiaufenthaltes übrigens des öfteren in Nürnberg angetroffen. Und zwar wurde sie hervorgerufen von einem an manchen Tagen herrschenden Licht, das vom etwas diffusen, gedämpft silbrigen, von Seeluft und Feuchtigkeit bestimmten Meereslicht Hollands abgeleitet scheint. Es ist dasselbe Licht, das auf den Landschafts- und Städtebildern der altniederländischen Meister immer wieder den Blick entzückt, und es sind wohl auch die Maler die – wie meistens die Künstler uns im Sehen vorausgehen – uns die Augen für seine Besonderheit und besondere Wirkung geöffnet haben. Diese Art Licht nun, dieses, wenn ich so sagen darf, semi-holländische Licht, das wie ein stilles Glühen die Dinge zu der höchsten Intensität ihrer Formen und Farben anbläst und sie zugleich verklärt erscheinen läßt, hob in meinen Augen die Stadt in den Zenit ihrer Schönheit: die Häuser, die Kirchenportale, die Türme und Tore, das stets irgendwo aufleuchtende Wasser der Pegnitz und vor allen Dingen und immer wieder den Hauptmarkt, – diesen Marktplatz, der es mir wirklich angetan hat. Denn er scheint nicht, wie einer aus tausend in der Welt von Städtebauern berechnet, geplant und ausgeführt, sondern, nur mit einzelnen in Italien vergleichbar, in seinen vollkommenen Ausmaßen fix und fertig regelrecht vom Himmel heruntergelassen zu sein.

Und da, inmitten der Vertikalität der umringenden Häuser und der spätgotischen Fassade der Frauenkirche, liegt er nun seit Jahrhunderten aus in einer Geräumigkeit, die sogar den kathedralischen Schönen Brunnen in eine gebührend bescheidene Ecke verwies.

So wie ich den Hauptmarkt leer und wenig bevölkert bewundert habe, so habe ich ihn genossen, wenn die Obst-, Gemüse- und Früchtestände ihn in die Palette eines sehr farbenfreudigen, sagen wir un-Dürerischen Malers verwandeln. Und doch waren es nicht die augenfälligen, üppig bestückten Buden der Händler, die es mir da antaten, sondern, bei näherer Betrachtung, die meistens nicht einmal von einer Plane oder einem Schirm überdachten winzigen Stände der Bauern, die aus dem umliegenden Knoblauchland ihre Ware herbringen und mit temperiertem Stolz darbieten: ein paar Eier, einige Stangen Lauch, eine kleine Ansammlung von Gläsern mit Honig. So wie diese Dinge auf einem rohen Brettertisch daliegen und -stehen, in der Deutlichkeit ihrer Vereinzelung, geben sie noch Kunde von der Arbeit, den Mühen, der Sorge, die die lange Handlungsfolge von Setzen, Züchten und Ernten begleitet, und so zeugen sie bildhaft – ähnlich wie in südlichen Ländern – von der ursprünglichen innigen Verbundenheit zwischen dem Erzeuger und seinem Erzeugnis. Diese Bauern und Bauersfrauen sind es denn auch, die für mich den Hauptmarkt wahrhaft in Ehre halten und ihm Ehre antun ...

Wie jede charakterlich ausgebildete Stadt ihre eigene Farbe hat, so hat sie auch ihren ganz eigenen Duft. Amsterdam, Venedig oder Brügge ist der modrige Geruch ihrer Grachten und Kanäle zu eigen, Rom riecht nach einer Mixtur aus Abgasen und Katzendreck aus dem Colosseum, Athen hat den Duft mediterranen Staubs.

Als Spaziergänger fiel es mir nicht schwer, zu konstatieren, daß der Duft Nürnbergs der Bratduft der Nürnberger Würstchen ist. Ein Duft, der sich in unmittelbarer Nähe der allenorts üppig existierenden, auf deren Zubereitung spezialisierten Lokale und Buden als ziemlich penetrant und stickig erfahren läßt, in weiterer Entfernung jedoch, wenn er einigermaßen verduftet ist, im richtigen physischen Moment den Appetit wachruft. Daß er den Appetit anregt, kann ich für mich erst sagen, nachdem ich die Würstchen zum ersten Mal in meinem Leben in Nürnberg selbst gegessen habe. Daß es bald darauf mehrere und sogar viele Male wurden, hat seinen Grund darin, daß ich hier zu der Erkenntnis kam, daß das, was man mir anderswo in Deutschland je als Nürnberger Würstchen serviert hatte, stets Gaumenverdruß statt Gaumengenuß gewesen war.

Die seltenen Male, die ich mich von einer sogenannten Spezialitätenkarte zu ihnen hatte verführen lassen, erschienen auf dem Teller mit einer Art von Fleisch abgeleitetem Kitt gefüllte, in zähen Darm gepreßte Stäbchen, die alsbald Ekel erregten und zweifelhaft oder nach gar nichts schmeckten. Hier, in der Stadt ihres Ursprungs, wurden sie mir in der geeichten Verbindung mit Sauerkraut und Kren, auf matt schimmerndem Zinnteller aufgedient, zu einer hohen, aufmunternden Delikatesse. Und ich zog daraus für immer die Lehre, daß, wie man den geharzten griechischen Wein nur auf attischem Boden trinken darf, man die Nürnberger Würstchen nur in Nürnberg im richtigen Etablissement essen soll.

An Ort und Stelle wurde mir auch wasserklar, daß das Nürnberger Würstchen mit gar keiner anderen Wurst zu vergleichen ist, nicht nur der zierlichen Form und der Feinheit seiner Füllung wegen, sondern auch bereits seinem Namen nach nicht. Sagen Sie mal »Blutwurst«: – wie ungeschlacht und grob das klingt, und man sieht dabei förmlich das Tierblut sämtlicher Schlachthäuser fließen, bis es festläuft in einem Wulst aus Mehl und zerschnittenem Speck. Viel schlimmer noch: – Bauernwurst, Bockwurst. Man darf doch gar nicht daran denken, wieviel unschuldige Bauernfamilien, wieviel stinkende Böcke darin wohl Tag für Tag verarbeitet werden!

Hingegen: Nürnberger Würstchen, mit dem kecken ü-e-ü, das klingt genauso fein, so würzig, so knackig, wie es schmeckt. Ja, das Nürnberger Würstchen ist seinem Namen und Inhalt nach so zart, daß ich mir einbilde, daß, wenn ein Liebhaber eine, sagen wir, kleine zierliche Frau mit der gebührend zärtlichen Intonation als: – Du, Nürnberger Würstchen! anspräche, diese es als ein erlesenes Kompliment auffassen müßte.

Die Nürnberger Würstchen, so habe ich den Eindruck gewonnen, bestimmen maßgeblich die Cuisine dieser Stadt, sie stellen wohl andere städtische und fränkische Spezialitäten, die alle eher mit handfestem Essen als mit verfeinerter Küche zu tun haben, leicht in den Schatten. Jedoch scheint ihnen darüber hinaus auch eine gewisse zwingende Magie innezuwohnen, der man sich kaum entziehen kann. Gebürtige Nürnberger, wie auch bereits vor Jahren zugewanderte Einwohner der Stadt erklärten mir nämlich wiederholt: – Ja, das ist auch für uns, die wir doch sozusagen mit ihnen großgezogen und aufgewachsen sind, das Merkwürdige an den Nürnberger Würstchen: Wenn man sie aus irgendeinem Grund mal längere Zeit nicht zu sich genommen hat, – unweigerlich kommt der Moment, daß man sie einfach wieder essen muß.

Jedem Besucher Nürnbergs sei also ernstlich geraten, sich von so profunder Kennerschaft zeugende Aussprüche wie diese zu Herzen zu nehmen!

Nürnberg: Pro und Contra

Si frâgent mich vil dicke, waz ich habe gesehen / Swenn ich von hove rîte und waz dâ sî geschehen / Ich liuge ungerne und wil der wârheit halber niht verjehen. zc Nüerenberc was guot gerithte / daz sage ich ze maere.

Walther von der Vogelweide 1224

...nach dieser Stadt kommt dann die Stadt Nürnberg. Die ist sehr groß und befestigt; und Menschen gibt es viel in ihr, und Handelsgüter; und die Häuser sind in ihr aus weißem Stein gebaut, sehr wunderbar und kunstvoll; und ebenso kunstvoll werden auch die Flüsse mit großer Mühe zu dieser Stadt herzugeleitet; aber andere Gewässer sind in Säulen geleitet, kunstvoller als in allen früher beschriebenen Städten, und das zu schildern ist nicht möglich und man kann es sich in keiner Weise vorstellen.

Unbekannter Russe 1438

Nurenberg dise mechtige und reiche statt ligt gatz und gar auff einem ongeschlachten un sannichte boden / aber hat dester sinreicher werckmeister un kauff heren. Da so sie mit dem ertrich nichts mögen anfahen / schlagen sie jre spitzige vernunfft dester fleissiger auff subteile werck un künsten...

Sebastian Münster 1550

Zu den Zeiten Kayser Carol deß Vierdten / umb das Jahr Christi 1350. ist Nürnberg gewaltig erweitert / mit neuen Mauren umbgeben / und folgends / wie jetzt zu sehen /

mit doppelten starcken Mauren / weiten und tieffen Gräben / mächtigen Thürnen / stattlichen Brustwehren / Pasteyen und dergleichen bevestiget worden. Dero Thürnen sollen groß und klein 365. und zwar 183. grosse von Quatersteinen seyn / und stehen auff solchen grossen runden und starcken Thürnen die Stück zur Sicherheit. Sie hat 6. grosse starcke und wolverwahrte Thor / als das Laufferthor / Thiergartnerthor / Neuethor / Schloßthor / Frauenthor / Spitlerthor / und zwo Pforten / als das Hallerthürlein und Wörtherthürlein.

Matthäus Merian 1641

Da die Pegnitz gegen Orient vnter grossen gewelbten Brücken in die statt fleust / machet sie zwo Inseln / die eine ist eng / die ander ist sehr bequem zum waschen / vnnd das Leinwath an die Sonne zu legen: darbey die warmen Bäder sind. Nach dem der fluß vnter zwölff Brücken durch die statt sich hinauß begiebet / befeuchtigt er den gemeinen Platz / auf welchen die Nürnbergische jugend / gleich wie die *Spartaner* an dem fluß *Eurota*, alle feyertage mit allerley ehrlichen vbungen / als schiessen / werffen / ringen / springen / etc. sich belustiget.

Janssonius 1658

In dieser Stadt wird alles ordentlich geführet, und ist eine galante Policey darinne, daß auch ihre Neider gestehen müssen, Nürnberg sey unter allen Reichs-Städten fast die Allerglückseligste.

Melissantes 1713

Wie eine iewede Stadt in gewissen Curiositaeten besonders excelliret: Also muß man der gegenwärtigen den Ruhm lassen, daß sie in ihren Mauern vortreffliche Künstler in allerley Sachen schon von geraumer Zeit her beschlossen. Man hält diese Stadt für das Centrum von Teutschland und Europa.

C. F. Neickelio 1727

Pracht und Aufwand, besonders in Kleidern, ist hier lange nicht so stark, wie zu Augspurg und Frankfurth. Die Bürger gehen ganz modest, und affektiren die neuen Moden nicht, viele altmodisch genug. Sie haben es auch bey ihren starken Abgaben nicht Ursach. Die Kleidung der Bürgertöchter und Mädgens ist recht sauber. Sie gehn scharf geschnürt, so, daß ich sie nicht leicht schmaler von Taille gesehen habe. Die mehresten tragen einen ziemlich hohen Kopfputz von feinem schwarzen Flor und Spitzen, so ihnen recht gut steht.

Die Künstler und Handwerker sind hier sehr fleißige Leute. Sie arbeiten von frühe Morgens bis in den spätesten Abend, und machen gerade das Gegentheil von den Augspurgern, die schon um 3 und 4 Uhr aufhören, und zu Biere gehn. Ihre Industrie geht über alles, und ihre Arbeiten in Stahl, Eisen und Messing sind die besten in ganz Deutschland.

Philipp Wilhelm Gercken 1784

Zu Nürnberg haben wir gefrühstückt – eine häßliche Stadt –

W. A. Mozart 1790

Nürnberg hab ich diesmal infaustis omnibus gesehen und der böse Eindruck hat mich weg gejagt.

Joh. Wolfgang v. Goethe 1790

Die vergnügteste Zeit meiner Reise hatt' ich in Nürnberg… Nürnberg ist ein ehrwürdiger Ort mit seinen gotischen Palästen und emsigen Einwohnern und liegt recht freundlich da auf der weiten Ebene, die rings mit Tannenwäldern bekränzt ist.

Friedrich Hölderlin 1794

…indem warf das Morgenroth seine Flammen immer höher, und es gingen schon undeutliche Schatten neben ihnen, und die Gegend trat rund umher aus der ungewissen

Dämmerung heraus; da glänzten die goldenen Knöpfe auf den Thürmen des heiligen Sebald und Laurentius, und röthlich färbte sich der Duft, der ihnen aus den Kornfeldern entgegen stieg.

Ludwig Tieck 1798

Nürnberg ist eine unbegreiflich interessante Stadt. Alles kratzt und poliert dran, aber sie ist durchdrungen von Altertum und Kunst. Die Sebalduskirche ist inwendig bedeckt mit Kunstwerken. Seltsam ist, daß der Lutherische Gottesdienst drin ganz in katholischem Zeremoniell und Kleidern gehalten wird. Ich stand mit Bettina um 6 Uhr auf. Wir fanden eine Betstunde drin, und indem wir durch die alten Gestühle nach dem Tor schlichen, die herrlichen Bilder zu besehen, fanden wir im Chor zwischen einem mit Stühlen begrenzten Raum die Schlafstelle von des Sigristen schöner Tochter. Sie betete laut mit und ordnete ihren Putz vor dem Spiegel und räumte auf, stellte einen gemachten Blumentopf auf ihren grüngedeckten Tisch und legte uns zwei Kissen in die Chorstühle, unter denen ihre Sonntagsschuhe und Pantoffeln standen. Wir warteten, bis das Gebet aus war. Dann zeigte uns ihr Vater die ganze Kirche: unbegreifliche Schätze, besonders St. Sebaldusgrab in Erz gegossen, ein unbegreiflich reiches, liebes Kunstwerk, eine schöne Grablegung Dürers usw.

Clemens Brentano 1807

Die ganze Stadt kommt mir so alterthümlich wie ein Gedicht aus des Knaben Wunderhorn vor. Am hellen Tage fuhr ich durch das hochbethürmte Stadtthor, und in den Straßen herrschte schon Dämmerung. In diesen Häusern, die mir ihre zackigen Giebel zuwenden, muß auch noch deutsche Treue und Würde walten ... Still verfolgte ich die Krümmungen der Straßen mit einem selig-philanthropisch-schwermüthigen Gefühl; aber alle Bewohner Nürnbergs, die mir begegneten, sahen so neumodisch aus, daß sie mit ihren Wohnungen einen gar wunderlichen Kontrast machten, ungefähr so wie Schauspieler, die in neumodischen Kleidern ein modernes Stück auf der Bühne bey Gothischen Decorationen probiren, welche aus dem Ritterstücke des vergangenen Abends noch stehen geblieben sind.

J. G. von Quandt 1813

All Dein so häufiges Rühmen, in der Sabina oder an anderen geweihten Plätzen ausgesprochen, fand ich bestätigt. Überall auch dachte ich an Dich und Deine einzelnen Äußerungen, sei es nun auf dem Johanniskirchhofe oder vor den Bildern im Schützenhause... oder wenn ich im allgemeinen den Charakter der Stadt, der Straßen und der Brücken betrachtete und die so oft von Dir erwähnte Ähnlichkeit mit Rom wiederfand.

J. J. Böhmer 1820

Nürnberg hat auf mich einen ungeheueren Eindruck gemacht; ich ging nach meiner Ankunft in der Stadt herum, bis es finster wurde und kam völlig berauscht nach Hause. Das ganze Ding war mir wie feenhaft; ich war eine Gestalt auf einem Albrecht Dürerschen Bilde. Nürnberg ist die schönste Stadt, die ich je gesehen habe, sie ist in ihrer Ganzheit ein wahrhaftiges Kunstwerk. Die Zierlichkeit, Heiterkeit und Reinheit dieser mannigfaltigsten Schönheitslinien füllte mich mit den wohltuendsten Empfindungen.

Adalbert Stifter 1865

Nun bin ich schon vier Tage in Nürnberg. Es wird mir schwer, mich von dieser Stadt zu trennen, denn sie übertrifft alle meine Erwartungen... Man geht keine zehn Schritte, ohne etwas Malerisches zu finden... Die Sebalduskirche ist gewiß eines der schönsten Meisterwerke der Baukunst. Überaus schön und zierlich finde ich die Tür, an der auf beiden Seiten die klugen und törichten Jungfrauen, Sebaldus und Maria stehen. Unter vielen anderen kleinen und großen Figuren der Kirche zeichnet sich besonders ein gut erhaltenes Hautrelief von Adam Kraft aus, eine Kreuztragung, Kreuzigung, Grablegung und Auferstehung. Im Innern der Kirche Peter Vischers vielbeschriebenes und bewundertes Sebaldusgrab, mehrere prachtvolle Figuren von Veit Stoß, mehrere alte Gemälde auf Goldgrund von Albrecht Dürer und endlich die herrlichsten Glasmalereien.

Waldemar Hottenroth 1828

Textnachweis

Andersen, Hans Christian, Eines Dichters Bazar, erster Band (aus dem Dänischen), Eduard Kummer, Leipzig 1843
Arndt, Ernst Moritz, Schilderung eines politischen Dichters, in: Bruchstücke aus einer Reise von Beireuth bis Wien im Sommer 1798, Leipzig 1801
Atterbom, Per Daniel Amadeus, Ein schwedischer Dichter erlebt Nürnberg, in: Mitteilungen des Vereins für Geschichte der Stadt Nürnberg, Band 72, Nürnberg 1985
Gottfried Wilhelm Becker, Reisebilder, in: Reisebilder aus Süd-Deutschland, Fest'sche Verlagsbuchhandlung, Leipzig 1837
Baumgart, Reinhard, Nürnberg ohne Goldzähne, in: 7 × Nürnberg, herausg. von Wolfgang Buhl, Echter-Verlag, Würzburg 1972
Beatis, Antonio, Eine Beschreibung Nürnbergs aus dem Jahre 1517, in Fränkischer Kurier, Nürnberg, 16. 5. 1906
Bergengruen, Werner, Deutsche Reise, © 1959 by Verlags AG Die Arche, Zürich
Blainville, Extract aus des Herrn von Blainville Reisebeschreibung, den Zustand von Nürnberg betreffend, Schwabach 1765
Eduard Brown, Die allerschönste deutsche Stadt, in: Merkwürdige Reisen durch Europa in welchen die vornehmsten Denkwürdigkeiten verschiedener Königreiche und Länder und vornehmlich derselben Naturalien, Bergwerke und unterirdische Schätze mit vielen Fleiß geschrieben und mit Kupfern erläutert werden (aus dem Englischen), Nürnberg, bey Stein und Raspe 1750
Buchtel-Adams, Helene, Das Tor zu Bayern, in: Tageszeitung aus Arkansas USA 1960
Burckhardt, Jacob, Briefe an einen Architekten, Georg Müller und Eugen Rentsch, München 1913
Eichendorff, Joseph Freiherr von, Der erste Blick durchs Fenster, in: Sämtliche Werke, 11. Bd., herausg. von W. Kosch und A. Sauer, Verlag von J. Habbel, Regensburg o. J.
Enzinck, Willem, Ein Niederländer in Nürnberg, Radio-Vortrag beim Bayerischen Rundfunk, Studio Nürnberg, 6. 10. 1984
Esprinchard, Jaques, Ein französischer Reisebericht aus dem Jahr 1597, in: Mitteilungen des Vereins für Geschichte der Stadt Nürnberg, Band 49, Nürnberg 1958
Galai, Margalit, Die rotgiebelige Stadt, Radio-Vortrag beim Bayerischen Rundfunk, Studio Nürnberg, 8. 12. 1974
Geibel, Emanuel, Jugendbriefe, hg. E. F. Fehling, Berlin 1909
Grimm, Jacob, Aus seinem Leben, Ferd. Dümmlers Verlag, Bonn 1961

Gutzkow, Karl, Ein Theaterabend, in: Reiseeindrücke, Hermann Costenoble, Jena 1876
Halbfaß, Wilhelm, Eine Stadtschilderung, in: Reise und Städteschilderungen aus aller Welt, Verlag Emil Bauer, Stuttgart o. J.
Hase, Karl von, Eine heilige Stunde, in: Rhein- und Lenzfahrt des Studiosi Rattenfänger, herausg. von Magister Autos, zit. nach Fränkische Monatshefte, Nürnberg 1930
Hebbel, Friedrich, Tagebücher in 4 Bänden, hg. H. Krumm, 2. Bd., 1840–43, Leipzig i. J.
Heeringen, Gustav von, Wanderungen durch Franken, in: Das malerische und romantische Deutschland in zehn Sektionen, Bd. 3 Franken, Georg Wigand's Verlag, Leipzig um 1839
Heller, Jakob, Frankenland. Ein Heimatbuch in Sachen, Geschichten und Schilderungen zum Gebrauch in Schule und Haus, hrsg. Johann Beck, Emil Grimm, Hans Hoerner und B. Wolfinger, Druck und Verlag von R. Oldenbourg, München und Berlin 1921
Herzog von Sachsen-Weimar-Eisenach, Carl Alexander, Tagebuchblätter eines Adeligen, in: Tagebuchblätter von einer Reise nach München und Tirol im Jahre 1858, Verlag der Buch- und Kunstdruckerei Philipp Kühner, Eisenach 1933
Hess, Jonas Ludwig von, Die Tugenden der Nürnberger, in: Durchflüge durch Deutschland, die Niederlande und Frankreich, Hoffmann, Hamburg 1798
Hesse, Hermann, aus: Gesammelte Werke, Band 7, Die Nürnberger Reise, © Suhrkamp Verlag, Frankfurt/Main 1970
Kankrin, Graf Georg, Nürnberg aus russischer Sicht, in: Aus den Reisetagebüchern, erster Teil, Verlag der Hofbuchhandlung von Eduard Leibrock, Braunschweig 1865
Kerr, Alfred, Nürnberg eine Schutthalde, in: Neue Zeitung Nürnberg 1947
Keßler, Johann Georg, Addition der Sehenswürdigkeiten, in: Neueste Reisen durch Deutschland, Böhmen, Ungarn, die Schweiz, Italien und Lothringen, Hannover 1751
Koeppen, Wolfgang, Proportionen der Melancholie, aus: 7 × Nürnberg, herausg. von Wolfgang Buhl, Echter-Verlag, Würzburg 1972
Krüger, Horst, Nürnberger Augenblicke, aus: 7 × Nürnberg, herausg. von Wolfgang Buhl, Echter-Verlag, Würzburg 1972
Matthisson, Friedrich von, Reiseerinnerungen, in: Erinnerungen, erster Band, Orell Füssli und Compagnie, Zürich 1810
Mendelssohn, Peter de, Eine schreckliche Stadt, in: In Deutschland unterwegs, herausg. von Klaus R. Scherpe, Verlag Philipp Reclam jun., Stuttgart 1982
Meynier, Johann Heinrich, Lehrreiches für die Jugend, in: Rinaldos Reisen durch Deutschland, bei Carl Cnobloch, Leipzig 1823
Monconys Balthasar des, Aufzeichnungen eines Weltreisenden, in: Der fränkische Bund – Zeitschrift für fränkische Kunst und Kultur, Heft 1, Januar 1925
Montgomery-Silfverstolpe, Das romantische Deutschland. Reisejournal einer Schwedin 1825–1826
Nicolai, Christoph Friedrich, Die Schilderung eines Kritikers, in: Beschreibung einer Reise durch Deutschland und die Schweiz im Jahre 1781, erster Band, Berlin und Stettin 1783
Oehlenschläger, Adam, Erinnerungen eines Dänen, in: Meine Lebenserinnerungen, Band 4, Leipzig 1850

Payne's Universum, zweiter Band, Verlag der Englischen Kunstanstalt von A. H. Payne, Leipzig u. Dresden um 1853

Platen, August von, Notizen eines Studenten, in: Die Tagebücher des Grafen August von Platen, herausg. von G. v. Laubmann u. C. v. Scheffler, zweiter Band, G. Cottasche Buchhandlung, Stuttgart 1900

Plümicke, Karl M., Briefe auf einer Reise durch Deutschland zur Beförderung der Nationalindustrie und des Nahrungsstandes, Liegnitz 1793

Pöllnitz, Baron Carl Ludwig von, Nachrichten aus dem Jahr 1729, in: Nachrichten des Baron Carl Ludwig von Pöllnitz, enthaltend was derselbe auf seinen Reisen Besonderes anmercket, erster Theil, Frankfurt am Main 1735

Prinz zu Sayn-Wittgenstein, Franz, Das alte und das neue Nürnberg, in: Reichsstädte, Prestel-Verlag, München 1965

Priorato, Galeazzo Gualdo, Ein Italiener sieht Nürnberg, in: Eine italienische Beschreibung Nürnbergs aus der Barockzeit von Elfriede Weiß-Emmerling, Beitrag aus der Festschrift Dr. Bock, herausg. v. Stadtbibliothek Nürnberg 1961

Rabiosus, Anselmus d. Jüngere, Wanderungen und Kreuzzüge durch einen Theil Deutschlands, Altona 1796

Rée, Paul Johannes, Wanderungen durch das alte Nürnberg, Verlag von Johann Leonhard Schrag, Nürnberg 1890

Reifenberg, Benno, Das Abendland gemalt, Societäts-Verlag, Frankfurt/Main 1950

Reisman, O., Unvergänglicher Mittelpunkt deutscher Kunst und Kultur, in: Altmühl-Bote, 26. 7. 1957

Richter, Ludwig, Aufsatz von Friedrich Schilling, Frankenfahrten eines Malers, in: Schönere Heimat – Erbe und Gegenwart, 53. Jahrg., 3. Vierteljahr, Heft 3, München 1964

Riesbeck, Johann Kaspar, Briefe eines reisenden Franzosen über Deutschland an seinen Bruder in Paris, Steingrüben Verlag, Stuttgart 1967

Rinck, Christoph Friedrich, Studienreise 1783/84, nach dem Tagebuch des Verfassers herausg. von Dr. Moritz Geyer, Altenburg-Stephan Geibel Verlagsbuchhandlung, 1897

Röckl, Joseph, Pädagogische Reise durch Deutschland, Dillingen 1808

Ronnebeck, Agathe von, Mein Sommer-Ausflug 1882 nach Nord und Süd, Faber'sche Buchdruckerei, Magdeburg o. J.

Schneider, Rolf, Miniatur über Nürnberg, in: Orphee oder ich reise, Hinstorff Verlag, Rostock 1977

Schubert, Gotthilf Heinrich, Gotthilf Heinrich Schubert in seinen Briefen – Ein Lebensbild von G. Nathanael Bonwetz, Chr. Belsersche Verlagsbuchhandlung, Stuttgart 1918

Schubert, Gotthilf Heinrich, Wanderbüchlein eines reisenden Gelehrten nach Salzburg, Tirol und Lombardey, J. J. Palm u. Ernst Enke, Erlangen 1823

Stein, Christian Gottfried Daniel, Reisen nach den vorzüglichsten Hauptstädten von Mitteleuropa, Leipzig 1829

Strache, Wolf, Kurzlehrgang in deutscher Geschichte, in: Ich kam aus den zerbombten Städten, Droste Verlag, Düsseldorf 1988

Strombeck, Friedrich Karl von, Darstellungen aus einer Reise durch Deutschland und Italien im Jahre 1835, erster Teil, Verlag Friedrich Vieweg, Braunschweig 1836

Smith, William, A Description of the Cittie of Noremberg, in: Mitteilungen des Vereins für Geschichte der Stadt Nürnberg, Band 48, Nürnberg 1958
Sulzer, Johann Georg, Tagebuch einer von Berlin nach den mittäglichen Ländern von Europa in den Jahren 1775 und 1776 gethanen Reise und Rückreise, Leipzig bei Weidmanns Erben und Reich 1780
Sylvius, Aeneas, Die Stadt der Noriker, in: Mitteilungen des Vereins für Geschichte der Stadt Nürnberg, 50. Band, Nürnberg 1960
Tafur, Pero, Nürnberg wie Toledo, in: Mitteilungen des Vereins für Geschichte der Stadt Nürnberg, 50. Band, Nürnberg 1960
Tischbein, Heinrich Wilhelm, Aus meinem Leben, Henschel Verlag, Berlin 1956
Waagen, G. F., Kunstwerke in Deutschland, Band 1, Verlag F. A. Brockhaus, Leipzig 1943
Wackenroder, Wilhelm Heinrich, Werke und Briefe, Heidelberg: Verlag Lambert Schneider 1967
Weber, Carl Julius, Deutschland, oder die Briefe eines in Deutschland reisenden Deutschen, erster Band, Gebrüder Franckh, Stuttgart 1826
Wehrhan, Otto Friedrich, Umschau in Deutschland, Frankreich und der Schweiz, bei Carl Heinrich Reclam, Leipzig 1840
Weiß, Konrad, Wanderer in den Zeiten, Kösel-Verlag, München 1958
Wilmsen, F. Ph., Erzählungen von einer Reise durch einen großen Theil Deutschlands u. d. Schweiz im Jahre 1796, Berlin 1798
Windisch, Bernhard, In Nürnberg ankommen und bleiben, Sendung des Bayerischen Rundfunks, Studio Nürnberg, 10.9.1983

Da die Rechtsnachfolge bei einigen Autoren ungeklärt ist und einige Adressen nicht zu ermitteln waren, war es in diesen Fällen nicht möglich, die Nachdrucksgenehmigung einzuholen. Honoraransprüche der Autoren / Erben bleiben gewahrt.

Droste Bibliothek der Städte und Landschaften

Berlin

in alten und neuen Reisebeschreibungen
Ausgewählt von Georg Holmsten
308 Seiten mit zahlr. Abb., Efalin mit Schutzumschlag
ISBN3-7700-0787-5

Vom Zauber Danzigs

Aus alten und neuen Reisebeschreibungen
Ausgewählt von Hans Georg Siegler
360 Seiten mit zahlr. Abb., Efalin mit Schutzumschlag
ISBN 3-7700-0766-2

Leipzig

in alten und neuen Reisebeschreibungen
Ausgewählt von Eka Donner
320 Seiten mit zahlreichen Abb., Efalin mit Schutzumschlag
ISBN3-7700-0871-5

Königsberg

in alten und neuen Reisebeschreibungen
Ausgewählt von Birgitta Kluge
263 Seiten mit zahlr. Abb., Efalin mit Schutzumschlag
ISBN 3-7700-0786 0

Droste Verlag Düsseldorf

Droste Bibliothek der Städte und Landschaften

Hamburg

in alten und neuen Reisebeschreibungen
Ausgewählt von Henning Berkefeld
289 Seiten mit zahlr. Abb., Efalin mit Schutzumschlag
ISBN 3-7700-0874-x

Köln

in alten und neuen Reisebeschreibungen
Ausgewählt von Eka Donner
320 Seiten mit zahlr. Abb., Efalin mit Schutzumschlag
ISBN 3-7700-0873-1

Essen

in alten und neuen Reisebeschreibungen
Ausgewählt von Klaus Rosing
184 Seiten mit zahlr. Abb., Efalin mit Schutzumschlag
ISBN 3-7700-0789-1

Düsseldorf

in alten und neuen Reisebeschreibungen
Ausgewählt von Günther Elbin
ca. 300 Seiten mit zahlr. Abb., Efalin mit Schutzumschlag
ISBN 3-7700-0886-3

Droste Bibliothek der Städte und Landschaften

Dresden

in alten und neuen Reisebeschreibungen
Ausgewählt von Wolfgang Paul
293 Seiten mit zahlr. Abb., Efalin mit Schutzumschlag
ISBN 3-7700-0872-3

Frankfurt

in alten und neuen Reisebeschreibungen
Ausgewählt von Hans-Ulrich Korenke
ca. 300 Seiten mit zahlr. Abb., Efalin mit Schutzumschlag
ISBN 3-7700-0887-1

Aachen

in alten und neuen Reisebeschreibungen
Ausgewählt von Klaus Rosing
ca. 300 Seiten mit zahlr. Abb., Efalin mit Schutzumschlag
ISBN 3-7700-0885-5

Droste Verlag Düsseldorf

Fotografierte Zeitgeschichte

Ludwig Wegele

Augsburg – so wie es war

104 Seiten mit 222 Abbildungen, Efalin

Richard Kirn

Frankfurt – so wie es war

Mit einer Einleitung von Heinrich Heym
2. Auflage. 104 Seiten mit 159 Abbildungen, celloph. Einband

Emil Ammon

Fürth

104 Seiten mit 158 Abbildungen, celloph. Einband

Eugen Roth

München – so wie es war

2. Auflage. 120 Seiten mit 187 Abbildungen, Efalin

Hans-Peter Becht

Pforzheim – so wie es war

104 Seiten mit 175 Abbildungen, celloph. Einband

Ronald Heidemann

Verbotenes Ostpreußen

Heutige Bilder vom nördlichen Teil

Bildbandformat 128 Seiten mit 166 Farbfotos
und 56 schwarz / weiß Abb., farbiger Einband
ISBN 3-7700-0870-7

Dieser Bild-/Textband bietet eine umfassende Darstellung der heutigen Verhältnisse im Norden Ostpreußens einschließlich Königsbergs aus eigenem Erleben, aus eigener Anschauung des Autors. Der Norden Ostpreußens, das »verbotene Land«, rückt durch diesen Farbbildband wieder ins Bewußtsein der Öffentlichkeit. Vergangenes wird vor dem Vergessen bewahrt, heutiges Leben dort anschaulich wiedergegeben.

Droste Verlag Düsseldorf

Droste Stadtbegleiter

Hans Georg Siegler
Danzig erleben
Ein kulturhistorischer Reisebegleiter durch Gdańsk
124 Seiten mit 140 z. T. farbigen Fotos von Gerhard Jeske,
celloph. Einband ISBN3-7700-0688-7

Hans-Georg Siegler
Von Danzig aus
Reisewege in Westpreußen, Pommern und Ostpreußen heute
116 Seiten mit 121 teils farbigen Fotos von Gerhard Jeske,
celloph. Einband ISBN 3-7700-0733-6

Gerhard Bersick / Klaus Hübner / Gert Koshofer
Dresden
Ein Stadtbegleiter
Mit Textbeiträgen von Werner Filmer und Birgit Schaffer
104 Seiten mit 52 farbigen und 106 SW-Fotos,
celloph. Einband ISBN 3-7700-0703-4

Rudolf Bauer
Koblenz
Porträt einer Stadt
104 Seiten mit 74 SW- und 53 Farbfotos, celloph. Pappband
ISBN 3-7700-0692-5

Gerhard Bersick / Klaus Hübner / Gert Koshofer
Potsdam
Ein Stadtbegleiter
104 Seiten mit 50 farbigen und 95 SW-Fotos,
celloph. Einband ISBN 3-7700-0720-4

Rudolf Bauer / Romulus Candéa
Zwischen Trier und Koblenz
Besinnliche Tage an der Mosel
128 Seiten mit 28 farbigen Abbildungen
ISBN 3-7700-0770-0

Droste Verlag Düsseldorf